美军战略管理

夏文祥 赵超阳 等/编著

Strategic Management
of the U.S. Military

新时代出版社
New Times Press

图书在版编目（CIP）数据

美军战略管理 / 夏文祥等编著 . –– 北京 : 新时代出版社 , 2025.6（2025.10 重印）.

ISBN 978-7-5042-2660-0

Ⅰ . E712.0

中国国家版本馆 CIP 数据核字第 2025F2H203 号

※

新 时 代 出 版 社 出版发行

（北京市海淀区紫竹院南路 23 号　邮政编码 100048）

北京虎彩文化传播有限公司印刷

新华书店经售

*

开本 710×1000　1/16　印张 14¼　字数 252 千字

2025 年 10 月第 1 版第 3 次印刷　定价 88.00 元

———————————————————————————————————

（本书如有印装错误，我社负责调换）

国防书店：（010）88540777　　书店传真：（010）88540776

发行业务：（010）88540717　　发行传真：（010）88540762

编写人员

夏文祥　赵超阳　宋鹏飞　魏俊峰　李宇华

张代平　刘志军　卢胜军　蔡文蓉　丰丕虎

张　燕　申　森　程享明　张玉华　顾超杰

陈洪钧　张　杰

序 言 | PREFACE

　　从第二次世界大战开始，美军经过几十年的努力，逐步形成了一个庞大复杂却又精密运转的战略管理体系，进行战略设计，传导战略意图，开发军事能力，统筹全球兵力，它是美军能够高效运行、持续领先全球的重要支撑。

　　第二次世界大战争前期，美国陆军部（战争部）长、海军部长均为内阁成员，独立指挥作战、组织建设；中期成立参谋长联席会议进行协调；战后先后多次出台、修订《国家安全法》《国防部改组法》等，完善国防部管理体制机制；1961年、1986年、2003年围绕战略管理体制进行大规模改革，这些改革主要围绕战略管理体制机制优化展开，战略管理能力得到持续提升。2016年开始，瞄准大国竞争，以1986年国防部改组法推出30周年回顾为契机，美军启动了新一轮战略管理变革，战略管理指导思想、体制机制、保障支撑等全面更新。2023年1月，美军宣布成立国防管理研究所，国防部副部长凯瑟琳·希克斯发表讲话指出，重点领域包括战略管理、战略治理、分配国防改革任务、改造数据企业以及组建这个机构，使我们的集体努力能够持续下去。2024年3月，美国国会规划计划预算执行系统改革委员会经过两年改革论证，发布《面向未来的国防资源系统》改革报告，明确提出建立全新的国防资源系统，取代运行60余年的规划计划预算执行系统。面对科学技术的迅猛发展、大国竞争的日趋激烈，美军认为必须改变战略管理的体制机制和运行模式，而且这些改变非常迫切。

　　表面看，功能强大的武器装备平台、华尔街的金融资本、硅谷的高科技产品等，往往成为美国和美军强大的象征，而背后的体制机制往往容易被忽视，实际上其地位作用更为重要。美国著名评论家、畅销书作者托马斯·弗里德曼指出，"美国强大的原因不是因为华尔街、硅谷、航空母舰或市场经济，真正的秘密在于宪法和法治，这是一个由天才们设计、蠢才们可以运作的体系。"从这一意义上讲,研究美军战略管理体制机制、特点规律具有更加重要的现实意义。

毛泽东指出:"外国有用的东西,都要学到,用来改进和发扬中国的东西,创造中国独特的新东西。""向古人学习是为了现在的活人,向外国人学习是为了今天的中国人。"①建成世界一流军队,实现中国梦、强军梦,是中国军人的梦想和追求。对标世界一流、学习世界一流,才能跻身世界一流、赶超世界一流。当前,国际形势急剧变幻,不确定性、不稳定性成为新常态,紧盯科技之变、战争之变、对手之变,系统深入研究美军战略管理,去其糟粕、取其精华,对于加强和改进我军战略管理、提高军事系统运行效能和国防资源使用效益具有现实而重要的理论和实践价值。

本书力求客观、准确、真实、全面地反映美军战略管理的发展历史、特点规律,力求呈现美军战略管理的最新理念和最新实践,以供读者研究分析参考。本书整体框架按照总分结合的方式展开,共分为十一章。第一至二章,总体阐述美军战略管理的内涵外延、发展历程和总体架构,第一章概述主要讲述美军战略管理的过程、内容和特点,总结美军战略管理的总体架构;第二章主要讲述美军战略管理的发展历程。第三至七章分述部分,分别阐述美军战略管理五大系统。第八至十章是专题论述,第八章分析美军军种战略管理,第九章分析美军战略管理评估的主要做法,第十章介绍美军战略管理方法工具。第十一章对美军战略管理的经验做法进行总结分析。

在编写过程中,参考借鉴了大量专家的研究成果,在此表示衷心感谢。受编写时间和水平所限,对美军战略管理研究还不够完善,内容还有不足之处,恳请提出修改意见,以便进一步充实完善。

编写组

2024 年 5 月

---

① 中共中央文献研究室. 毛泽东文集第七卷 [M]. 北京:人民出版社,1999:82.

目 录 CONTENTS

第一章
美军战略管理概述

战略管理起源于军事战略，兴起于现代管理，第二次世界大战之后在现代企业管理中得到蓬勃发展，逐渐发展成为独立的学科门类。此后，在国家社会治理、公共管理、企业管理和军事领域得到了广泛关注而快速发展。美军较早在国防领域开展了战略管理实践，第二次世界大战以来，经过数轮国防改革，美军逐步构建形成了结构清晰、职责分明、运行通畅的战略管理体系。本章主要从战略管理活动、战略体系、组织体系、运行体系、主要特征等方面进行研究分析。

第一节　管理活动

战略管理是科学确立和高效实现组织战略目标，以组织高层领导和机关为主体对全局性、长远性、根本性问题进行的决策、规划、调控和评估等系列活动。美军战略管理是在分析面临的安全威胁挑战等外部环境条件的基础上，根据资源条件和盟军状况，科学确立战略目标，并调集资源围绕实现战略目标进行筹划设计、规划计划、督导检查，选择合理的战略路径确保战略目标实现的过程。这是一个长期性、全局性、系统性的动态工作过程，其中包括了战略评估、战略指导、战略规划、战略实施、督导管控等系列活动，以战略评估为基础支撑，督导管控为调控手段，战略指导牵引战略规划和战略实施，构成了逻辑上的闭环，在时序上交错并行、不断迭代，形成了循环往复的战略管理过程。

一、战略评估

军事领域的战略评估是美军进行战略决策的依据，为《国家军事战略》等战略指导文件的制定、执行和修订提供有效决策支持。美军战略评估聚焦于以下领域：

1.《国家军事战略》支撑实现国家安全目标的能力；

2. 战略规划和战区规划实现《国家军事战略》目标的能力；

3. 当前美军完成规划任务的能力；

4. 美国及其盟友与潜在对手的能力比较；

5. 联合作战司令部战备情况；

6. 年度计划和预算落实国防规划指南、满足联合作战司令部优先需求的情况。①

参谋长联席会议通过"联合战略规划系统"开展战略评估，包括一系列评估活动，由联合军事净评估进行综合。主要包括：

1. 年度联合评估调查。通过常态化开展年度联合评估，收集各军种、各联合作战司令部关于战略环境、面临威胁、趋势挑战、机遇风险的意见，进行综合分析。

2. 参谋长联席会议主席战备系统评估。通过联合作战能力评估中的联合部队战备评估、联合应急计划评估，全面掌握各联合作战司令部战备情况。

3. 联合参谋部评估。参谋长联席会议联合参谋部各业务局牵头实施本领域评估，如人力与人事局牵头实施联合人事评估，从人力资源角度对联合部队在全球范围内，实施跨领域职能任务能力进行评价；情报局牵头实施联合战略情报评估，在中央情报局、国家安全局等部门协同下，汇总各军种、各联合作战司令部关于战略环境和高优先级情报的意见，分析未来全球安全环境发展趋势，潜在敌人对美军构成的威胁挑战；后勤局牵头联合后勤评估，分析对联合任务部队的支援保障能力，满足战略战役计划的情况等。

4. 联合作战能力评估。由联合需求监督委员会组织各联合作战司令部实施，发现能力差距并进行优先级排序，形成优先需求清单。

最后由联合军事净评估对上述评估活动进行综合集成，由部队结构、资源与评估局牵头实施，针对选定的主要作战对手，全面衡量联合部队应对危机挑战、战争风险、未来威胁的能力，为军事战略制定、战略与应急规划、联合能力开发、全球军事集成等提供决策依据。

二、战略指导

战略指导是美军实施战略管理的根本遵循，主要包括《国家安全战略》《国防战略》《国家军事战略》，总统和国防部长签发的系列文件，以及参谋长

---

① Raymond E.Sullivan. Resource Allocation：the Formal Process（8th Edition）[M]．Newport，RI：U.S. Naval War College，2002：12–13.

联席会议主席建议等一系列战略指导文件[①]。在军事领域,《国家军事战略》是"联合部队的核心战略指导文件"[②],是参谋长联席会议主席履行协助总统和国防部长明确美军战略方向的主要方式。根据《美国法典》第 10 篇对参谋长联席会议主席职责的规定,参谋长联席会议主席在总统任期第 2 年、第 4 年决定拟制新的《国家军事战略》或对现有战略进行修订。各军种、战区在国家战略文件指导和约束下,分别制定本领域的战略。

《国家军事战略》的拟制,从参谋长联席会议主席发布军事建议开始。通过年度联合评估流程及报告,完成联合军事净评估,参谋长联席会议主席向总统、国防部长、国家安全委员会提供战略安全环境、潜在威胁挑战、美军及盟友与潜在对手能力对比等情况的独立军事建议,为《国家安全战略》《国防战略》出台提供军事判断。《国家安全战略》《国防战略》作为上层指导输入,由联合参谋部战略规划与政策局牵头拟制《国家军事战略》。拟制过程中,参谋长联席会议主席应与参谋长联席会议其他成员和各联合作战司令部司令共同进行全面的审查,形成战略共识。《国家军事战略》包含的主要内容有:①评估影响美国国家安全的战略环境、威胁、机遇和挑战;②评估军事目标对国家安全目标、国防战略目标的支持情况,以及军事力量实现国家安全目标、国防战略目标的方式和手段;③为主席风险评估和降低风险方案提供框架;④制定应对威胁和机会的军事手段;⑤评估联合部队的能力和资源;⑥在总统和国防部长的指导下,制定美军建设发展的军事指导,以建成能够有效实现政府战略目标的联合部队。

三、战略规划

战略规划是对国家军事战略指导的细化落实方案,可区分为军事力量运用规划和军事力量建设规划。

军事力量运用规划。由"联合战略规划系统(JSPS)"战略与应急规划、全球军事集成两项功能支持,生成的文件主要有:《联合战略战役规划》,对今后 5 年全球兵力运用进行规划,对《国家军事战略》进行落实,实现国家安全目标,每 2 年进行一次审查。一方面,作为"适应性计划与执行系统"的重要输

---

① 《四年防务评估报告》也是美军战略指导文件,该报告主要阐述美军未来 20 年建设构想,是美军建设的总计划,从 1997 年到 2014 年,美国国防部先后发布 5 份后不再发布,故本文未将该报告列为战略指导文件。

② Tom Galvin. Defense Management: Primer for Senior Leaders 1st Edition [M]. Carlisle, Pa.: U.S. Army War College,2019:65.

入，指导各联合作战司令部拟制地区战役计划、职能战役计划和联合作战司令部战役计划；另一方面，指导主责联合作战司令部拟制某项全球战役计划，协调多个联合作战司令部，应对跨战区、跨职能领域的战略挑战。《全球兵力管理执行指南》，由参谋长联席会议主席审查、国防部长批准，制定主动灵活的兵力运用方案，对任务部队的兵力规模和联合能力进行优先级排序，确保联合部队满足联合作战司令部需求、资源分配符合《国家军事战略》。《全球兵力管理部署计划》，由参谋长联席会议主席审查、国防部长批准，用于调整联合部队年度部署。《联合作战司令部计划》，由参谋长联席会议主席和国防部长审查、总统批准，阐明总统对联合作战司令部设置调整和职能使命的界定。

军事力量建设规划。主要由"规划、计划、预算与执行系统（PPBES）"的规划阶段流程支持，最终形成的正式文件为《国防规划指南》。依据《国家军事战略》，参谋长联席会议牵头，会同军种、联合作战司令部、国防业务局等部门，协商制定《联合规划文件》，明确基于未来联合作战能力的各领域军事需求和优先顺序安排，提出重大武器装备研发、采办能力需求。文件发布后，联合需求监督委员会组织各联合作战司令部进行联合作战能力评估，提出作战需求及优先级安排，向参谋长联席会议提交《优先需求清单》。通过"联合能力集成与开发系统"的能力缺口评估流程对《优先需求清单》进行检验，评估当前部队与规划中部队的能力差距，对降低或弥补能力缺口提出建议，评估结果纳入《参谋长联席会议主席计划建议》。国防部长办公厅组织有关单位，在《联合规划文件》的基础上编制《战略规划指南》，主要内容包括：明确战略目标与优先能力发展安排，资源限制条件，能力发展面临的风险及承受程度，规划国防业务发展目标等。国防部长办公厅、参谋长联席会议、军种部、联合作战司令部、国防业务局，依据《战略规划指南》和《参谋长联席会议主席计划建议》，通过充分研究和联合评价，制定《国防规划指南》，在未来威胁、机遇、战略、能力优先发展安排等条件基础上，明确具体规划项目和经费限额，用以指导下步计划和预算工作。

四、战略实施

战略实施是将战略规划进一步细化为具体作战任务和建设任务加以执行，是国家高层战略指导落实为行动的关键环节，也是美军战略管理过程中最复杂的一环，直接决定了军队联合能力的实现。

（一）计划和预算编制

计划和预算编制2年一滚动，在总统任期第2年、第4年（即预算年），同步开展计划和预算新一轮编制工作。在非预算年，对预算年编制的计划和预算进行调整。

年度计划工作由国防部成本评估与计划鉴定局牵头负责，细化落实《国防规划指南》，制定《未来年份防务计划》（FYDP），形成《资源管理决定》。在预算年，各军种、联合作战司令部和国防业务局编制、论证、审批本单位《计划目标备忘录》（POM），在财政指南限制下，提出中期计划建议，配套经费需求总额，对未来5年装备计划项目和未来8年兵力计划项目进行安排。成本评估与计划鉴定局汇总各需求单位上报的《计划目标备忘录》，制定《未来年份防务计划》。《未来年份防务计划》是国防部批准的项目和财政计划，包含5年内兵力结构和成本数据，通过主要兵力计划、拨款项目和需求部门3个维度，对未来5年国防项目和经费安排进行全方位展示。国防部长办公厅和参谋长联席会议同步对《计划目标备忘录》进行评审。成本评估与计划鉴定局发布《计划目标备忘录问题书》，经各单位进行讨论复议后由三星小组进一步开展评审。参谋长联席会议主要对《计划目标备忘录》是否满足作战需求进行评审，评审结果进入《参谋长联席会议主席计划评估》。高级领导评审小组对《计划目标备忘录问题书》和《参谋长联席会议主席计划评估》进行综合审查。国防部常务副部长根据审查意见，合并计划阶段与预算阶段的"计划与预算审查"，形成统一的《资源管理决定》。

美军高度重视预算编报工作，认为预算不是单纯的后勤保障概念，而是战略的货币表达。在预算年开展新一轮预算编报工作，计划未来6年的预算安排，其中第1年为实际执行预算，第2年预算经过非预算年调整后实施，后4年为预测，实现中近期预算一体编制，滚动更新，逐年明确，保证了规划计划落实的连贯性、可行性和规制性。在非预算年，调整未来5年预算。各需求单位依据计划阶段的《计划目标备忘录》中批准的项目和国防财务指南，编制《预算估计提案》。主计长办公室会同行政管理与预算局对提案进行联审，以确保预算项目和经费安排与上级指导文件保持一致，对装备项目预算额度进行合理性审查，对项目目标进行可行性评审。国防部常务副部长组织"计划与预算审查"，签署《资源管理决定》，各军种和国防部业务局对《资源管理决定》提出调整意见，经主计长和常务副部长综合平衡后批准，汇编成国防预算，进入总统预算提案，提交国会审批授权。经总统签署后，《国防授权法案》和《国防预算法案》生效，进入执行环节。

（二）执行实施

每年10月份开启新一财年，国防费拨付各军种、联合作战司令部、国防业务局等部门后开始执行。能力建设方面由各军种、国防业务局和直属机构实施，力量运用方面由联合作战司令部实施，执行实施主要分三个部分：

一是非装备方案执行。根据"联合能力集成与开发系统（JCIDS）"生成的《联合变更建议文件》，各单位通过修订联合条令、调整组织结构、开展联合训练、改进现有装备使用、进行联合培训、调整设施建设、优化政策制度等方式，弥补能力缺口，建设部队联合能力。根据实际情况和能力需求，可使用一种方式或综合运用多种方式。

二是装备方案执行。对于非装备方案无法生成或弥补的联合能力不足，通过研发新型武器装备系统来实现。在进行需求文件输入、规划计划阶段立项并获得预算支持后，开始国防采办程序。当然，并不是说需求、规划、计划、预算环节都完成后才开始采办。为提高采办效率，缩短研发周期，在需求环节的《初始能力文件》生成后，武器装备研发即开始进入采办阶段；在规划环节，即开始方案分析和技术研发；获得经费支持后，即开始生产部署。

三是作战计划执行。联合作战司令部指挥官通过"适应性计划与执行系统（APEXS）"制定实施作战计划。依据顶层国家战略，以"联合战略规划系统（JSPS）"生成的联合战略战役规划、联合作战构想、全球兵力管理执行指南等战略文件为指导，"适应性计划与执行系统"按照"态势感知—作战计划制定—作战实施—作战评估"流程，将指挥官构想细化为作战计划，并进行实施、评估和修订，如发生重大情况偏差，则重新开发作战计划。

五、督导管控

为有效控制战略管理体系运行，及时发现过程中存在的问题并进行调整，美军高度重视战略管理全链条督导管控，贯穿于战略管理全过程，以提高国防系统运行质量效益。

（一）建立绩效管理制度

着眼为首席管理官[①]的管理控制活动提供基本依据，从 2008 年开始，美国国防部开始定期制定战略管理计划，旨在把国防战略目标细化分解为各业务领域的绩效目标和绩效指标，通过不断评估和优化改造国防业务流程，加强过程评估控制和监督反馈，确保国防部业务运行的优先目标与国防战略目标保持高度一致。2015 年，战略管理计划调整为国防部机构战略计划；到 2018 年，又改称为国防业务运行规划，周期延长至 5 年。虽然名称和周期改变了，但文件围绕实现国防战略目标，明确战略优先事项和关键举措，聚焦提高战略

[①]　美国国防部首席管理官，依据《2008 年国防授权法案》设置，起初由国防部常务副部长兼任，负责推动国防部业务转型，以提高工作效率和效益，2018 年成为专职岗位，根据《2021 年国防授权法案》，撤销首席管理官一职。参见 http://cmo.defense.gov/Home/.

实施绩效的宗旨，并未发生实质性变化。每财年颁布国防部年度绩效报告，以战略管理计划中设置的绩效目标为标准，对全年国防管理绩效实施全面考核评估。

（二）健全评估体系

第二次世界大战后，依据《1947年国家安全法》，美国国家安全委员会开始履行战略评估职能。以此为起点，经过几十年发展，美军逐步建立起层次分明、内容丰富的评估体系。除战略评估外，还包括规划评估、项目评估、能力评估等。评估贯穿于美军战略管理全过程，通过开展连续的多层次的评估、评审、估量、评价、审查等活动，有效实现了对战略管理的全过程控制。比如预算执行评估，每季度、财年中期和财年末，国防部长办公厅和各军种要对经费使用情况、项目推进情况进行评估，根据评审结果调整资源分配方案，推动既定建设目标实现；国防采办阶段的里程碑决策点评估，直接决定采办项目是否开始、继续、调整或终止，以确保重大采办项目需求可实现、技术已成熟、成本可负担。

第二节　战略体系

美军战略体系由不同层次战略所构成，是逐步建立并趋于完善的。纵观美国军队建设发展历史，从北美十三州独立到第二次世界大战以前的漫长岁月里，美国人对战略的概念一直指的是军事战略。第二次世界大战后，随着美国成为资本主义世界的领头羊，长期卷入与社会主义阵营对抗的国际政治斗争，单纯军事手段难以支撑国家利益实现。根据国际国内形势变化，通过数轮国防改革，美国以立法形式，逐步明晰了包括国家安全战略在内的战略体系，核心是四层结构，即国家安全战略、国防战略、国家军事战略、战区或军种战略。

一、国家安全战略

国家安全战略在美国的战略体系中处于最高层，以国家利益为出发点，根据对安全环境和威胁的判断，统筹配置战略资源，形成总的国家安全指导原则，塑造国家安全态势。

第二次世界大战后，美国成为一个全球性大国，其经济、政治、军事和外交势力渗透到世界各个角落，开始注重从全球视角来考虑和谋划其国家安全。根据《1947年国家安全法》，美国正式成立了国家安全委员会，其职能是向总统提出有关国家安全的内政、外交和军事政策的综合意见，以便于军事部门和联邦政府其他部门在国家安全事务方面更有效地合作。1953年设立负责国家安全事务的总统特别助理，即国家安全顾问，负责国家安全委员会的日常工作。

1986年美国国会通过《国防部改组法》，正式要求总统每年向国会提交一份《国家安全战略报告》。该法案明确《国家安全战略报告》应阐明美国国家安全战略，主要包括：①对美国国家安全至关重要的美国在世界范围的利益、目标和目的；②美国为阻遏侵略和执行美国国家安全战略的外交政策、全球义务和国防能力；③提出短期和长期使用美国政治、经济、军事和其他国家实力因素的建议，以保护和促进美国的利益和实现①款提出的目标和目的；④为实施美国国家安全战略所需的足够力量，包括对支持推行国家安全战略的美国国家实力诸因素之间力量平衡的评价；⑤其他有助于国会了解有关美国国家安全战略事务的信息。[①] 自此，美国正式使用该术语并定期出台《国家安全战略报告》，作为美国国家安全谋划的基本依据。1997年版的美国参谋长联席会议联合出版物《国防部军事及相关术语词典》，正式给"国家安全战略"下了明确的定义："国家安全战略是为达到巩固国家安全目标而发展、运用和协调国力的各部分（包括外交、经济、军事和信息等）的艺术和科学。也称国家战略或大战略。"

美国《国家安全战略》是在总统的直接领导下，依托国家安全委员会来制定的。美国国家安全委员会根据《1947年国家安全法》设立，法定成员包括总统、副总统、国务卿、国防部长，法定顾问包括总统国家安全事务助理、参谋长联席会议主席和中央情报局局长，视情可邀请财政部长、驻联合国代表、白宫办公室主任等其他负责人列席委员会会议。委员会下辖3个不同级别的分支委员会，即国家安全委员会部长级委员会、国家安全委员会副部长级委员会、国家安全委员会协调委员会。随着时间推移，国家安全委员会从纯军事安全领域的顾问委员会，逐步发展为政治、外交、军事、安全兼顾的综合性顾问委员会。总统国家安全事务助理负责起草工作，其间要反复征询各方面的意见，最终经总统审定发布。

起初该委员会产生的文件虽都与国家安全政策相关，但未称为"国家安全战略"，而是以"国家安全委员会文件""总统指令""国家安全决策备忘录"或"总统行政命令"等方式出现。例如，1950年颁发的"国家安全委员会第68号备忘录"（遏制战略），通常被认为是美国国家安全战略制定的首次

---

① 梅孜.美国国家安全战略报告汇编［M］.北京：时事出版社，1996：426.

尝试。直到 1987 年 1 月，里根政府根据《1986 年国防部改组法》，发布了第一部《美国国家安全战略》文件，详细叙述了巩固美国全球领导作用的广泛目标，以及由此确定的具体政策和要求。

在长达 40 余年的冷战时期，美国的主要对手是苏联，其国家安全战略一直是"遏制战略"。冷战后，美国国家安全战略经历了老布什政府的"超越遏制战略"、克林顿政府的"参与和扩展战略"、小布什政府的"先发制人战略"、奥巴马政府的"重振美国、领导全球战略"、特朗普政府的"美国优先战略"。2022 年 10 月 12 日，拜登政府发布任内首份《国家安全战略》报告，报告共 48 页、五个部分。报告指出美国面临中国、俄罗斯等大国挑战和气候变化、流行病传播和粮食安全等全球性问题挑战，解决途径是加强实力投资、建立强大的国家联盟、实现军队现代化。美国的优先事项是应对中俄威胁、全球治理合作、科技网络贸易经济规则更新。在区域战略上，提出推动印太的自由开放、加深同欧洲的联盟、加强西方的民主繁荣、支持中东地区停火和地区一体化等。

二、国防战略

国防战略上承国家安全战略，下接国家军事战略，涉及国家军事能力建设，由国防部统筹战略资源建设联合部队，是指导美国国防建设和规划武装力量使用的基本依据。

《1986 年国防部改组法》，要求总统每年向国会提交《国家安全战略报告》，参谋长联席会议主席提交《国家军事战略报告》，但并未提及《国防战略》。1996 年，美国国会通过《军队结构评估法案》，规定新政府上台需向国会提交防务评估报告。1997 年，克林顿政府提交了第一份《四年防务评估报告》，该报告的第三部分为"防务战略"，而 2001 年《四年防务评估报告》的第二部分为"防务战略"。从 1997 年到 2014 年，美国国防部先后发布 5 份《四年防务评估报告》后不再发布。《四年防务评估报告》由国防部组织各军种和有关部门联合起草，主要研究潜在威胁，设计国防预算和规定美军任务，完成后由国防部提交国会。

2005 年 3 月，美国国防部单独发布第一份专门的《国防战略》报告，标志着在国家安全战略和国家军事战略之间正式增加了"国防战略"这一战略层次，国防战略对上承接国家安全战略，对下指导国家军事战略。根据 2005 年《国防战略》报告定义："国防战略概述保卫国家和国家利益的多重主动防御方法，积极塑造有利于维护国家主权的条件和实现自由、民主和经济机会的国际安全秩序。这种战略促进美国同世界上有相同目标的其他国家的密切合作，应对传统的和新兴的威胁。"①

2022年10月27日，美国国防部发布了最新版《国防战略》，并首次与《核态势评估》《导弹防御评估》两份战略报告一起发布，以融合顶层战略、整合资源，支撑国家安全战略。新版《国防战略》从安全环境、国防优先事项、一体化威慑、战役活动、盟友作用、兵力规划、建设持久优势、风险管理等方面，确定了联合部队的战略方向和优先事项，明确了美国军方将如何应对美国国家安全利益和稳定开放的国际体系所面临的日益增长的威胁，确定了国防部为加强威慑力的4个最高级别国防优先事项：保卫国土，应对中国日益增长的多领域威胁；慑止对美国、盟国和伙伴的攻击；遏制侵略，同时准备在必要时赢得冲突——优先考虑中国在印太地区的挑战，然后是俄罗斯在欧洲的挑战；建立更具适应性的联合部队和国防生态系统。

三、国家军事战略

国家军事战略是关于国家军事问题的全局性基本认知和方略，处于国家安全战略和国防战略之下，接受国家安全战略和国防战略的指导。国家军事战略是为达成国家政治目的服务的，随国际形势和国家战略的变化而调整。

美国陆军战争学院1983年版《军事战略》教材中，引用美国参谋长联席会议批准的"军事战略"定义：军事战略是运用一国武装力量，通过使用武力或以武力相威胁，达成国家政策各项目标的一门艺术和科学。② 美国现行《国防部军事及相关术语词典》基本沿用这一说法。

在军事领域，《国家军事战略》是参谋长联席会议主席履行协助总统和国防部长指导联合部队的主要方式，是"联合部队的核心战略指导文件"③。根据《美国法典》对参谋长联席会议主席职责的规定，参谋长联席会议主席在偶数年决定拟制新的《国家军事战略》或对现有战略进行修订。

从独立战争到19世纪末，在孤立主义影响下，美国奉行"西半球防御战略"，实施大陆扩张；美西战争后到第二次世界大战，美国实行"有特定目标的干涉主义"，开始海外扩张；第二次世界大战后进入冷战时期，美国军

---

① The U.S. DoD.The National Defense Strategy of the United States of America［R］. Washington D.C.: U.S.DoD，2005.

② 美国陆军军事学院.军事战略［M］.军事科学院外国军事研究部，译.北京：军事科学版社，1986：3.

③ Tom Galvin.Defense Management: Primer for Senior Leaders 1st Edition［M］. Carlisle，Pa.: U.S. Army War College，2019：65.

事战略历经"遏制战略""大规模报复战略""灵活反应战略""现实威慑战略""新灵活反应战略""地区防务战略""灵活与选择参与战略""营造、反应和准备战略""先发制人战略"演变，核心是坚持进攻性军事战略，以强大军事实力维护世界霸权；自奥巴马政府"亚太再平衡"战略开始，美国进入到大国竞争时代。2023年6月5日，美国参谋长联席会议发布公开版的《国家军事战略》，分析了美国当前面临的战略环境，提出了美军战略方针，规划了美军战略目标和使命任务。新版《国家军事战略》，在战略判断上，延续了拜登政府《国家安全战略》和《国防战略》的观点，认为美国正在面临以大国竞争为首要威胁的多重挑战，把中国置于威胁的首位；在战略目标上，明确了保卫美国本土免受各领域威胁、慑止对美及盟友的攻击和侵略、确保美军必要的军事实力、打造有韧性的现代化联合部队四大战略目标；提出了"制胜理论"的战略方针，以及实施综合威慑、塑造态势、建立优势的战略路径。

四、战区战略与军种战略

战区战略与军种战略，分别由战区和军种制定，位于国家军事战略之下，两者相互平行且相互呼应，如同两个轮子，共同支撑国家军事战略目标实现。

（一）战区战略

自美国独立以来，美军战区体制大体经历了管区、军区和战区三个历史阶段。第二次世界大战后，历经多次调整，目前共设置非洲司令部、中央司令部、欧洲司令部、印太司令部、北方司令部以及南方司令部6大地理司令部，是联合部队的使用方。《1958年国防部改组法》，建立了军政、军令分离的指挥管理体制，但军种掌握人事权，联合作战司令部联而不合；《1986年国防部改组法》，构建了较为完善的联合军官制度，强化了参谋长联席会议主席和联合作战司令部司令的职权，真正实现了军政、军令的相对分离。

美军军语规定："战区战略是战区的顶层概念，用以阐述战区司令为实现国家战略目标，对军事行动和国家其他力量活动进行整合协调的观点。"战区战略适用于各战区作战行动的准备、作战方案的制订、联合部队的运用等，是国家安全战略、国防战略、国家军事战略等落到实处的关键环节，是对战区武装力量运用的筹划和指导。战区战略将国家战略和战役层面的作战计划与行动联系起来，以国家战略为指导，由联合作战司令部司令在综合评估战区战略态势的基础上制定，通常包括形势判断、战略目标、战略任务、作战对手、作战思想、行动样式、战略手段和战略措施等。美军全球部署、全球用兵的特性，决定了战区战略必须将辖区内安全合作和美国政府其他活动进行同步协调,因此,战区战略既是国家军事战略在战区内的细化和完善,也必须统筹考虑联盟战略、外交战略等国家战略的要求。

(二)军种战略

美国国防部下辖陆军部、海军部、空军部3大军种部,领导管理陆军、海军、海军陆战队、空军、太空军5大军种。根据1958年和1986年国防改革,军种部被剥离出指挥链,属于军政系统,主要负责军种的人事管理、教育训练、军事科研、武器装备和后勤保障等,是联合部队的生产方。因此,与战区战略侧重军事力量运用不同,军种战略侧重于各自军种部队的建设和训练。

与国家和国防层面的战略文件有所不同,美国法律并没有要求军种制定"战略",因而各军种战略文件的具体形式因时任军种部长和参谋长(作战部长)而异,主要体现在各军种的作战构想、战略规划指南和军种部长向国会提交的年度报告中。比如,美国陆军于2002年、2003年、2004年分别颁布了3个版本的《陆军转型路线图》,2012年以后,美国陆军开始发布《陆军规划》(2012、2013、2014),2018年10月发布了《陆军战略》,提出了陆军战略构想、战略环境,以及实现战略构想的战略途径等内容;美国海军2015年公布《21世纪海上力量合作战略》,强调海军和海军陆战队必须保持300艘军舰以上的舰队,海岸警卫队必须拥有91艘各类舰艇;美国空军2023年3月发布《空军全球未来报告:2040年的联合职能》报告,分析了世界格局发展的几种趋势及其对美军联合职能的影响,强调空军应综合各类趋势变化制定战略规划,以更好地适应全球环境变化。可以看出,各军种战略指导文件阐述了军种的地位作用、使命任务,以及完成使命任务必须具备的能力,明确了军种未来的发展重点,从全局上筹划并指导军种建设、发展和运用。

除上述四层核心战略体系外,在国家和国防层面,随着世界格局变化和新兴领域竞争的扩展,美国不断增加各领域和各层次的战略内容,以补充完善其战略体系,比如《国土安全战略》《反恐战略》《国防情报战略》《美国国家网络安全战略》《国防部数据战略》《国家太空战略》等。在军事层面,通过"联合战略规划系统"制定发布《联合战略战役规划》《全球兵力管理执行指南》《全球兵力管理部署计划》《联合作战司令部计划》等战略文件,规范和指导美军全球兵力开发、部署与运用。

第三节　组织体系

研究美军战略管理组织体系，大多是以美国国防体制为主体，有的甚至以美国国防体制代替战略管理组织体系。但是，战略管理的组织体系与国防体制不能完全等同，从宏观上看，美军战略管理组织体系包括战略决策层、战略设计与规划层、计划与执行层三个层级以及战略协调机构。

一、战略决策层

在战略决策层，作战指挥链、行政管理链是一体运行的。总统依靠国家安全委员会制定《国家安全战略》，向国防部下达安全目标、预算指导；同时，汇总、平衡和协调国防部上报的预算，向国会提交总统预算。国会运用立法权、拨款权、人事权、监督权，审核、批准总统提出的国防预算，向国防部授权、拨款和监督。国防部提报国防预算，按照军令、政令分离的组织指挥体制，统领作战和建设两条线。

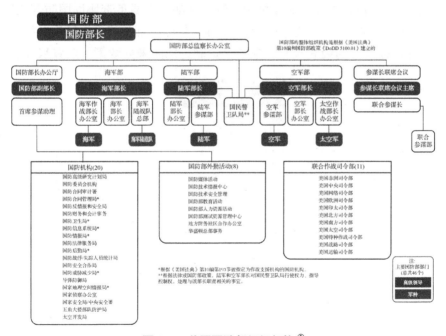

图 1-1　美国国防部组织架构 [①]

---

① U.S. DoD.DoD Strategic Management Plan Fiscal Years 2022-2026 [R]. Washington D.C.: U.S. DoD, 2022：11.

二、战略设计与规划层

在战略设计与规划层，作战线和建设线相对分离运行。作战线主要包括参谋长联席会议和联合作战司令部，负责提报需求、提出建议和组织评估；建设线主要包括国防部长办公厅和军种部，负责规划编制与实施。

1.参谋长联席会议

参谋长联席会议设主席、副主席，下辖 8 个局。参谋长联席会议主席是总统、国家安全委员会、国土安全委员会和国防部长的首席军事顾问。与建设领域战略管理密切相关的主要有 4 个局：作战局（J-3），负责组织开展联合部队战备评估；战略规划与政策局（J-5），负责组织制定顶层军事战略、规划和政策文件；联合部队发展局（J-7），负责联合作战概念、条令、兵力开发和联合训练等；部队结构、资源与评估局（J-8），负责能力开发、需求生成与资源配置等。

2.国防部长办公厅

国防部设有国防部长、1 名常务副部长、6 名主管业务领域的副部长，下设 20 个业务局和 8 个直属专业机构。政策副部长主要负责协助国防部长制定《国防战略》等国家安全与防务政策。采办与保障副部长担任国防采办执行官，是国防部采办事务的最高长官，主要负责制定国防采办政策、监督采办运行、

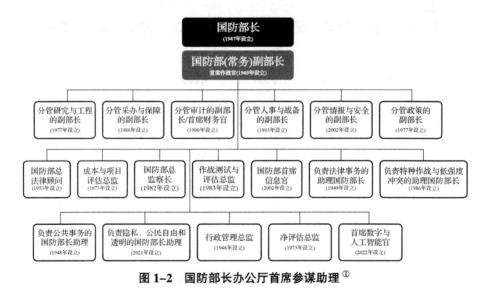

图 1-2　国防部长办公厅首席参谋助理[1]

---

[1]　U.S. DoD.DoD Strategic Management Plan Fiscal Years 2022–2026［R］. Washington D.C.：U.S. DoD，2022：12.

实施采办关键节点审查。主计长兼首席财务官统领美军的财务工作，主要负责财会政策与体制、预算制定与执行、国防合同审计、国防项目分析与评估。国防部下属业务局和直属专业机构，是国防部长办公厅的工作机构，负责制订各自领域的具体计划，指导和支援各军种和各联合作战司令部的工作，在某一领域对军种和联合作战司令部予以支援、保障和业务指导。

为支持国防部长重大战略管理问题决策，在国防部长办公厅下分层设立 4 个领导机构，分别是国防高层领导会议、高层领导评审小组、常务副部长咨询工作小组、国防业务系统管理委员会，就关键性战略管理议题向国防部长提供建议咨询，确保国防部的业务运行支持战略目标实现。通过定期或不定期召开决策协调会议，使国防部高层战略管理决策者深化对战略目标的理解认识，高度凝聚共识，利于作出科学有效、平衡各方的战略决策。

表 1–1　美国国防部战略管理领导机构

名　称	会议周期	主　席 副主席	职　责
国防高层领导会议	半年 1 次	国防部长 参谋长联席会议主席	讨论国防领域最高层次战略问题和战略优先目标。
高层领导评审小组	按需	国防部长 参谋长联席会议主席	讨论跨部门重大战略问题。
常务副部长咨询工作小组	每周 1 次	常务副部长 参谋长联席会议副主席	改进国防管理和推动业务转型，进行跨领域协调，集成 PPBES 并开展相关评估。
国防业务系统管理委员会	每月 1 次	常务副部长 采办与保障副部长	审核国防业务领域预算请求，审议 100 万美元以上的业务系统投资建设。

三、计划与执行层

在计划与执行层，作战线和建设线在军种和联合作战司令部层级分离运行，在部队层面战建融合。

1. 联合作战司令部

联合作战司令部通过参谋长联席会议接受总统、国防部长命令，在各战区、职能领域内，负责作战行动计划与实施，指挥控制联合部队，执行作战与非作战任务，提报优先需求，参与战备评估。

2. 军种部

军种部负责各军种的部队建设、行政管理、军事训练等，向联合作战司令部提供作战部队。既是整个美军战略决策与规划的执行机构，也是各自军种的战略决策与规划机构，陆军部、海军部和空军部分别负责各自军种的建设发展和人员培训。

四、战略协调机构

需求生成方面。在参谋长联席会议副主席领导下，由联合需求监督委员会管理"联合能力集成与开发系统（JCIDS）"的运行，成员为陆军和空军副参谋长、海军作战部副部长、海军陆战队副司令。委员会下设初审官、1个联合能力委员会、6个功能能力委员会和若干功能能力工作组，负责对需求主办单位提报的军事需求进行分析审查，确保其对作战需求的满足，支持相关需求文件的生成。

战略规划方面。为支持"联合战略规划系统"运行，成立联合参谋部战略集成组，参谋长联席会议各局科长级人员参加，每周开会，研究跨部门交叉问题，开展联合协作；战略整合委员会，参谋长联席会议各局处长级人员参加，每季度开会，审查"联合战略规划系统"运行、年度联合评估、联合参谋部独立风险评估建议；联合战略工作组，联合作战司令部、军种、联邦政府有关部门上校级或同等级别文职人员参加，每年召开2次会议，研究战略战役规划、执行、评估相关议题；联合全球规划研讨会，联合作战司令部、军种、联邦政府有关部门将官或同等级高级行政官员参加，与联合战略工作组相同，每年召开2次会议，对战略战役规划、执行、评估相关议题进行研究。

资源配置方面。高层领导评审小组，由国防资源委员会发展而来，成员包括常务副部长、有关副部长、各军种部长、成本评估与计划鉴定局局长、参谋长联席会议主席、副主席，对"规划、计划、预算与执行系统"各阶段进行最终的综合审查；三星小组，是高层领导评审小组的下设执行机构，由国防部长办公厅、参谋长联席会议、各军种负责规划的三星级将官或同等级文职行政官员组成，负责资源配置工作的具体审查。

国防采办方面。采取"国防部－军种"统分结合的管理模式，再根据具体采办领域和项目，设立项目执行官和项目主任负责落实。国防部层面成立国防采办委员会，由采办与保障副部长任主席，是国防采办流程的最高决策机构。委员会下设顶层一体化产品小组、若干一体化产品小组，推动建设部门、作战部门、工业部门之间的沟通协调，就里程碑评审发现的问题，开展广泛协商，促成问题解决。

另外，还有以总监察长办公室及各军种监察长办公室为主体的独立审计和调查的监督机构；种类繁多、层级分明的智囊机构，共同支撑了美军战略管理的有效、顺畅运行，完成战略决策、战略设计、战略实施和战略评估等活动。

第四节　运行体系

美军运用系统工程的原理方法，将战略管理活动按业务功能分为5个领域，对每个领域"做什么、谁来做、怎么做"一系列问题按照工程化思维进行细化分解，明确职责分工、业务流程、标准条件、规章制度以及相应的支撑条件和手段，形成了5个系统，这5个系统构成了美军战略管理运行体系，以达到分级分权、精细管理之目的。

一、基本构成

围绕战略评估、战略指导、战略规划、战略实施、督导管控等活动，美军构建了一个由多层次、多维度、多要素构成的战略管理运行体系，涵盖作战、建设两大领域。主要包括以下5大系统：

一是"联合战略规划系统（JSPS）"。该系统由参谋长联席会议主席牵头，主要负责顶层军事战略指导，分析评估国家安全环境、面临的威胁和挑战、发展机遇、建设风险、拥有的能力，制定《国家军事战略》和《联合战略战役规划》等系列文件，为美军建设与联合作战提供顶层战略指导。

二是"联合能力集成与开发系统（JCIDS）"。该系统由参谋长联席会议副主席牵头，主要聚焦军事需求生成，依托联合需求监督委员会开展能力需求评估，分析能力差距，确定联合作战能力需求和项目优先排序，审核军种需求、管理需求变更，审批《初始能力文件》《能力开发文件》等需求文件，指导具体采办工作。

三是"规划、计划、预算与执行系统（PPBES）"。该系统由国防部常务副部长牵头，国防部主计长和成本评估与计划鉴定局组织，主要聚焦美军整体资源分配，制定《计划目标备忘录》《资源管理决定》等文件，通过总统向国会提交国防部预算申请，为军队建设和作战行动提供规划指引和资源保障。

四是"国防采办系统（DAS）"。该系统由国防部采办与保障副部长牵头，聚焦国防系统采办，依托国防采办委员会，组织实施各类军事装备及其他相关系统研发、采购、服务保障等全寿命周期活动。

五是"适应性计划与执行系统（APEXS）"。该系统由联合作战司令部负责，主要功能是制定战区作战计划并组织实施，开展兵力调拨、机动、部署、分配、使用、再部署和再机动等活动。

为深入研究美军战略管理运行机理，本书将对上述 5 个系统分章进行研究分析，此处不再进行全面阐述。

二、内在关系

美军战略管理 5 个系统相互衔接、相互依存，形成了自上而下、统分结合、战建结合、迭代优化的闭合链路，对战略管理活动的业务流程、职责分工进行明确区分，有力支撑了美军战略管理的运行，具体可以分为三个层次：

一是战略指导层，即"联合战略规划系统"，主要是制定顶层军事战略以及各类规划和评估文件，如《国家军事战略》《战役和应急规划指南》《联合军事净评估》以及系列联合作战概念等文件，为其他 4 个系统，特别是为"联合能力集成与开发系统""规划、计划、预算与执行系统"提供宏观战略层面的"输入"。

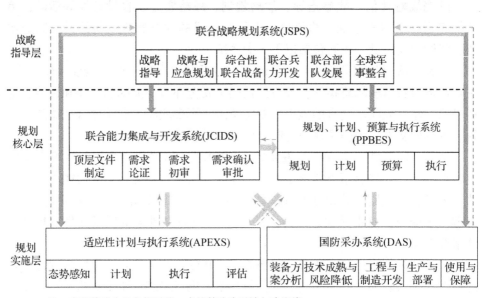

注：实线箭头为业务指导线，虚线箭头为反馈与建议线

图 1-3　战略管理体系各系统间的逻辑关系

二是规划核心层，主要包括"联合能力集成与开发系统"和"规划、计划、预算与执行系统"2 个系统，根据军事战略和联合战略规划相关文件要求，明确军事需求，进行资源分配，生成系列能力需求文件、规划计划及经费预算，为"适应性计划与执行系统""国防采办系统"提供能力需求指导和资源保障。

三是规划实施层，主要包括"国防采购系统"和"适应性计划与执行系统"，分别从建设与作战两条线，负责国防系统采购与作战行动筹划实施。两个系统执行结果按程序反馈至其他 3 个系统，促进整个战略管理体系不断优化。

理解战略管理 5 个系统之间的相互关系，清楚它们之间的相互联系、相互作用，才能深刻把握美军战略管理的运行机理。5 大系统中，除"适应性计划与执行系统"外，其余 4 个系统均与军队建设紧密相关。这些系统以"规划、计划、预算与执行系统"为基础。在规划、计划、预算与执行四阶段流程中，"联合战略规划系统""联合能力集成与开发系统"和"国防采购系统"深度嵌入，并通过相关接口文件与该系统建立耦合关联，由此推动战略管理体系运行，持续输出作战能力。

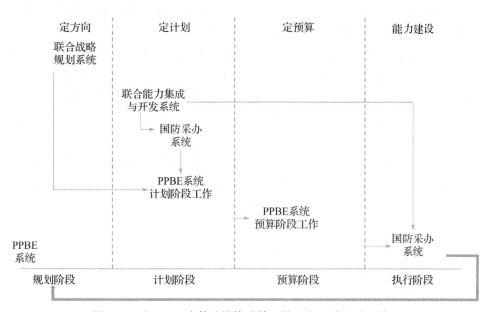

图 1-4 以 PPBE 为基础的战略管理体系各系统间关系简图

三、运行流程

美军战略管理运行体系的 5 个系统，从制定国家安全战略、国防战略开始，并作为输入，覆盖战略评估、战略指导、战略规划、战略实施、督导管控 5 项活动，完成了战略筹划、需求生成、资源分配、经费预算、项目管理，到建成可用兵力的全过程。这些系统分属不同层次，上位系统的输出可为下位系统提供输入，下位系统输出反馈并支撑上位系统的有效运行，共同完成了美军战略管理的循环运行。

一是"联合战略规划系统",负责战略设计与评估,制定《国家军事战略》,开展联合军事净评估,拟制参谋长联席会议主席军事建议,通过总统和国防部长对武装力量实施战略指导。"联合战略规划系统"的输入是以国家安全战略为核心的国家层面战略指导,输出是以《国家军事战略》为核心的军事战略指导,是其他4个系统的宏观战略输入。主要输出文件包括《国家军事战略》《参谋长联席会议主席风险评估》《参谋长联席会议主席计划建议》《联合作战司令部计划》《全球战役规划》《全球一体化框架》《全球兵力管理实施指南》《全球兵力管理分配规划》《联合规划文件》等。这些文件有的通过总统、国防部长发布,有的通过参谋长联席会议主席发布,既是整个武装力量的战略指导,也是其他系统的顶层输入。

二是"联合能力集成与开发系统",是"联合战略规划系统"的重要组成部分,主要是根据《国家军事战略》,开发军事需求,生成系列能力文件,为"规划、计划、预算与执行系统"和"国防采办系统"提出需求输入。该系统的输入为《国家安全战略》《国防战略》《国家军事战略》等战略指导文件,联合概念设计的作战概念文件,以及参谋长联席会议的一系列评估、建议和计划文件。该系统的输出为《联合能力文件》《联合变更建议文件》《初始能力文件》《能力开发文件》等。

三是"规划、计划、预算与执行系统",负责编制规划计划、分配资源、绩效评估,推进规划执行。该系统的输入为《国家安全战略》《国防战略》《国家军事战略》,参谋长联席会议一系列评估、建议和计划文件,联合概念文档,需求能力文件。系统输出为《国防规划指南》《计划目标备忘录》《未来年份防务计划》《资源管理决定》等。

四是"国防采办系统",负责重大装备、软件系统等的研发、生产与部署。"国防采办系统"的输入是"联合能力集成与开发系统"的系列能力文件,如《初始能力文件》《能力开发文件》《能力生产文件》,在2020年之后的改革中,《能力生产文件》逐渐淡化。系统的输出就是重大装备、软件系统等,是需求到能力的落点。

五是"适应性计划与执行系统",负责决定在何时、何处并以何种方式使美国的军事能力投入作战行动。该系统作用范围跨越许多组织层级,是作战指挥官与国家层级保持对话与合作的一种有效工具,能够促进联合作战计划的制定与执行,并在此过程中充分体现国家意志。

需要强调的是,这5个系统不是习惯理解的管理信息系统或者一套软件,而是对完成领域任务的管理目标、人员、手段、方法、工具的综合集成。

从 5 个系统的输入输出可以看出，《国家安全战略》作为总输入和起点，进入 5 个系统运行流程后，结合实际状况分析和对未来战争的预测，以国防战略和军事战略为核心，逐步细化落实为对当前、中期、长期进行力量建设和运用的系列指导文本。依据这些指导文本形成系列需求文件，并编制规划计划，配置经费预算，推进国防采办，进行绩效评估，开展兵力运用，最终完成从战略筹划到力量建设与运用的全过程。这是美军历经几十年改革逐步形成的一套机制流程。

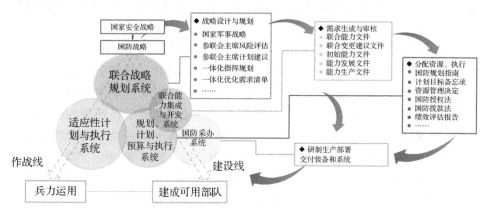

图 1-5 战略管理各系统间运行关系简图

第五节 主要特征

美国是超级大国，注重全球布势，强调联合制胜，倚重战略管理对意图目标进行多层级传导。相较于其他国家，美军战略管理体系较为完备，也比较复杂，呈现以下主要特点。

一、体系完备，统筹全军

经过几十年的发展，美军战略管理组织领导、政策文本、运行机制不断健全，体系逐渐完善，统筹全军能力不断增强。从组织领导机构看，从《1947年国家安全法》成立国家军事部、常设参谋长联席会议开始，组织领导和规划计划机构不断完善。1961 年，麦克纳马拉强化了国防部办公厅集权职能，组建数据分析小组，后来成为了成本评估与计划鉴定局专门负责成本效益的定量分析，主责"规划、计划、预算与执行系统"的计划阶段工作。1986 年，设立负责需求工作的参谋长联席会议副主席，组建联合需求监督委员会，需求生成与管理机构不断完善。从运行机制看，1961 年引入"规划、计划与预算系统"，1971 年设立"国防采办系统"，1986 年设立需求生成系统，1997 年设立"联合战略规划系统"，2003 年需求生成系统转型为"联合能力集成与开发系统"，已经建成了由"联合战略规划系统""联合能力集成与开发系统""规划、计划、预算与执行系统""国防采办系统"和"适应性计划与执行系统"构成的战略管理运行机制。从政策法规和文本看，5 个系统均有明确的政策文件和法规制度支撑，每个系统的输入和输出均有明确的文本文件。这些共同构建了集中统一、系统完备的战略管理体系，实现了对美军战略设计、战略实施和战略评估的全过程覆盖。

为了克服长期军种独大的影响，适应联合作战的需要，美军战略管理体系在不断完善过程中，都贯彻了联合求"统"的理念，统筹全军的能力不断增加。国家军事部的成立，尤其是改为国防部之后的不断完善和加强，建起了统筹全军的组织领导架构，参谋长联席会议的成立及其运行管理的不断发展演化，统筹战争和战略的筹划设计。"规划、计划与预算系统"的推行为国防部长麦克纳马拉统筹国防资源提供了有效的手段。1986 年设立"需求生成系统"，改变了各军种自下而上分散式提报需求的做法，初步实现了自上而下的集中管理。这些措施使美军战略管理的体系不断完备，统筹全军的能力不断增强。

二、上下贯通，耦合关联

美军战略管理通过 5 个系统自上而下、相互衔接，以威胁判断与战略需求为战略管理的逻辑起点，把国家安全需求转化为军事战略设计，并据此制定相关规划、计划，逐层传导战略目的，逐级分解落实任务，有效确保了国家意志和顶层战略能够在军事领域得到贯彻。比如，"联合战略规划系统"中的联合能力开发活动，将"联合能力集成与开发系统"嵌入其中，并支持"规划、计划、预算与执行系统"；"规划、计划、预算与执行系统"所产生的计划和预算文件，直接指导"国防采办系统"运行全过程，实现了上下贯通。

美军战略管理体系 5 大系统各自功能明确，但也相互嵌套、紧密耦合，形成复杂的铰链关系，纵向上涉及的层级多，横向上参与的机构多，而且每一个规划系统都需要多个机构参与，你中有我、我中有你。比如，在"规划、计划、预算与执行系统"运行中，总统与国会各有分工，但又相互牵制。在"国防采办系统"中，项目管理办公室的各类人员由军种参谋长管辖的装备司令部派出，但业务却由负责采办的军种助理部长领导，管人和管事分开，分工负责又相互制约。

三、紧盯对手，善于创新

美军战略管理始终紧盯对手，善于汲取地方政府和现代商业企业的先进思想、理论和做法，进行自我发展和完善。1957 年 10 月苏联人造卫星上天，给美国上下带来了巨大影响。美国人认为，既然苏联能将卫星送上外太空，当然也能将原子武器送过大洋，从而永久性地终结了美国"南北无强国、东西是鱼群"的地缘战略优势，冷战逐渐成为时代的主题。冷战期间，美国意识到苏联的成功源于规划计划的力量，曼哈顿工程、阿波罗计划中也展现出了规划计划的力量，促使美国改变了自由市场的简单思维，国防部开始把规划计划应用到管理实践中，针对与苏联的军事对抗，持续推出一系列国防和军事战略，并对战略管理体系进行更新。1961 年引入"规划、计划与预算系统"，1986 年组建联合需求监督委员会、设立"需求生成系统"。冷战结束之后，美国一极独大，美军开始由基于威胁向基于能力的战略调整，加速推进向信息化军队转型。2003 年推出的"联合能力集成与开发系统""国防采办系统"已经进行了近十次的更新完善。这些创新不仅与时代发展变化相关，更重要的是紧盯对手，紧紧围绕如何赢得战略优势展开。

近年来，随着中美之间大国竞争关系的日益强化、新兴技术发展日新月异以及全球安全态势复杂演化，美军在战略管理上反应较为明显。2022 年 10 月新版《国防战略》指出，"中国是美国最重要的战略竞争对手，也是美国国防部面临的主要挑战，美国国防部将加紧步伐，维持并提高威慑能力"。从反恐战争开始，"联合能力集成与开发系统"从基于威胁转到基于能力，近年来又转到基于威胁机制，把中国作为目标国家的意图明显。2022 财年的美国国防预算中，考虑未来与中国的潜在军事冲突主要发生在空域和海域，分配给空军和海军的份额不断增长，两者占国防预算比例达到 60%，为近十年最高。在"国防采办系统"中，首次设立采办情报业务领域，强调收集中国等竞争对手的情报，并在采办过程作为必要输入，要求采办各阶段里程碑决策评审时，必须满足情报要求才能进入下一阶段。

四、技术支撑，数据赋能

注重运用科学技术成果，运用数理方法赋能是美军战略管理发展过程中的一个显著特点。1961 年麦克纳马拉推动的改革中，就引入系统工程和定量分析的数字方法以及相关技术。随着时代的发展，大数据、人工智能等计算机技术的应用已经深入到各个领域。对于美军战略管理而言，新技术的引入极大提高了传统需求生成、资源分配、国防采办等工作的效率。近年来，美军将数据视为关键性资产，大力推进"国防部数字现代化战略"，建立国防部数据生态体系，大数据和人工智能技术在美军战略管理体系得到广泛运用，这将大幅度提高美军战略管理效率。

一是设立国防数字服务处，建设美军现代化数字环境。2015年11月，在时任国防部长阿什·卡特的推动下，美国国防部设立国防数字服务处（DDS），旨在灵活调动军地资源加速国防部数字现代化进程，2017年1月，经国防部批准成为常设机构。主要职能包括：①从私营部门引入软件开发、互联网技术等方面的最佳实践，例如敏捷开发、"开发运维一体化（DevOps）"等，计划并开展创新性工作，改变国防部软件构建和交付方式；②部署拥有各种技能的专业人才，以任务需求为导向精准对接国防部具体项目，实质性改进国防部数字服务，并推动相关规则和政策的发展与改变；③识别和评估国防部数字服务中的网络安全漏洞和缺陷，迅速响应军事系统中的技术问题，加强国防部数字防御能力。此外，国防数字服务处的技术人员还会被部署到全球作战指挥部以支持作战人员及作战系统。

二是成立联合人工智能中心，加速推进人工智能军事应用。2018年6月，美国国防部常务副部长杰克·沙纳汉发布备忘录，宣布成立联合人工智能中心，总体目标是加速交付人工智能技术能力，提升人工智能技术在国防部应用范围和影响力。主要任务包括：①指导"国家任务倡议（NMI）"的执行，努力将人工智能应用于一系列密切相关的、紧迫的、共同的挑战；②利用"国家任务倡议"和国防部的云技术，建立一个部门范围内的通用基础来执行人工智能，包括工具、共享数据、可重用技术、流程和专业知识，以实现快速交付和部门范围内的人工智能能力扩展；③与国防部内部、政府部门、行业、学术界和美国盟友合作，加强伙伴关系，突出关键需求，解决具有紧急操作意义的问题，并为国防部的任务调整AI技术；④与国防部长办公厅及其他有关机构合作，制订管理架构及标准，以供发展及推行。此外，联合人工智能中心还将通过"部门任务倡议（CMI）"与各军种和机构密切合作，帮助识别、塑造和加速开发用于特定军种和机构的人工智能技术。

三是设立首席数字与人工智能官，统筹数据和人工智能技术发展。2021年11月，美国国防部宣布拟将国防数字服务处、联合人工智能中心及首席数据官办公室重组为首席数字与人工智能官办公室。2021年12月，美国国防部常务副部长凯瑟琳·希克斯签署主题为"设立首席数字与人工智能官"的备忘录，提出将于2022年2月1日在国防部设立首席数字与人工智能官（CDAO）职位，加强和整合国防部的数据、人工智能和数字解决方案，这是美国政府在人工智能布局方面作出的最新动作。2022年6月，首席数字与人工智能官办公室具备完全运行能力。国防数字服务处、联合人工智能中心及首席数据官办公室都将向首席数字与人工智能官汇报工作，使后者能够整体性、全局性地规划数据和人工智能技能技术的发展应用。

四是技术赋能的先进手段在战略管理中广泛应用，不断提高战略管理效率。近年来，美国国防部、国防高级研究计划局（DARPA）、有关业务局和各军种研究机构，部署了以 X 数据（XDATA）和洞察系统（Insight）为代表的一系列大数据研发项目，主要涉及大数据分析挖掘、规则发现、深度学习、数据驱动模型计算、管理与处理和可视化方面的前沿技术，逐步形成了比较完整和全面的大数据研发布局。美军研发了一批能够实际使用的军事大数据分析处理的专业化系统或工具，并将这些系统或工具运用于军事实践和美军战略管理业务中。主要目的包括：①加强情报深度分析能力。美军通过利用大数据工具提高军事人员对多个战场空间情报的发现和深度认知能力。②增强战略态势研判与预警能力。美军的多个大数据分析预测类研发项目，提出了"网络—社会—经济—环境""冲突—安全—平衡—环境"和"数据—判断—决策"等预测推理模型和数据驱动模型与技术，对全球和区域的政治经济社会军事环境等数据、社交网络数据以及开源大数据进行分析，能够初步预测评估国家安全态势、军事战略态势和地区安全与冲突态势。③优化作战筹划能力。军事大数据项目的应用还体现在指控知识发现、指挥规则自主学习、指挥筹划计划与作战任务的关联分析等方面，已逐步实现对实时战场态势、作战体系等大数据进行比较、分析、推理，能够部分提供自主化态势评估、目标选择、计划生成、方案评估等处理能力，提升了作战筹划的合理性、科学性、有效性。④提升军队综合管理水平。美军运用可视化、人机交互等大数据技术，研发了智能化训练管理、人员管理、基地管理、保障管理及演训系统，能够近实时采集、处理、分析不同层级、不同军种部队的基础大数据，自动生成管理状态评价结果。

五、分权制衡、成本很高

美国宪法的分权制衡思想在战略管理上得到充分而具体的体现，战略管理的各个环节均体现分权制衡。一个机构运行必须与其他机构相互协调配合，机构之间时常处于既相互协同、又相互对抗的状态。比较典型的案例是联合攻击战斗机项目的管理，联合攻击战斗机项目实行军种轮换管理方式，项目主任定期在空军和海军之间轮换，空军的项目主任向海军采办执行官报告工作，海军的项目主任向空军采办执行官报告工作。

上文提到过，美军战略管理体系 5 个系统之间形成复杂的铰链关系，纵向上涉及的层级多，横向上参与的机构多，而且每一个规划系统都需要多个机构参与，你中有我，我中有你，因此协调运转起来成本很高。如果一个环节出现问题，一个系统甚至整个体系运行都会受到很大影响。比如"联合能力集成与开发系统（JCIDS）"有时对需求审查不严，造成军种重复上项目，直接影响资源配置和采办效率。有时国会也会干扰军种的采办进程，阻碍老旧装备的退役和新上项目的启动。

六、流程烦琐、反应迟缓

美军战略管理体系 5 个系统之所以能够运行起来，其中一个重要原因是固化形成了一整套标准化的工作流程，制定了很多规章制度，而且在运行过程中还不断补充完善。比如关于国防采办方面的各类文件，多达数千页，涉及流程复杂，出现了多次迭代、反复评审、效率低下的问题。而全面掌握这些规章，又需要长时间的培训和实践锻炼，造成相关专业人才紧张。

美军认为，未来军事行动节奏不断加快，现有需求生成、资源分配、采办工作、计划与执行都缺乏相当的灵活性，周期过长，如重大采办项目平均周期要 8 年，合同签订平均周期要 18 个月，往往采办完成的同时技术已经落后，难以适应任务要求。同时，随着新兴技术的不断涌现，美军在战略管理中对新兴技术的吸纳较为迟缓，受到国会诟病和批评。

第二章
美军战略管理发展历程

第二次世界大战后，美国成立国防部（前身为国家军事部），集中加强美军战略管理。由此开始，美军在长期的军事实践中，以国家安全需求和联合军事能力为指导，通过机构设置调整、战略规划指引、军事需求统管、资源统一调配、采办系统建设等方面多轮探索，逐步构建形成了较为完备的战略管理体系。美军战略管理发展过程多方互动、多线并行、多次迭代，本章以典型事件所在的年份为标志，进行研究分析。

第一节　1947 年：战略管理体制初创

1947 年美国设立国家军事部，开始了三军集中统管的过程，也开始现代意义上的战略管理实践探索。1947 年至 1961 年，历经数次改革，美军军政两线分离，从战略到行动的管理过程初步固化，战略管理体制机制初步创建。

一、改革背景

第二次世界大战结束后，美军各军种之间的竞争日趋激烈，已经影响了美国国防建设。为克服军种之间难以协调的矛盾和对抗苏联为首的社会主义阵营，在总结第二次世界大战经验教训的基础上，1947 年美军开始了现代意义上的战略管理实践探索。

（一）军种之间不可调和的矛盾是改革的内在驱动

在独立战争之后，美国组建了战争部（相当于陆军部）和海军部，美国武装力量主要通过上述两大部门分别实施管理。这一管理格局一直维持到第二次世界大战之前。第二次世界大战结束后，美国陆军部和海军部在没有重大战争需求牵引的背景下，相互之间展开了和平时期的明争暗斗，在资源分配、控制范围等方面互不相让，逐渐出现了分庭抗礼的态势；同时，随着陆军航空兵力量逐步强大，陆军与陆军航空兵的关系也越来越微妙。

（二）应对以苏联为首的社会主义阵营是改革的外在推手

第二次世界大战后，美国和苏联拉开了冷战的序幕。考虑到以苏联为首的社会主义阵营的压力以及克服军种之间难以协调的矛盾，进一步加强美国军事力量的统一组织能力，时任美国总统杜鲁门决心对国防体制进行改革。他说，"我坐进总统办公室后，最坚定的信念就是改革美国的国防体制，这样才能确保国家未来的安全，实现持久和平。"①赢得与苏联的大国竞争成为推动美军战略管理改革的外在推手。

（三）参谋长联席会议的进退去留成为美军亟待解决的战略管理重大问题

1942 年，为了加强与盟国在战争中的作战协调，美国成立参谋长联席会议。成立之初，参谋长联席会议的主要职能是在英美联合参谋会议下讨论与美国有关的国际战略，拟定战争规划、计划、方案，同时负责第二次世界大战时的战场指挥。此时的参谋长联席会议，仅是一个战争状态下的临时部队组织机构，尚未得到美国宪法的支持。第二次世界大战结束后，参谋长联席会议的去留问题成为美国政界、军界共同关心的问题。1945 年 12 月，杜鲁门总统在国会咨文中提出，授予参谋长联席会议军事财政建议权。根据美国建国以来的文官治军传统，参谋长联席会议的职能作用受到重视，但是是否赋予其更大的权力在议会和白宫都有争论，鉴于历史上的经验，作为美国重要的军事机构继续保留的观点占据上风。

二、改革措施

1947 年起，美国政府开始军队战略管理机构和运行机制改革，主要措施是成立国家军事部，后来改组为国防部，并制定形成了相应的运作机制。

（一）成立国家军事部，组织形式上首次形成了美军统一的领导机构

为解决军种部之间难以调和的矛盾，加强军事力量的统筹管理，1947 年美国国会出台《1947 年国家安全法》。它是确定美国战后国防结构的一部基础性法案。该法的核心内容是组建国家军事部，由其负责对各军种实施指导、管理与控制，同时在陆军航空兵的基础上成立空军部，以及在国家军事部内正式成立参谋长联席会议，作为总统和国防部长的顾问机构。这样美军在组织形式上首次形成了全军统一的领导机构，为美军管理体制的形成奠定重要基础。不过，国家军事部成立之初，海陆空三个军种部仍是内阁部，三位军种部长在国家安全委员会中仍然拥有直接向总统汇报的权力，国家军事部部长虽然是国家

---

① 罗特科普夫.美国国家安全委员会内幕［M］.孙成昊，赵亦周，译.北京：商务印书馆，2013：64.

安全委员会的法定固定成员，但却是一个名副其实的"光杆司令"，没有人事权，缺少经费支持，也没有明确的战略与规划。最初的国家军事部内部没有建立一个业务机构，直到 1952 年才建立第一个业务局——国防供应管理局。

国家军事部很难缓解军种之间的矛盾，便出现了著名的"海军上将造反事件"。当时海军与空军的矛盾突出、剑拔弩张，两个军种围绕战略核力量的建设展开了激烈的争夺。海军着力建立可投送核武器的超级航空母舰"合众国"号，能够装载可投放核弹的轰炸机；而空军则着力建设 B-36 战略轰炸机。海空军之间在各自支持者的帮助下，运用各自的影响力游说政府和国会。海军认为，"合众国"号对海军的意义重大，因为这将是海军在第二次世界大战后采办的第一艘超级航母，且将具备起降战略轰炸机等大型飞机的能力。空军则认为，美军不必耗费巨资去兴建机动能力差、生存能力弱的航空母舰，作为世界上第一种具备洲际远程轰炸能力的战略轰炸机，B-36 将执行的核攻击任务，对保持美国的核优势地位具有举足轻重的意义。

第一任军事部长弗雷斯特尔出身于海军，倾向于支持海军的航母项目，但由于失去了杜鲁门总统的信任，被迫辞职。军种之间激化的矛盾长期难以调和，导致弗雷斯特尔产生精神方面的问题，并最终在医院跳楼自杀。继任的国家军事部长路易斯·约翰逊更加亲近空军，约翰逊上台后，不仅取消了"超级航母"计划，而且一再压制海军的要求，大幅削减海军经费。约翰逊甚至激进地指出："两栖作战已经成为历史，我们永远都不会再进行两栖作战，所以没有必要保留海军陆战队。除此之外，空军能做一切海军能做的事，甚至没有必要保留海军。"一石激起千层浪，这番言论顿时在美国国内掀起了轩然大波。大批海军将领纷纷对约翰逊的言辞表示抗议并愤而辞职，而多位海军退役将领、海军有关的政府与企业界人士以及失掉订单的造船厂所在地居民都向政府表示抗议。海军部分高级将领还指控空军的有关官员在 B-36 计划中存在着欺诈舞弊和收受贿赂的行为，虽然最后经过调查证明并不存在违法问题，但严重干扰到空军采办计划的实施。这场历时数月、几经起伏的军种争斗被戏称为"海军上将造反"事件。

（二）改组国防部，基本确立了国防部领导三军的管理体制格局

国家军事部成立后，由于没有形成统一的战略思想与发展规划，三军按各自的战略观点和资源条件建设发展，相互争斗的情况依然存在，特别是"海军上将造反"事件不仅令美国上下感到震惊，也使美国政府高层意识到强化国家军事部权威的重要性。在此背景下，美国国会于 1949 年 8 月 10 日又通过了《1949 年国家安全法修正案》，将国家军事机构更名为国防部；加强国防部长的权力，给予其对各军种清晰明确的领导、监督和控制权，将陆、海、空军军

种部从内阁级降为国防部所属二级部，但各军种部还保有作战指挥部和行政上的独立；设立副部长、助理部长等职位协助国防部长工作；设置了参谋长联席会议主席一职，作为总统和国防部长的法定军事顾问。美军通过此次改革，基本确立了国防部领导三军种的战略管理体制格局，一定程度上缓解了各军种恶性竞争、自行其是的问题。

（三）加强国防部权力，初步形成军政系统与军令系统相对分离的国防和军队领导管理体制

为进一步加强对军种的统筹管理，艾森豪威尔总统 1953 年上台执政以后，采取多种措施加强国防部的权力。其任内通过的《1958 年国防部改组法》，是自《1947 年国家安全法》实施以来对国防机构进行的一次重大改革，加强了国防部与联合作战司令部的权力。联合参谋部的设置与战区司令部相对应，下设相关业务局；取消了军种部的作战指挥权，明确国防部长通过参谋长联席会议主席对各军种和联合与特种作战司令部行使作战指挥权；国防部长通过三个军种部对全军实行更直接的行政领导。至此，美军军政系统与军令系统相对分离的国防和军队领导管理体制初步形成，初步实现了形式上统一的战略管理格局。

三、改革效果

美军通过此轮改革基本确立了国防部领导三大军种的战略管理格局，初步形成了军政系统与军令系统相对分离的国防和军队领导管理体制，整体实现了战略上的集中统管，为美军发挥宏观管理优势奠定了基础。

一是初步确立了国防部集中领导的战略管理格局。美军通过成立国家军事部和国防部等一系列举措，打破了原有的军种各行其是、独立建设的国防管理体制，初步建立起统管架构，在一定程度上缓解了军种之间激烈的矛盾，为美国军力的全面提升及国防科技的快速发展奠定了重要基础。1947 年，美国国会通过的《1947 年国家安全法》，建立了国家安全委员会，这标志着美国国家安全战略的制订有了相应的法理依据和责任机构。囿于美军军种势力较大，国家军事部以及后来的国防部的领导权力受到很大制约，改革效果受到一定影响，为后续更大力度的国防部集中统一管理体制改革埋下了伏笔。

二是初步形成了军政系统和军令系统相对分离的国防和军队领导管理体制。《1958 年国防部改组法》通过撤销军种的作战指挥权、加强国防部和联合作战司令部的权力，改变了过去美军各军种行政领导和作战指挥统一的体制，美军领导指挥体制初步实现了行政领导与作战指挥相互分离，对美军战略管理格局的塑造发挥重要作用。

三是战略管理缺少科学的方法手段，严重掣肘美军发展建设。这一阶段是美军战略管理体制和机制形成的摸索和初创阶段，尚未运用和实施有效的战略管理方法手段，顶层统筹设计缺乏、长期规划不足、先进科学方法利用不充分，这些问题严重影响美国军队建设和国防能力的快速发展。

第二节　1961 年：战略管理机制初成

20 世纪 50 年代，美军的管理理念和实践做法已难以适应军队建设发展的需要，特别是在国防预算编制流程和武器研制管理方面环节众多、效率低下，严重制约了美军能力建设发展。1961 年，麦克纳马拉出任美国国防部长，启动了新一轮的战略管理改革，引入了"规划、计划与预算系统（PPBS）"，采用系统工程方法，统筹规划国防和武器装备建设，开启了美军发展史上一次意义深远的改革，初步创建了美军战略管理机制。

一、改革背景

如果说，从国家军事部到国防部是美军战略管理体制的初创阶段，那么，1961 年改革，则是面向联合、统合三军的战略管理机制的初创阶段，其最重要的改革背景是国防预算编制流程、武器装备研制管理难以适应国防体制改革的需要。

（一）国防预算编制流程冗长混乱，严重影响国防能力统筹协调建设

20 世纪 50 年代，美国的国防预算不是根据战略设计、军事需求的决定做出的，而是基本上预先武断地规定最高限额。在预算周期开始时，总统就向国防部长下达指示，规定下一财政年度在经济上和政治上确实可行的国防预算数字。问题是，这个数字通常是这样得出来的：首先对政府的总收入作个估计，然后扣除固定的支付款项（如支付国债的利息和付给退伍军人的款项）、国内各项计划的预计开支及援外费用等，最后"剩下多少钱就给军队多少钱"。这些预算方针对战略有什么影响并没有被明确而系统地加以考虑。一旦总统就可行的国防预算做出决定，国防部长就在各军种之间确定一种固定的分配百分比，并按此比例分配款额。而各军种又根据其内部的习惯势力以及自己对国家战略和优先顺序的理解，来确定下属各单位的分配额。

当时参谋长联席会议不参与预算的编制工作，因为国防部长没有给他们规定任何明确的任务。时任参谋长联席会议主席马克斯韦尔·泰勒将军曾在其著作《剑与犁》中描述过如下情况：各军种互不联系，各自制订自己的预算。虽然国防部长、陆海空军各部部长和各军种参谋长之间曾就三军的共同需求问

题进行过认真的讨论，但据我所知，从未把三个军种的预算方案放在一起研究过，也从未对该预算所能支持的总兵力的战斗力进行过估价。编造预算的这种所谓"纵向"法（而不是"横向"法）在很大程度上使得我们至今无法制订出一个理想的预算方案，能使财政上的重点同军事上的优先顺序协调一致起来。可以毫不夸大地说，谁都不知道我们具体的预算究竟要买些什么东西。

三个军种各自为政，各自提出自己的需求，其结果可以恰如其分地用"混乱"两个字来形容。例如，陆军制订计划主要是以长期消耗战为依据的，空军主要则以核轰炸这种短期战争为根据。因此，陆军要求储备几个月的作战补给品，以准备应付一场相当规模的常规战争。空军要求为核战争储备的补给品则以日来计算，而且日数不很多。如果始终坚持采取其中某一种办法，也许还有点意义，但是，将两种办法结合在一起就不可能有什么意义了。美军需要的是一种协调一致的战略，它所追求的目标应该是以现有的军事手段确实可以实现的。

战略规划是长期的，而国防预算却是短期的，一次只管一年。那种零敲碎打地提供资金的办法只能解决眼前的问题，害处很大。由于从来不知道一项计划的全部费用（使用与维修费用，加上与研制和采购有关的费用）需要多少钱，所以就无法事先估计预算对于计划决策会有什么影响。许多计划在开始实施时就没有十足的把握完成。计划过大会导致取消或拖延某些项目，从而造成很大的浪费，而这种情况本来是可以通过制订长期的财经计划而避免的。这种混乱的局面持续到20世纪50年代末，这时美军的常规作战能力已大大削弱，在许多武器方面丧失了对苏联的技术优势，成了一支"只能打不大可能发生的核战争，不能打很有可能发生的有限战争"的军队。

（二）苏联发射"斯普特尼克"人造卫星，极大驱动美国科技管理政策转变

1957年10月4日，苏联发射世界上第一颗人造卫星"斯普特尼克1号"人造卫星，震动了全球，更使美国感受到了强烈的冲击，感觉冷战对手已经在太空探索方面打败了自己。"斯普特尼克"危机更使美国民众和政策制定者认识到政府创立支持科学与教育政策的重要性，认识到美国必须转变科技管理政策，以确保其在科学、技术和军事方面的世界领先地位。

1958年是美国科学政策历史的一个里程碑。这一年，美国成立了多个科学技术机构，出台了相关的政策法规，这一系列措施成为后来半个多世纪美国国家科学政策的基础。"斯普特尼克"发射后一个多月，艾森豪威尔总统任命麻省理工学院校长J·基利安为第一任总统科学与技术特别助理。基利安的任命标志着科学上升到一个新的重要地位，科学对政府高层将产生更大的影响

力。"斯普特尼克"的发射也催生了美国的《1958年太空法》。依照该法，美国国家航空航天局（NASA）成立，主要负责施行空间计划，开展长期的民用和军用航空航天研究。同年，国会还颁布了《国防教育法》，旨在激励新一代学生投身于科学与工程学科。艾森豪威尔总统还于1958年在国防部成立了国防高级研究计划局（DARPA），负责开展前沿技术研发，防止出现像"斯普特尼克"这样的技术突袭。

此外，"斯普特尼克"发射后，美国对科学机构的资助也大幅增加。1959年，国会给国家科学基金会（NSF）的拨款从上一年的0.34亿美元增至1.34亿美元，这种爆炸式增长是整个后"斯普特尼克"时代的特征。国家科学基金会预算从第一个财年（1952年）的仅仅350万美元增至1968年的5亿美元。

（三）武器研制管理方法过时老旧，极大掣肘武器研发成本、进度及效能

在武器研制管理上，20世纪50年代初美军主要采用的是"功能管理法"。这种方法的缺点是，不重视总体设计，武器整体功能差，而且也不利于采用新技术。50年代末，改用"项目管理法"，虽较前种方法有所进步，仍只注意到武器本身，没有顾及装备部队、作战使用、维修保养等因素。武器研制管理上存在的这些问题，只不过是当时美军管理方法落后的表现之一，其原因是管理人员缺乏必要的专业技术基础，不熟悉先进的管理与分析理论和分析技术等，许多管理人员甚至没经过专门训练，而且调动频繁。这些过时老旧的武器研制管理方法，极大掣肘了美军武器系统研发成本、进度及其作战效用。

（四）思想守旧缺乏改革锐气，阻碍先进理论和技术在国防部应用

据美国史学家和军事评论家分析，美军建设史上出现这一徘徊时期，归根到底是守旧思想造成的。第二次世界大战结束后，美军从1200万人削减到160万人，但所有的将军都保留下来了。他们有较多的实战经验，却缺少改革的锐气，甚至拒绝新技术、新方法。当时，地方企业使用电子计算机的情况相当普遍，工业管理理论已发展到很高水平，而有些将领却认为"系统分析""定量管理""行为科学"都是无稽之谈。在麦克纳马拉之前的几任国防部长中，有的试图改革，但拗不过那些思想保守的将军，结果都不了了之。这种陈腐僵化、缺乏改革创新的思想严重阻碍先进技术和理论方法在美军战略管理中的推广应用，不利于其在冷战中保持军事竞争优势。

二、改革措施

1961年，美军战略管理改革以一个重要人物为标志，这个影响美军战略管理历史的重要人物就是时任国防部长麦克纳马拉。麦克纳马拉作为系统决策分析的提倡者，对国防部上下管理体系进行了革命性的调整。在麦克纳马拉的

主导下，军事管理突出体现效率优先、重视绩效、关注系统协调等理念，并强化了军事体系中的信息管理和供给管理。

麦克纳马拉 21 岁从加州大学伯克利分校毕业，主修经济，辅修数学与哲学，23 岁获得哈佛企业管理硕士（MBA）。1943 年，他加入美国陆军航空队参加第二次世界大战，运用统计方法帮助空军评估和改进轰炸机的使用率，大大提高了美军的轰炸效率，这是统计学方法早期的典范性运用。1946 年，麦克纳马拉加入薪水更高的福特汽车公司。当时的福特公司内部管理混乱，亏损严重，大部分高管没上过大学，对现代管理一无所知。麦克纳马拉和其他几位从空军退役的军官（后来被称为"精明小子"和"蓝血十杰"）将现代管理原则引入福特，用数量方法控制成本和产出，最终扭亏为盈。1960 年 11 月，不到 45 岁的麦克纳马拉成为仅次于福特二世的公司总裁，此前从未曾有"外人"在福特爬到如此高的位置。

1961 年初，肯尼迪当选美国总统，邀请麦克纳马拉出任国防部长。于是，这个文质彬彬的书生、商人、华盛顿政治的门外汉，成为美国国防部长。在麦克纳马拉的数字科学观念下，美军开始了产生深远意义的改革。

（一）启用科学管理人才全面推动改革

麦克纳马拉进入五角大楼后，首先进行了几个星期的调查研究。他发现，要打破国防建设在困境中徘徊的局面，唯一办法是进行彻底改革，而要推动改革，就必须起用富有开拓精神和新知识、懂得科学管理的人，尤其是年轻人。于是，他很快任命了一个阵容强大、经过精心挑选、能够协调行动的知识分子集体。其中，著名律师吉尔帕特里担任了国防部副部长，42 岁的法律专家万斯为国防部法律总顾问，兰德公司的国防经济学家查尔斯·希契为国防部总审计长，加利福尼亚大学利弗莫尔研究所所长、33 岁的布朗为国防研究与工程署署长。麦克纳马拉还任命了一个"神童班子"——一批意气风发的年轻专家学者，担任较低的职务。例如，主管系统分析的国防部长助理、经济学家恩索文，当时年方 30 岁。他还聘请了一些专家担任顾问，例如考夫曼虽然是麻省理工学院的教授，却兼任麦克纳马拉办公室随时咨询的顾问。兰德公司战略学家中的魁首艾伯特·沃尔斯泰特也常对政府的决策产生影响，因为麦克纳马拉对他推崇有加。

（二）利用科学方法加强军事改革总体设计

麦克纳马拉带领他的团队把注意力首先集中在搞好总体设计、调整军事战略上。他们用系统分析提供的科学方法，设计整个军事改革蓝图。在纵向上，依据对未来国际战略环境的预测，以国家战略为指针制定军事战略，然后再依此制定军事作战战略和军事协调战略，进而拟制编制改革计划、训练改革计划和武器系统研制改革计划。在横向上，打破军种界限，按照未来作战及平时管理的需要，把国防系统分为战略报复部队、国土防空和防导弹部队、一般任务部队、空运和海运部队、后备队和国民警卫局，以及研究与发展、作战支援（包括训练、后勤、基建等）、退役金、民防、组织与管理、军人薪金补助和人员限额等11个分系统，再根据对国防系统整体优化的原则，对每个分系统进行功能评估。

（三）提出"灵活反应战略"明确国防建设方向

经过复杂而审慎的论证，麦克纳马拉向肯尼迪总统建议提出"灵活反应战略"。该战略的核心是：建立一支"多样化"的军事力量，以核部队为"盾"，以常规部队为"剑"，以求在任何时间和地点，使用适当的武器和部队，打赢任何规模和样式的战争；奉行"相互确保摧毁"的核战略方针，建立一支可摧毁苏联20%～25%的人口和50%的工业的"第二次打击力量"，以苏联的大城市作为"抵押品"，使其不敢发动核战争。"灵活反应战略"得到了普遍的赞同，使美国国防建设有了明确的方向，廓清了长期混乱的思想。

（四）建立统一完整的国防计划体制，统筹协调军事战略、国防预算、部队需求和武器研制

在"灵活反应战略"基础上，为彻底改造落后的、低效率的国防机器，麦克纳马拉提出了一个大胆的改革方案：把军事战略、国防预算、部队需求和武器研制有机地联系起来，把远期、中期、近期计划紧密地衔接起来，建立统一完整的国防计划体制。它主要包括三部分：

一是联合战略目标计划。由参谋长联席会议牵头，各军种部代表参加，每年制订一次，具体阐述国家的战略方针和战略目标。为制订好这一计划，需进行情报估计，分析近期和远期世界战略格局的发展变化，预测重要敌对国家可能采取的战略和战役行动；进行联合长远战略研究，分析敌、友、我的战略方针及变化趋向；规划联合战略能力，根据未来将要进行的战争，提出三军兵力、后勤、装备、情报等方面的需求。在明确上述各点之后，制订出联合战略计划，阐明敌方的威胁，己方要打击的目标，以及所需的兵力等。

二是规划、计划、预算制度。规划，是指依据联合战略目标计划而制订的军队建设长远规划，包括部队结构需要进行的重大改革和需要发展的重要武器系统。它由国防部各直属部门负责人共同拟订，经国防部长批准后，作为"暂行部队指导方针"下发。计划，是连接规划与预算的桥梁，主要包括军队建设的具体项目。预算，是针对规划确定的各个项目提出按时间分阶段的资源要求。规划、计划、预算制度形成了"规划、计划与预算系统"。该系统采用系统工程方法，统筹规划国防建设，根据国家军事战略和财政预算限额，采

用规划、计划和预算一体化编制程序，制订长远战略规划、中期计划和年度预算。规划阶段主要是确定长期战略规划，根据美国 5~20 年所面临的威胁，提出应具备的军事力量，制订相应的规划文件；在计划阶段，各军种和国防部各业务局根据规划文件以及国防资源的限制情况，制订相应的发展计划，确定优先发展的项目；在预算阶段，主要是依据所确定的计划项目，编制经费预算。该系统主要特点是：把军事战略、国防预算、部队需求和武器研制有机地联系起来，把远期、中期、近期计划和年度预算紧密地衔接在一起，形成一种完整而统一的制度；按军事功能来编制计划和预算，同一类任务的各军种项目纳入同一类计划，加强国防部的综合平衡，减少重复浪费。"规划、计划与预算系统"是由查尔斯·希契提出来的。他曾经为兰德公司工作，1960 年，他和罗兰·麦基恩合著了《核时代的国防经济学》一书，书中探讨了国防经济的效率问题，并建议在军事设计上应将各种可行方案的成本与效益做出比较。1961年，国防部长麦克纳马拉采纳他们的意见，决定在国防部试行规划、计划与预算制度。

三是五年国防计划。五年国防计划即整个军队的五年建设设想，一度被称为"国防部长手册"或"五年部队结构和财政计划"。第一个五年计划是1962 年制订的，以后以原计划为基础修改制订下一个五年计划。

三、改革效果

1961 年，国防部长麦克纳马拉作为系统决策分析的提倡者，对国防部管理体系进行了重大调整改革，国防建设和管理突出体现效率优先、重视绩效、系统协调等理念，并强化了行政管理方面的调整改革。特别是基于系统分析的规划、计划与预算制度使国防决策在两个方面得到改进。一是将战略、军队需求和费用问题综合在一起进行分析，而不是各军种通过谈判任意分配资源，加强了国防部对各军种规划、计划与预算工作的统筹管理与控制；二是为国防部长提供了一个独立的、主要由文职人员组成的分析参谋班子。麦克纳马拉的实践说明，军事改革非常需要借助各种现代科学，同时也需要借鉴经济改革的一些成功经验。拒绝接受新的科学方法，或者过分强调国防的特殊性，都会捆住自己的手脚。然而，国防建设毕竟有其自身的特点和规律，不能全盘照搬企业管理和经济改革的具体原则和做法。

随着形势和任务的变化，"规划、计划与预算系统"也暴露出诸多问题，逐渐不适应一体化联合作战的需要。主要表现在：①规划、计划、预算编制程序复杂，协调量大，工作效率低。实行一年一次规划计划预算编制制度，编制程序复杂，每滚动制订一次在国防部运行需要 24 个月，国会审批要 8 个月，工作量大。此外，各军种上报计划（往往代表联合作战司令部，更关注联合作战装备计划）与国防部关注重点出入很大，在计划和预算评审时，双方分歧较大，需要花费大量的时间和精力进行协调，计划和预算结果往往是双方妥协的产物，而非资源的最优配置。②对国防经费执行评审不足，降低了经费的使用效益。国防部和军种都更关注于规划计划与资源分配过程是否符合国家预算编制要求，而对所投入的国防经费是否取得预期的成效，是否获得需要的联合作战能力，是否符合军事战略要求均没有实施有效的评估，对后续规划计划与预算编制工作没有提供有效的支持，不能适应新的任务要求。为解决上述问题，国防部决定对"规划、计划与预算系统"进行改革。1986年，国会授权实行两年一次的预算编制制度，要求国防部试行预算年和非预算年编制，但在总统预算的签署与国会的审批过程中，国防部提交的计划和预算仍然采取每年一次的编制方式，"规划、计划与预算系统"尽管没有发生根本性变化，但是战略管理迎来了一场全面的创新。

第三节　1986年：战略管理体系完善

1961年掀起的改革，初步创建了战略管理体制机制，国防管理和军队建设效益得到有效提升，但在运行过程中，逐步暴露出一些不够完善的问题。除了上节梳理提出的问题，还有需求生成问题。美军的军事需求生成主要依靠各军种自提自建，国防部统合的力度很小，导致各军种研制的武器装备难以在联合作战中联合使用，同时军种之间在联合作战中无法有效协调行动，严重影响美军军事行动能力。这些问题迫切要求美军开展新一轮改革。

一、改革背景

20世纪70年代，美军深陷越南战争泥潭，同时又投入大量资源到冷战准备中。在此背景下，三军以本军种需求为首要，各自发展与自身利益相关的武器装备，很多采办经费形成重复投资，不少装备采办过程中存在广为诟病的浪费现象。

（一）军种自提自建军事需求影响武器装备联合作战效用

尽管从20世纪60年代美国国防部开始实行"规划、计划与预算系统"，但在军事需求生成方面，还是主要依靠各军种自提自建，国防部统合的力度很小。在美军随后的多次联合作战行动中，军种之间难以联合，一个军种研制的武器装备无法与其他军种在作战中联合使用，这些问题极大限制了联合作战的有效开展。

（二）军种之间在联合作战中无法有效协同行动

20世纪70年代末期到80年代中期，美军在一系列军事与非军事行动中接连受挫，如1979年伊朗人质事件和1983年美国驻黎巴嫩贝鲁特大使馆自杀式攻击事件等。特别是1983年10月24日在美军入侵格林纳达事件中，美国陆军与海军陆战队无法协调行动，于是在格林纳达岛中部划线，各负责一半。美国陆军一名少校为召唤肉眼可见的海上舰队的火力支援，用自己的电话卡在公用电话上与美国本土陆军总部联系，陆军总部再与海军总部联系，海军总部再与舰队联系。停泊在近岸海域的美国海军航空母舰拒绝运输伤员的美国陆军直升机降落，理由是陆航飞行员"没经过海上起降资格认证"；经过交涉降落后，海军又拒绝为陆军直升机加油，因为"先要说清楚谁掏加油费"。

（三）"拖、降、涨"严重要求改革装备项目管理制度与需求生成机制

20世纪80年代初，采办项目管理权限集中在军种，装备司令部（陆军、空军）和系统司令部一级（海军）都有各自的装备采办组织，统管本军种的装备采办项目。各军种根据任务需要，在装备（系统）司令部之下，按武器系统计划或型号设立型号（项目）办公室，直接管理每个特定项目。这种管理体制下国防部统一管理力度不够，从上到下的指挥线不够明确，军种采办缺乏必要的监督，资源浪费现象十分突出。当时的美国政府问责局和国防部总监察长曾经尝试审计美军项目，但最终宣布这是一项不可能完成的任务。空军财务分析人员菲茨杰拉德在调查军种一般器件上的花费情况时，发现空军为B-52轰炸机的一个普通尼龙塑料凳子腿帽花了1000美元，海军为一个家用铁锤花了436美元、一对弯嘴钳花了600美元。最致命的一点是菲茨杰拉德让人们知道现代先进军用飞机的成本与这些乱花钱购买的部件是"比翼齐飞"的。20世纪80年代中期，美国新闻界对国防部的采办丑闻竞相报道，国防部花费大额资金购买榔头、马桶盖等行为引发轩然大波。为应对舆论重压，里根总统委派前国防部常务副部长帕卡德组成特别委员会（俗称"帕卡德委员会"）对国防部进行了广泛而严格的评审。

二、改革措施

以帕卡德为首的国防管理特别委员会向国防部提交报告，建议对国防采办项目管理进行重大改革。要求成立负责全盘采办管理的权力机构，对采办执行负全部责任，并成立简明的采办项目管理指挥线。根据这个建议，总统发布了第219号《国家安全指令》，建立以国防采办执行官为首的项目管理体系，形成国防采办执行官、军种采办执行官、项目执行官（PEO）、项目主任四级

项目管理指挥线，实现对武器装备项目的专业化管理，提高装备项目管理的效率。

国会也召开了数量众多的听证会，并最终通过了由参议员巴里·戈德华特与众议员比尔·尼科尔斯联合倡议的《1986年国防部改组法》，建立了联合作战机制和程序，并对采办业务进行全面的改革。根据法案，国防部设立了负责需求生成的参谋长联席会议副主席职位，任命了负责采办的副国防部长兼任国防采办执行官，在各军种设立专职采办工作的军种助理部长兼军种采办执行官，实现了装备预研、科研、研制与采购的集中统管。

（一）明确参谋长联席会议主席职责，建立可靠的联合作战机制和程序

《1986年国防部改组法》明确规定，参谋长联席会议主席为总统、国防部长的首席军事顾问，直接向总统和国防部长汇报。参谋长联席会议主席对任何武装部队没有指挥权。各军种参谋长不再进行战场指挥，战区司令控制参战的各军种，直接向国防部长汇报，国防部长向总统汇报。该法还要求联邦政府每年向国会提交《国家安全战略报告》。这一法案明确了参谋长联席会议主席的职权，突出强调了联合问题，推动了联合作战条令的建设工作，建立了确保联合作战的可靠的机制和程序，为美军联合作战指挥体制和战斗力提升提供了有力保障。

（二）设立参谋长联席会议副主席职位，负责"需求生成系统"工作

根据《1986年国防部改组法》，国防部设立了参谋长联席会议副主席的职位，领导联合需求监督委员会，负责"需求生成系统（RGS）"的工作。联合需求监督委员会的成员包括各军种副参谋长或作战副部长以及海军陆战队副司令，主要负责审批重大国防采办项目（国防部Ⅰ类采办项目）的需求文件，审查所需发展的装备是否与其他军种存在重复、是否充分考虑国防部、参谋长联席会议层次联合作战的需要。另外，参谋长联席会议副主席同时兼任国防采办委员会的副主席。设立参谋长联席会议副主席这一职位，提高了国防部，尤其是参谋长联席会议对需求生成以及"国防采办系统"的影响力。

（三）任命负责采办的副国防部长，实现装备预研、研制与采购集中统管

根据《1986年国防部改组法》，美军进一步调整其组织体系，合并负责研究与工程的副国防部长和负责设施与后勤的助理国防部长，设立了负责采办的副国防部长，并兼任国防采办执行官，实现了装备预研、研制与采购的集中统管。同时，在各军种设立军种采办执行官和项目执行官，加上原来的项目主任，这样形成了"国防部采办执行官、军种采办执行官、项目执行官、项目主任"采办指挥线，减少了采办管理的层级，规避了行政指挥线的弊端，理顺采办管理体制，提高了装备采办管理效率与效益。

三、改革效果

《1986年国防部改组法》通过设立参谋长联席会议副主席和采办副部长进一步调整国防部组织体系，加强了国防部对需求生成和武器系统采办的统管力度，同时通过明确参谋长联席会议主席职责形成了联合作战体制，有力促进了美军联合作战能力的提升。

在"需求生成系统"的实际运行过程中，联合需求监督委员会出现了许多困难与争议，联合需求监督委员会会议被称为"充满仇恨、各军种为维护自身利益进行战斗的战场"。据媒体报道，当时的参谋长联席会议副主席威廉·欧文（1994~1996年任职）对联合需求监督委员会中各军种毫不妥协的立场以及难以协调装备发展需求的状况深感失望和无能为力。由于工作处处受挫，同时军种对欧文的工作提出了各种严厉批评，欧文主动拒绝了继续连任参谋长联席会议副主席另一个两年任期的机会。欧文的困境是由军种的强大势力造成的，当时军种负责进行国会答辩，应对国会的审查，很大程度上影响着采办项目的上马。由于需求是从军种到联合需求监督委员会"自下而上"制定的，国防部对需求的统管仍然无法正式落实，难以有效适应联合作战的需要。

此外，《1986年国防部改组法》为美军战略管理链路的形成奠定了立法基础。该法要求总统每年向国会提交《国家安全战略》报告，参谋长联席会议主席提交《国家军事战略》报告，但并未提及《国防战略》。1987年1月，里根政府根据该法发布了美国历史上第一份《国家安全战略》报告。1992年，参谋长联席会议主席根据该法发布了第一份《国家军事战略》报告。这期间，国防战略主要思想和内容体现在《四年防务评估报告》中。1997年《四年防务评估报告》的第三部分为"防务战略"，2001年《四年防务评估报告》的第二部分为"防务战略"。直到2005年3月，美国国防部才发布第一份《国防战略》报告，标志着在"国家安全战略"和"国家军事战略"之间增加了"国防战略"这一战略层次。

第四节　2003年：战略管理转型发展

"9·11"事件后，基于对"威胁不确定性"的形势判断，美国《国家安全战略》《国防战略》从"基于威胁"转变为"基于能力"。美军战略管理改革围绕采办转型这一主线，在需求生成、资源分配、装备采办等多个方面展开。

一、改革背景

2001 年，美国发生了震惊世界的"9·11"事件。该事件不仅对美国社会造成巨大震撼，而且对美军战略管理体系发展带来深远影响。"9·11"事件后，基于对"威胁不确定性"的形势判断，美国《国家安全战略》《国防战略》从"基于威胁"转变为"基于能力"，这一转变对需求生成和规划、计划与预算管理产生了重大影响。

（一）"9·11"事件推动美军战略调整

在"9·11"事件以及信息技术飞速发展等多方面因素的推动下，美军2001 年发布《四年防务评估报告》，提出了"基于能力"的战略规划指导思想。在第二次担任国防部长期间，拉姆斯菲尔德积极推动基于能力的部队转型。"部队转型"的核心是吸收信息技术发展的最新成果，实现装备采办、部队训练、作战、业务管理等军队建设各领域的信息化。

为此，拉姆斯菲尔德专门设立了"部队转型办公室"，强化联合作战能力建设，将一大批思想敏锐、具有创新精神的改革者任命到国防部和各军种的领导岗位，在国防部"部队转型办公室"这个中枢机构的主任位置上，启用了已经退休的海军上将阿瑟·塞布罗斯基。该办公室设在国防部长办公厅，是美国国防部推进军事改革最重要的协调和咨询机构，直接向国防部长和常务副部长汇报工作。之所以选择塞布罗斯基担任这个重要机构的领导，主要是他大力提倡美国海军的网络化，很多做法和思想与总统和国防部长的转型思想不谋而合。塞布罗斯基曾是海军飞行员，拥有在越南等地作战的经验，并且他还是计算机专家，倾注于在信息系统领域应用新技术，努力通过在传感器、通信设备和高性能灵巧武器制导系统之间联网打造"系统的系统"。塞布罗斯基在"部队转型办公室"这个实现自己理想的岗位上极力推动"网络中心战"等一系列新思想，为美军提升信息时代战斗力做出了重要贡献。

（二）采办管理"拖、降、涨"问题日益突出

在采办管理方面，随着苏联解体，管理体制进一步发生重大变化。冷战后，美国的战略竞争对手不复存在，国防预算被大幅削减，装备采办的"拖、降、涨"问题日益突出。同时随着信息技术的飞速发展，信息技术对装备采办的影响日趋显现。在此背景下，美军进一步对采办管理体制进行了调整改革。1993 年将负责采办的国防部副部长调整为负责采办与技术的副部长，并于 1999 年进一步调整为负责采办、技术与后勤的副部长，实现了装备预研、研制、采购与保障的集中统管，为装备的全系统全寿命管理奠定了体制基础。

二、改革措施

需求生成和规划、计划与预算管理改革调整与当时的美国国防部长拉姆斯菲尔德密不可分。拉姆斯菲尔德1954年毕业于普林斯顿大学,1954年至1957年担任美国海军飞行员和飞行教官,1974年8月任白宫办公厅主任。1975年11月至1977年1月,拉姆斯菲尔德在福特政府中任国防部长,成为美国历史上最年轻的国防部长。此后,他转往企业界发展,先后出任西尔医药和通用仪器两家大公司的总裁。2001年1月,小布什就任美国总统后,拉姆斯菲尔德在小布什内阁中出任国防部长,成为美国历史上两度出任国防部长的第一人。

（一）推行"基于能力"的采办转型

在"基于能力"的国防战略思想指导下,美军于2001年开始推进采办转型工作。采办转型在继续强调采取渐进式的采办策略、重视商业现货采购、注重采办的经济可承受性、加强装备的全寿命管理、重视装备的互联互通与互操作能力建设以及装备的可保障性等传统采办改革内容的同时,以"基于能力"为宗旨,积极推动采办领域的各项转型工作。2005年,国防部设立业务转型局推动业务转型工作的开展,并于2006年6月发布《业务转型指南》1.0版,通过业务转型以及相关的规划文件及体系结构设计,推动以信息化和可视化为核心内容的业务转型。2006年9月,国防部发布题为《能力组合管理试点项目的任务、职责、授权与方法》的备忘录,推广使用"能力组合管理"采办策略。"能力组合管理"采办策略是一种按能力领域、以项目组合为管理单元的采办方式,与传统的分军种分部门、以单个项目为管理单元的采办方式相对应,把"基于能力"的采办转型工作推向深入。

（二）开展需求生成机制改革

在推进采办转型的同时,美军还在需求生成机制中积极贯彻"基于能力"的战略思想,发动了一场"需求革命"。拉姆斯菲尔德强调提升能力以应对各种不确定挑战的出现,于2003年发起"需求革命",对需求生成机制实施重大改革。2003年7月,国防部发布了3170号参谋长联席会议指示与手册,对需求生成系统实施重大改革,以"联合能力集成与开发系统（JCIDS）"取代了原有的"需求生成系统"。

"联合能力集成与开发系统"运行过程的核心是,各军种和国防部业务局以《国家安全战略》《国防战略》《国家军事战略》以及联合作战概念、联合能力概念、一体化体系结构等作为指导依据提报需求,参谋长联席会议副主席领导的联合需求监督委员会进行审查。各类需求先由联合参谋部一名官员进行初审，然后根据需求重要程度以及涉及的能力领域进行分级分类详细评审，重大需求最终交由联合需求监督委员会评审确定。经评审后，需求文件正式生效，并随后进入计划和预算管理过程。"联合能力集成与开发系统"的工作流程涉及《联合能力文件》《初始能力文件》《能力开发文件》《能力生产文件》4种能力文件的制定、确认和审批过程，而每一种能力文件的制定和审批的程序大致相同，都要经过以下 3 个步骤：

一是需求的分析过程。需求主办部门根据联合作战概念、联合能力概念和一体化体系结构等国防部顶层文件的规定，结合实际作战需要，进行功能领域分析、功能需求分析以及功能方案分析，最终形成《联合变更建议文件》《初始能力文件》等需求文件。功能能力委员会及其功能能力工作组的部分成员往往也参与该阶段的工作，为需求主办部门提供必要的支持。

二是初审官初步审查过程。初步审查是指对"联合能力集成与开发系统"过程中生成的主要需求文件——《初始能力文件》《能力开发文件》《能力生产文件》的草案进行审查，目的是确保其正确性和有效性。评估的结果直接关系到该文件能否得到相关部门的批准，从而用于指导采办活动。

三是需求确认和批准过程。功能能力委员会对所提交的文件草案进行审查之后，会向联合能力委员会提交一份摘要，说明其所发现的相关功能领域、军事行动范围以及时间进度等方面的重要问题，并提出自己的解决意见。根据摘要提供的信息，联合能力委员会要决定是自己还是联合需求监督委员会对该文件草案进行确认和批准。确认和批准文件的结果是，或审批通过所提交的需求文件草案（文件由此生效，成为正式文件），或返还给需求主办部门内，要求其对文件草案进行完善。正式生效的需求文件将返回知识管理／决策支持数据库系统和相应的采办程序。

该系统将过去简单的自下而上的需求生成过程改为自上而下、再自下而上的过程，强化了国防部对军种联合需求的顶层设计和指导，加强了对需求的有效统管，确保各军种能力"生而联合"，提高了各军种装备的互联互通能力。

（三）实施"规划、计划与预算系统"改革

美军同时对规划计划与资源分配工作也进行了相应的调整改革。国防部于 2003 年发布《管理倡议 913 号》文件，决定自 2005 财年开始以新的"规划、计划、预算与执行系统（PPBES）"取代原有的"规划、计划与预算系统"。新系统继承了"规划、计划与预算系统"在组织体制、运行程序、工作文件、职责分工等方面的许多做法，又针对联合作战和能力建设的要求，做了大量修改：把预算执行作为程序的一个正式阶段，实行两年一次的预算编制程序，按预算年和非预算年分别制定运行程序，并把《四年防务评估报告》作为规划阶段的重点内容，持续开展计划、预算的执行情况评审，进一步强化需求生成、资源分配与采办管理的结合。

规划：在新一届总统任期的第 1 年（如 2009 年、2017 年），开始启动新一轮规划编制工作。规划阶段的主要任务是分析国家未来安全形势和面临的威胁，制定《国家军事战略》，明确未来所需的作战能力，确定国防和军队建设目标、政策和指导方针，提出军事力量规模与部署思路、发展规划和财政限额，为各军种和国防部业务局编制计划和预算提供指导和依据。规划阶段工作由国防部政策副部长牵头，国防部长办公厅、参谋长联席会议、各军种、联合参谋部、联合作战司令部等部门参加。

计划：在总统任期的第 2 年（如 2010 年、2018 年）和第 4 年（偶数年，也称为预算年），开始同步启动新一轮计划和预算编制工作。预算年计划阶段的主要任务是制定未来 6 年国防和军队建设（包括国防科技和装备发展）中期计划，并提出人力和财力需求。在总统任期的第 1 年和第 3 年为非预算年，计划阶段的主要任务是对预算年编制的 5 年计划进行调整。该阶段工作由成本评估与计划鉴定局总体协调和负责，国防部长办公厅、参谋长联席会议、各军种和业务局参与。

预算：预算阶段与计划阶段的工作同时进行。在总统任期的第 2 年和第 4 年（偶数年，也称为预算年），开始启动新一轮预算编制工作。预算年预算阶段的主要任务是确定未来 6 年的预算（第 1 年为实际预算，第 2 年为接近实际预算，后 4 年为预测性预算，国会只讨论审批第 1 年预算金额）。在总统任期的第 1 年和第 3 年为非预算年，非预算年预算阶段的主要任务是对未来 5 年的预算进行调整。该阶段工作由国防部主计长牵头、各军种、国防部业务局、国防部长办公厅、总统行政管理与预算局等参加。

执行：在预算执行评审阶段的主要任务是拨付建设经费、执行预算和评审经费预算，并根据预算执行评审结果，调整相应的国防资源分配方案。同时，根据美国《政府绩效与结果法》要求，美国国防部各部门要对所有执行绩效进行评估，并逐级上报，最终由国防部提交国会。

三、改革效果

拉姆斯菲尔德信奉一句话："如果你需要牵引力，必须先有摩擦力。"作为曾经的国防部长，拉姆斯菲尔德是美军军事转型强有力的推动者，根据"基于能力"的国防战略，从需求生成体制、资源分配流程和采办管理等多个方面对美军战略管理体制机制进行了深入的改革与调整，进一步增强了国防部的战略管理与统筹能力，提高了各个重要领域的管理效率，对于全面推进美军军事转型、加快信息领域新技术在军事上的快速应用、提升美军信息时代的战斗力作出了重大贡献。在 2006 年底的离任仪式上，布什总统如此评价拉姆斯菲尔德："在过去的 6 年间，国防部发生了天翻地覆的变化，这是国防部自 20 世纪 40 年代末成立以来变化最深的一次。"①

不过，此轮改革主要是在美苏冷战结束，特别是在"9·11"事件发生后的大背景下开展的，因此美军的军事能力建设和军事作战任务重点聚焦反恐和局部作战等军事行动，在应对未来的大国竞争对手方面可能不够充分；加之进入 21 世纪后，以信息技术为代表的新技术发展突飞猛进，这些都将给美军后续的军队和装备发展建设以及战略管理提出新的挑战和更高的要求。

第五节　2016 年：战略管理创新重塑

近年来，美军认为其战略安全环境发生了重要变化，特别是日益复杂的地缘政治因素以及快速发展的新技术带来新的挑战。为更好地应对大国竞争和发展利用先进技术，美军开始了新一轮的国防管理体制、运行机制的改革调整。

一、改革背景

21 世纪以来，美军在阿富汗战争和伊拉克战争的牵制下，陷入了长期的反恐战争之中。随着中俄等国的综合实力不断提升，美军逐渐将目光聚焦亚太地区，日益强调通过技术输入、管理改革等途径，赢得新的竞争优势。

（一）战略安全环境发生了重要变化

2014 年，美国国防部宣布实施第三次抵消战略，寻求通过发展颠覆性先进军事技术和作战概念来"改变游戏规则和未来作战方式"，确保美军在新一轮军事竞争中保持绝对优势。2015 年，美军发布 2015 年版《国家军事战略》，明确将军事战略重心由反恐重新调整为应对"大国挑战"，进一步推动抵消战略实施。

2015 年以来，美军着手开展国防部组织机构运行情况评估和改革综合论证，美军认为，其战略安全环境发生了重要变化，战略管理也需要进行改革。2015 年底，美国战略预算评估中心副总裁吉米·托马斯就国防部改革问题向国会进行专门报告，指出与 30 年前美国主要面临苏联的单一威胁环境相比，

---

① 拉姆斯菲尔德.已知与未知［M］.魏骅，译.北京：华文出版社，2013：505.

美国面临着一系列分散而又迥异的重大威胁和挑战：①地缘政治因素带来的复杂战略挑战。包括日渐崛起为全球性大国的中国，急于恢复昔日影响的俄罗斯，拥有地区霸权野心的伊朗，动荡不安而又拥有核武器的朝鲜和巴基斯坦，基地组织和"伊斯兰国"等毫无顾忌的恐怖主义集团。美国从来没有面临如此复杂而又多样的地缘政治挑战。②新兴技术持续快速发展带来的挑战。新技术（如精确制导和网络技术等）在带给美军便利的同时，也让美国潜在的对手从中获益并给美军带来威胁。美军如果不能在新技术获取和创新上比对手做得更好，将失去其业已存在的质的军事优势地位，不能保护美国的国家安全。

（二）国防部现有的战略管理体系难以应对长期、大规模的非常规作战

美国国防部 2003 年实施重大改革后，运行多年的管理制度日益显露出种种弊端。美国国会评估指出，国防管理体制虽在过去几十年中发挥出重要作用，但机构庞杂、机制僵化、科研创新能力不足等问题日益突出，已无法适应大国竞争的战略要求，改革势在必行。经国会与智库联合评估，国防部战略管理方面面临的一系列问题，包括在现有的国防组织架构中，各战区在其责任区拥有相对的独立权，对组织短期、局部、高强度的常规作战任务可能得心应手，但对长期、大规模的非常规作战则很难适应。且由于各战区平时主要负责应急作战计划的制定和实施，往往从本战区角度出发，缺少全球视野和总体战略，就会出现以下问题：应对中国带来的安全挑战往往被视为太平洋司令部的事；应对"伊斯兰国"等恐怖组织则被认为是中央司令部的事；应对俄罗斯带来的挑战又被认为是欧洲司令部的事。

二、改革措施

在大国竞争日益加剧及新技术快速发展的双重背景下，美军启动了新一轮战略管理改革调整，通过加快战略管理顶层文件的更新迭代、适应性调整管理机构的地位作用以及利用新技术提升管理机制运行效率等一系列举措，对其战略管理体制机制进行创新重塑。

（一）政策文件更新频率加快

美军战略管理体系中相关政策文件不断更新，且近年来修改频率加快。美军"联合战略规划系统（JSPS）"最初于 1997 年设立（参谋长联席会议主席第 3100.01 号指示《联合战略规划系统》规范其职能），25 年间进行了 5 次大的调整，但在最近 4 年间就调整了 2 次，分别是 2018 年 7 月和 2021 年 5 月。2018 年主要是根据 2016 年《美国法典》对参谋长联席会议主席职责（增加综合性联合战备和全球军事一体化）修改进行相应改变，强调了跨区域和多功能威胁。2021 年的修改强调加快评估进程，加强从概念、能力到采办的反应

能力，并利用数据分析方面的进展。美军"国防采办系统"政策（以国防部5000系列国防采办政策文件为主体）自1971年出台后，已经过10余次较大调整，其中最近2次大的调整发生在2015年和2020年。随着软件采办项目和应急作战采办项目的迅速增加，2015年1月，美国国防部颁布新版5000.02指示，将基于硬件制定的单一采办程序改变为6种，分别是针对硬件密集型项目、国防专用软件密集型项目、渐进式部署软件密集型项目、偏硬件混合型项目、偏软件混合型项目和快速采办项目。2020年年初，最新版国防部5000.02指示《适应性采办框架的运行》确定了6种国防采办程序，包括应急能力采办、中间层采办、软件采办、重大能力采办、国防业务系统采办和服务采办。

（二）管理机构发生适应性变化

2018年，美国国防部拆分负责采办、技术与后勤的副部长职能，分设负责研究与工程的副部长和负责采办与保障的副部长，此外还设立专职的国防部首席管理官（之前一直由国防部常务副部长兼任），进一步突出其地位和作用。研究与工程副部长的使命是聚焦未来，以国防部首席技术官的身份推进技术和创新，同时也是国防部长及常务副部长在所有研究与工程领域的首席参谋兼顾问。采办与保障副部长就采办与保障相关所有事务向国防部长提供建议，并根据需要参与具体项目的监督。首席管理官的职责是优化国防部业务运作，开展业务转型、业务规划和流程管理、绩效管理和业务管理信息化建设，确保《国防战略》的成功实施。

（三）管理机制运行时间缩短

在不同的战略管理系统内，针对现实需求，美军还在管理机制运行时间上不断压缩，突出管理运行的时效。在需求生成方面，机制更加灵活多样，对于常规能力需求文件，提交后的会签和评审时间要求不超过67天，联合应急作战需求审查确认时间仅15天。美军适应快捷、灵活、多样化作战、国防采办和新兴技术发展要求，优化国防规划、计划、预算与执行工作流程，采用支撑"模块化采办、软件迭代和快速采办"的预算流程，提高资源配置工作效率。针对软件、应急需求等设立特别的计划和预算程序，以快速适应软件不断迭代升级和应急作战任务的快速需求。启动应急作战快速程序，国会在2022财年为国防部提供了266亿美元的应急补充资金，为乌克兰快速提供"标枪"反坦克导弹、"毒刺"防空导弹和其他武器系统。

（四）先进技术手段在战略管理领域拓展应用

随着时代的发展，大数据、人工智能等计算机技术的应用已经深入到各个领域。对于美军战略管理而言，新技术的引入将极大提高传统需求生成、资源分配、国防采办等工作的效率。近些年来，为更好地适应技术变革，美国颁布了《国防部云战略》《国防部数字现代化战略》《国防部数据战略》《国防部数据、分析与人工智能战略》等愿景规划，增设"国防数字服务处""联合人工智能中心""国防部首席数字与人工智能官"等高级职位和部门机构，实施了一系列重大工程与项目。这些举措势必将推动美军大数据、人工智能等技术的快速发展，为未来美军战略管理流程变革赋能。2021 年 11 月，美国国防部宣布拟将国防数字服务处、联合人工智能中心及首席数据官办公室重组为首席数字与人工智能官办公室。2022 年 6 月，首席数字与人工智能官办公室具备完全运行能力。国防数字服务处、联合人工智能中心及首席数据官办公室都将向首席数字与人工智能官汇报工作，使后者能够整体性、全局性地规划数据和人工智能技术的发展应用。

三、改革效果

战略驱动是美军此轮改革的鲜明特征。从 2014 年国防部开始实施第三次抵消战略，到 2015 年版《国家军事战略》，再到 2018 版《国家安全战略》和《国防战略》，美军稳步地将"大国竞争"战略落实到方方面面。通过加强技术创新能力发展和采办改革等一系列举措，有效强化了国防科技创新发展和武器装备建设，加速新装备体系形成有效作战能力。

尽管美军战略管理体系没有大的结构性变化，但其构成的制度机制正随着形势任务要求不断进行调整。这些制度机制的调整改革，一定程度上反映出美军战略管理发展现阶段的特点趋势。从战略管理的效果来看，改革举措把中国作为目标因素明显，为美军赢得竞争优势服务。在战略改革指引下，美军针对与中国、俄罗斯等大国的竞争，进一步细化竞争举措，通过国防创新小组吸引民用先进技术，快速引入小企业商业技术，科技脱钩、加强创新链供应链安全管理，重视采办情报，设立采办情报业务领域，强调收集中国等竞争对手军事技术和装备情报，并在采办过程把情报作为重要输入，以提高采办项目对战略对手的杀伤力。作战、采办、需求分析、资源分配和技术人员的协同越来越紧密，以形成战略合力，提升对大国竞争对手的竞争能力。

第三章
联合战略规划系统

"联合战略规划系统（JSPS）"统筹设计美军顶层战略规划。该系统由参谋长联席会议主席牵头，主要聚焦兵力设计、发展与运用，制定《国家军事战略》（NMD）和《联合战略战役规划》（JSCP）等战略文件，为美军力量建设与作战运用提供总体指导。

第一节　系统概述

"联合战略规划系统"主要由美军参谋长联席会议主导，其主要功能是参谋长联席会议主席履行其《美国法典》第10篇规定的职责，维护全球视角、有效利用战略机遇、将战略转化为成果，并向国防部长和总统提供军事咨询的主要方法。

一、组织体系

"联合战略规划系统"涉及的组织机构较多，总统、国防部长、参谋长联席会议主席以及国会都参与其中，对美军的联合战略进行论证、规划和指导，其组织实施主体是参谋长联席会议主席和联合参谋部。

（一）参谋长联席会议主席

参谋长联席会议由参谋长联席会议主席领导，定期召开联席会议。参谋长联席会议主席是主要军事顾问，由总统任命，但需要得到参议院军事委员会的认可。参谋长联席会议主席任期2年，可连任3期。

参谋长联席会议主席为总统、国防部长提供必要的军事决策咨询服务，主要职能包括：制定武装部队战略指南，为联合作战司令部作战指南提供建议和帮助，制定战略规划并确保规划在实施期内能获得足够的资源支持，管理联合人事事务，评估指挥、控制和通信方面的联合军事需求并提出改进意见。发生战争时，国防部通过参谋长联席会议对全军实施作战指挥。

除主席外，参谋长联席会议成员中还有副主席、陆军参谋长、海军作战部长、空军参谋长、海军陆战队司令、国民警卫局局长、太空作战部长等人。军种领导作为参谋长联席会议成员的职责优先于其作为军种领导的职责。参谋长联席会议成员既可独立对总统、国防部等机构的军事咨询作出回应，也可通过参谋长联席会议主席提交咨询意见。

（二）联合参谋部

参谋长联席会议的常设机构是联合参谋部，联合参谋部设主任1名，由参谋长联席会议主席提名人选。提名前，参谋长联席会议主席向其他成员征求意见。提名人选经国防部长审批通过后，由参谋长联席会议主席任命。联合参谋部主任协助参谋长联席会议主席履行相关职责，开展具体业务，管理联合参谋部。联合参谋部设有8个职能部门和一些辅助管理部门。

1. 人力与人事局（J–1）

人力与人事局负责向参谋长联席会议主席提供人力与人事建议，确保美国武装力量保持最高程度的战备水平和持续作战能力，主要职责为负责联合人员战备、人力管理、政策指南、人事计划、联合军官管理政策、军事人员管理、文职人员管理、预备役人员整合，以及联合奖励政策等。

该局下设人事战备处、人力资本处与军人处。其中，人事战备处负责提供与联合人员相关的计划、政策和指南，尤其是在建立联合人事运营中心时发挥主要作用，在人力与人事局和其他部之间建立联系；人力资本处负责管理联合人力和联合部队事宜，并对跨国军事组织进行政策监督；军人处负责管理联合部队的内部军事人员管理流程。

2. 情报局（J–2）

情报局支持参谋长联席会议主席、国防部长、联合参谋部和联合作战司令部的情报工作，为军事行动提供情报支持，同时也是国防部指示和情报的国家级联络点。该局负责协调联合情报理论和架构，管理情报以进行联合作战评估，是联合需求监督委员会（JROC）下情报、监视与侦察联合作战能力评估的负责部门。

该局下设8个处，分别是反情报与人工情报支援处、使命任务支援处、现状分析处、情报战略规划与政策处、现状情报处、作战部队情报支援与整编处、预警处，以及作战空间感知处。

3. 作战局（J–3）

作战局负责调动部队，向国家领导层详细介绍作战情况，是各战区作战司令部司令与国家指挥当局联系的纽带，协助参谋长联席会议主席履行作为总统和国防部长主要军事顾问的职责，为作战指挥官提供指导。

该局设置3个职能副局长，分别负责地区作战与部队管理，特种作战与反恐，全球作战，核、国土防御与当前作战。作战局局长、副局长负责协助参谋长联席会议主席制定作战指导、提供作战建议，并推动总统、国防部长之间信息有效传递。

4. 后勤局（J-4）

后勤局负责进行联合后勤部署与物资的快速分发，建立灵活的基础设施，综合后勤需求信息，指导联合后勤战区管理，协调多国后勤保障和开辟联合后勤保障途径。该局将后勤计划和作战活动整合，从而支持联合作战，以推动联合部队的战备状态，最大程度地提高联合作战司令部的行动自由，并就后勤事务向参谋长联席会议主席提供建议。

该局下设两个跨职能部门，分别负责战略后勤和作战后勤两类业务。这种结构能够对当前作战环境保持全面了解，并为未来环境做更好的准备。负责战略后勤的副局长管理分析与资源处、知识型后勤处、战略处、能力处与跨国跨部门处。负责作战后勤的副局长管理分配处、工程处、维修处、健康服务保障处、联合后勤运营中心、供应处与后勤服务处。

5. 战略规划与政策局（J-5）

战略规划与政策局负责协助参谋长联席会议主席制定当前和未来的军事战略、计划指南和政策，提供政治、军事建议，确定国际谈判中的军方立场和进行机构间协调。该局向参谋长联席会议主席提出战略、计划和政策建议，以支持其向总统和其他国家领导人提供的涉及国家安全的所有方面军事建议，确保这些建议得到通报，并评估执行《国家军事战略》的风险。

该局下设职能副局长和地区副局长，分管各自业务。其中，职能副局长管理伙伴关系战略处、联合战略处、跨地区政策处、战略稳定处；地区副局长管理非洲处、欧洲处、巴基斯坦阿富汗协调处、亚洲处、中东处以及西半球处。该局局长负责战略方向、政策指导和规划重点，制定和执行《国家军事战略》，从而协助参谋长联席会议主席向总统、国防部长和国家安全委员会提供军事建议。

6. 指挥、控制、通信与计算机/网络局（J-6）

指挥、控制、通信与计算机/网络局（简称 C4/网络局）负责向参谋长联席会议主席提供有关指挥、控制、通信和计算机（即 C4）方面的建议，保障从战区司令到武器发射平台的 C4 需求，领导指挥、控制、通信和计算机部门，保障国家军事指挥系统，识别和解决国家级信息中有关军事方面的问题。

该局负责提供网络、通信、控制、计算等能力在内的作战能力，颁布相关工作指南，向参谋长联席会议主席提供专业知识，旨在打造联合信息环境。

该局下设 4 个具体分管业务的副局长，分别是负责 C4/网络的副局长、首席信息官、负责技术保障的副局长，以及负责C4集成的副局长。该局局长还兼任海军陆战队司令总部C4主任/海军陆战队首席信息官。副局长负责所有C4/网络、太空、定位导航与授时、运输、盟军和联盟的互操作性开发和评估，并负责网络空间防御事宜，进而向联合作战司令部提供建议。

7. 联合部队发展局（J-7）

联合部队发展局负责构想、设计和评估当前与未来的联合作战理论，完成联合部队与多国部队的训练和演习，帮助参谋长联席会议主席、各联合作战司令部司令和军种指挥官做好联合作战与多国作战的准备。

该局通过联合部队发展业务支持参谋长联席会议主席和联合作战人员的工作，旨在提升联合作战能力。其职责可划分为5个部分，分别为联合训练、联合教育、联合条令、联合经验、联合概念。具体来看，联合训练是指为联合部队制定联合训练计划；联合教育是指制定政策教育观，并与联合专业军事教育和国防大学相结合；联合条令是指制定与联合作战有关的条令与程序；联合经验是指与联合部队分享作战经验；联合概念是指对未来作战环境有一定的了解，以应对新出现的和未来的联合作战挑战以及所需的能力。

该局下设4个副局长管理相应业务，分别是计划项目管理副局长、联合教育与条令副局长、未来部队发展副局长、联合训练副局长。具体来看，计划项目管理副局长管理2个处，包括政策和项目处、作战指挥官演习和训练转型处；联合教育与条令副局长管理4个处，包括联合部队训练处、联合调理处、联合调理分析处与联合基础学校；未来部队发展副局长管理4个处，包括联合概念处、未来评估处、联合作战分析处与作战处；联合训练副局长管理9个处，分别是计划和作战处、联合训练处、部署训练处、联合网络知识处、军种联合训练处、环境备战处、环境建设处、网络空间环境处与主席训练处。

该局局长负责联合培训、联合部队发展、概念发展、作战分析和经验实践活动。副局长负责组织领导全球整合、联合以及伙伴部队的适应和创新，并担任联合部队发展局的高级民政主管。

8. 部队结构、资源与评估局（J-8）

部队结构、资源与评估局负责向参谋长联席会议主席和参谋长联席会议提供有关资源和部队结构方面的评估、分析和建议。该局为响应《1986年国防部改组法》而组建，负责为参谋长联席会议主席提供评估与制定部队结构的支持，开展作战演习与机构间关于政治、军事问题的探讨，旨在优化流程、为早期能力开发提供指导、评估非传统作战领域、为部队结构整合提供咨询服务、评估全球联合作战的能力等。

该局下设部队结构、资源与评估副局长和幕僚长，并且设置6个处，分别是研究分析处、部队管理运用保障处、需求处、资源与采办处、部队保护处、联合一体化防空反导处，另设幕僚长管理日常综合性事务。

二、结构功能

"联合战略规划系统"是参谋长联席会议主席履行其《美国法典》第10篇责任、维护全球视角、有效利用战略机遇、将战略转化为成果，并向总统和国防部长提供军事咨询的主要方法。其功能主要分为以下方面。

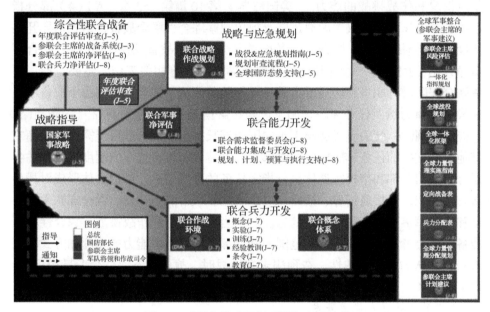

图 3-1　"联合战略规划系统"主要功能

（一）制定国家军事战略

《美国法典》第10篇第153章（A）（1）款指示参谋长联席会议主席协助总统和国防部长"为武装部队提供战略指导"。与该职能相关的联合战略规划系统文件是《国家军事战略》，《国家军事战略》推动联合部队运用、协调和创新，以满足国家政策和《国防战略》要求。《国家安全战略》《联合作战司令部计划》（UCP）和《应急规划指南》（CPG）三个总统指导文件为国防部提供指导。国防部长主要通过《国防战略》《国防规划指南》（DPG）、《盟国和伙伴关系发展指南》（GDAP）、《兵力管理指南》，向国防部提供战略指导。这些战略指导提供了国家军事战略拟制的基础。

（二）制定联合战略战役规划

与该职能相关的"联合战略规划系统"文件是《联合战略战役规划》。《美国法典》第 10 篇第 153 章（A）（2）款指示参谋长联席会议主席拟制战略框架和规划"以指导跨地理区域、跨军事职能及作战域的军事力量及相关活动的运用和实施"，并进一步指示参谋长联席会议主席准备"军事分析、备选方案和计划"，向总统和国防部长提供建议。参谋长联席会议主席负责审查应急规划，并编制联合后勤和机动计划。

（三）开展综合性联合战备评估

综合性联合战备是指联合部队在为未来挑战做好准备的同时，能够应对紧急情况和作战挑战的能力。《美国法典》第 10 篇第 153 章（A）（4）部分指示要求参谋长联席会议主席通过广泛视角观察综合性联合战备，组织指导开展年度联合评估（AJA）调查、参谋长联席会议主席战备系统（CRS）、联合军事净评估（JMNA）、参谋长联席会议主席净评估等相关工作，主要包括：评估联合部队履行职责和应对重大紧急事件的总体战备情况；评估由于战备不足造成的军事力量及任务风险，制定风险缓解措施；在准备和评估《国防战略》和应急规划时，就关键优势与不足向国防部长提出建议；就可能需要承包商或其他外部支持的任务和职能向国防部长提供建议；维持统一的制度，以评估各联合作战司令部和指挥官群体执行指定任务的准备情况。通过评估形成对战备状态的共识，为战略指导、战略与应急规划、联合能力开发、联合部队发展活动和全球军事一体化建议提供信息。对于当前的应急和作战挑战，综合性联合战备评估会考虑到现有能力的范围、联合部队使用有关能力的速度和方式、保障联合部队的能力和弹性。在预测未来挑战时，战备状态评估会考量净评估、军事演习和联合概念。

（四）开展联合能力开发

《美国法典》第 10 篇第 135 章（A）（5）部分，要求参谋长联席会议主席完成如下与联合能力发展相关的行动：（1）确定武装部队保持技术和作战优势所需的新的联合军事能力，向国防部长建议此类能力的投资和实验。（2）与潜在对手能力进行比较，进行美国及盟国武装部队的"联合能力军事净评估"。（3）就联合作战司令部优先需求向国防部长提供建议。（4）根据《国防战略》和联合作战司令部优先顺序，就军种和战勤局"计划建议以及预算提案"向国防部长提供建议。（5）就新的和备选的军事能力、计划建议以及预算提案，向国防部长提供建议。（6）评估联合军事能力，根据《美国法典》第 10 篇，第 181 章（联合需求监督委员会），确定、验证及对差距进行优先排序，以满足《国防战略》。（7）对装备和设备采办中寿命期成本、进度、性能和生产量目标的相关权衡，向国防部长提供建议。

这一功能包括联合需求监督委员会和"联合能力集成与开发系统

（JCIDS）"的功能，支持"规划、计划、预算与执行（PPBE）"进程。另外，这些功能对联合作战司令部的高度优先事项、美军各军种和特种作战司令部、网络司令部《未来年份防务计划》的机构战略以及《未来年份防务计划》之外的各种要求做出回应。

（五）发展联合部队

《美国法典》第10篇第153章（A）（6）部分，要求参谋长联席会议主席在发展联合作战力量方面开展相关工作：制定武装部队联合运用条令；为武装部队联合训练制定政策、标准以及行动；为武装部队人员的军事教育制定政策；为"开发与实验"联合部队概念制定政策；收集、开发以及分发联合力量的经验教训；就联合指挥控制通信和网络能力的发展、整合与互操作，向国防部长提供建议。

概念、推演与实验、演习、训练、经验教训、条令、教育都能促进联合作战力量的发展，同时提高综合性联合战备。概念、推演与实验、经验教训为适应当前的能力发展工作（兵力发展阶段）提供信息，并通过未来联合能力的开发（兵力设计阶段）推动创新。经验教训可辅助能力开发进程，同时，概念也可促进未来联合作战能力的发展。条令、教育以及训练可以提供必要的工具，以此帮助联合作战力量准备好，使用新的或是现代化的装备以及非装备能力。

（六）就全球军事一体化提供咨询

《美国法典》第10篇第153章（A）（3）要求参谋长联席会议主席"向总统和国防部部长就全球军事战略和作战一体化事项提出建议"。《美国法典》第10篇明确认为联合部队面临的全球"跨区域、多域和多功能威胁"，并要求参谋长联席会议主席负责就"地域和功能作战司令部力量兵力分配和调动问题"向国防部长提出建议，就"当前军事行动"向总统和国防部长提供建议。参谋长联席会议主席通过这些全球军事集成职责，指导跨地区、职能和军种对接，确保联合部队在全球竞争中共同扩展竞争优势。为此，参谋长联席会议主席应就全球态势、军事战备和作战风险提出相关建议。

三、内外关系

作为美军战略管理体系的重要组成部分，"联合战略规划系统"发挥着联通战略管理体系内外、驱动体系整体发展的重要作用，是美国军力建设和作战运用的指航灯和定位仪。

（一）内部集成"联合能力集成与开发系统"

"联合能力集成与开发系统"是军队建设的源头，通过明确"建什么"，贯彻落实"联合战略规划系统"确立的军事目标，是军事能力生成链路的起点，内嵌于"联合战略规划系统"。

在"联合战略规划系统"按时间划分的兵力运用、兵力发展和兵力设计三个阶段中，"联合能力集成与开发系统"主要涉及兵力发展阶段，与兵力设计阶段开展的作战环境评估和作战概念开发等工作紧密衔接。兵力设计阶段确立的联合作战概念体系，牵引兵力发展阶段美军各部门制定联合能力需求，并为兵力运用阶段工作提供具体指导。总体上，"联合能力集成与开发系统"既是"联合战略规划系统"的重要构成系统，又是"联合战略规划系统"与"需求—装备"军事能力生成链路相衔接的重要接口，是作战概念转化为作战能力的关键枢纽。

（二）外部衔接"规划、计划、预算与执行系统"

资源是战略管理体系运行的重要物资基础，主要通过"规划、计划、预算与执行系统（PPBES）"进行分配，为实现军事需求的各项工作提供保障，是军事能力生成的生命线。

"规划、计划、预算与执行系统"的规划阶段工作以"联合战略规划系统"中的顶层战略文件和参谋长联席会议联合能力评审等为指导，确立《国防规划指南》，为计划和预算制定工作提供依据。计划和预算阶段，美军各部门根据"联合战略规划系统"中的"联合能力集成与开发系统"确定的军事需求，估算各军事项目的经费支出额度，为推动各项目实施奠定基础。总体上，"规划、计划、预算与执行系统"是"联合战略规划系统"的外部能源系统，为军事能力生成提供资源保障，是作战概念转化为作战能力的补给线。

（三）顶层监督"国防采办系统"运行

国防采办是获取装备及其他作战手段的重要途径，通过明确"怎么建"，为落实"联合战略规划系统"确立的军事目标提供作战物资和手段，是军事能力生成链路的主体，与"联合战略规划系统"中的"联合能力集成与开发系统"，以及"规划、计划、预算与执行系统"紧密互动、有序衔接。

"国防采办系统"运行接受"联合战略规划系统"的顶层战略指导，以及"规划、计划、预算与执行系统"的资源保障（如果没有分配到资源，"国防采办系统"中的具体项目就无法运行）。在"国防采办系统"中，各项目以"联合战略规划系统"中"联合能力集成与开发系统"确定的军事需求为起点，在项目运行的重要阶段点，以修订或更新的军事需求作为输入，不断调整或优化项目，最终输出装备或其他作战手段，是"需求—装备"军事能力生成链路的主干。

（四）指导牵引"适应性计划与执行系统"

"适应性计划与执行系统"是美军作战部门开展的与联合作战相关的监督、计划、执行动员、部署、运用、维持以及再部署等活动。"适应性计划与执行系统"将军队建设部门的成果应用于作战与训练当中，通过明确"怎么用"，解决了由建到用的问题，是军事能力转化为实战能力的关键环节，也是美军战略体系向末端延伸的主要工具。

"适应性计划与执行系统"将"联合战略规划系统"同战区作战体系连接起来，打通了高层战略与战略体系最底层的通道，使顶层战略规划部门与作战指挥官之间能够有效互动，并帮助战略决策者决定在何时、何处并以何种方式使美国的军事能力投入作战行动。在运行中，"适应性计划与执行系统"以"联合战略规划系统"制定的《国家军事战略》《联合战略战役规划》联合作战顶层概念等为指导，根据"联合战略规划系统"开展的联合军事净评估等对军事规划与执行过程展开持续的监控和评价，确保战略资源的有效分配，并促进战略目标与作战行动的衔接。完成从战略规划到作战执行的转换，是实战能力输出的关键环节。

第二节　主要流程

"联合战略规划系统"的工作流程围绕参谋长联席会议主席的职责来构设《美国法典》第 10 篇第 153 章要求参谋长联席会议主席履行 6 项主要职能：为武装部队提供战略指导；开展战略与应急规划；评估综合性联合战备；管理联合部队发展；促进联合能力开发；就全球军事一体化提供咨询。"联合战略规划系统"的主要工作和流程相应地可以概括为六个方面。

一、开展战略指导

根据参谋长联席会议主席指示（CJCSI）3100.01E《联合战略规划系统》，参谋长联席会议主席协助总统和国防部长"为武装部队提供战略指导"。与该职能相关的"联合战略规划系统"文件是《国家军事战略》。参谋长联席会议主席应在每个偶数年决定是否应制定新的《国家军事战略》或更新现有战略。战略规划与政策局负责开发、评审并拟备《国家军事战略》，经参谋长联席会议主席签署后正式生效。参谋长联席会议主席可指示将提供额外战略指导的文件列入《国家军事战略》附件。

《国家军事战略》是体现参谋长联席会议主席职能的核心战略文件。该文件将政策指导转化为联合力量行动，并通过对规划、兵力管理、态势、兵力发展和兵力设计提供实施框架，协助国防部长"提供武装部队的战略指导"。该文件为规划、资源分配和风险分布的优先次序提供了战略框架。因此，这一机密的《国家军事战略》是"联合战略规划系统"后续行动的起点，也构成了参谋长联席会议主席向国防部长和总统提供的军事咨询建议。

二、制定战略与应急规划

《美国法典》第 10 篇第 153 章（A）（2）款指示参谋长联席会议主席拟制战略框架和规划"以指导跨地理区域、跨军事职能及作战域的军事力量及相关活动的运用和实施"。按照规定，参谋长联席会议主席还负责审查应急规划。主要包括以下四项工作。

（一）联合战略战役规划

《联合战略战役规划》是参谋长联席会议主席组织拟制的主要文件，用于指导和指示联合部队战役、应急和保障规划的准备与集成工作。《联合战略战役规划》工作包括建立一套通用的程序、文本、优先事项、任务和责任，以支持集成联合部队的全球行动、活动和日常应急活动的投入。战略规划与政策局负责《联合战略战役规划》拟制、人员配置、审查和准备工作。

《联合战略战役规划》指导三种类型的战役规划：《全球战役规划》（GCPs）、《功能性战役规划》（FCPs）和《作战司令部战役规划》（CCPs）。《全球战役规划》是"联合战略规划系统"的组成部分，联合参谋部负责准备《全球战役规划》供国防部长批准。《功能性战役规划》由联合作战司令部制定，主要是利用合作方解决跨联合作战司令部面临的挑战和解决方案。《作战司令部战役规划》是联合作战司令部实施日常活动的主要规划，主要处理战区目标以及全球战役规划、功能性战役规划指定的目标。

（二）全球战役规划

《全球战役规划》负责解决所有领域中最紧迫的跨区域和跨功能战略挑战。该规划在范围上是全球性的，聚焦针对特定问题的一体化行动。全球战役规划主要设计用于使联合作战司令部、军种、国民警卫局和联合参谋部内部及相互之间日常工作的统一。参谋长联席会议主席就全球军事一体化事务向国防部长提供建议，为在时间、空间和目标上集聚联合部队行动。联合参谋部优先挑战跨职能小组（CFT）制定并维护《全球战役规划》。

优先挑战跨职能小组包括联合参谋部职能和地区专家，以及来自联合作战司令部、国防部长办公厅及其他政府部局代表。这些跨职能小组支撑全球一体化规划，经与联合作战司令部和国防部长办公厅协调，牵头拟制和管理《全球战役规划》。跨职能小组与政策副部长协调，共享与跨机构合作伙伴相关的全球战役规划的规划编制及内容信息。

每个《全球战役规划》都有一个指定的联合作战司令部作为协调当局（CA），并指派合作方，支持规划编制工作。协调当局不能强制在联合作战司令部和各军种间进行协议或直接资源分配。协调当局将与负责政策的副部长办公室协调，共同承担全球战役规划编制和与跨部局合作方信息相关的规划。

（三）全球一体化框架

虽然全球战役规划提供日常联合作战、行动和投入指导，但全球一体化框架提供的战略框架，能够协调联合部队对优先挑战相关的危机或冲突做出反应。依据《国防战略》中国防部长的优先事项排序，参谋长联席会议主席对需要通过全球一体化框架解决的挑战提供建议。全球一体化框架是一种战略性框架，可使参谋长联席会议主席的建议和国防部长的决策与优先挑战相关联。全球一体化框架超越单一联合作战司令部，提供针对某一优先挑战相关的危机和冲突的全球视野。全球一体化框架由全球战役规划和已有的应急规划提供信息。战略规划与政策局局长代表参谋长联席会议主席协调、拟制、配置力量并维护全球一体化框架。战略规划与政策局与协调当局、国防部长办公厅、军种、联合作战司令部和国防部业务局协调，每两年审查全球一体化框架，或由国防部长或参谋长联席会议主席指导。

（四）应急规划审查

联合参谋部审查《应急规划指南》和由《联合战略战役规划》指导制定的规划。联合参谋部战略规划与政策局通过联合规划编制和执行团队（JPEC），负责执行规划审查程序。联合规划编制和执行团队由联合作战司令部、国防部长办公厅、军种部、国民警卫局、各战勤局及其他受影响的国防部业务局组成。联合规划编制和执行团队程序用于审查一体化应急规划、战役规划和应急规划。

三、开展综合性联合战备评估

评估是一切战略行动的基础。与"联合战略规划系统"相关的评估包括年度联合评估调查、参谋长联席会议主席战备系统评估、联合参谋部评估、联合军事净评估等。

年度联合评估调查是联合参谋部旨在收集各联合作战司令部和各军种关于战略环境、威胁、挑战、机遇和风险的观点的数据收集和分析机制。

联合参谋部评估是联合参谋部所属业务局分头开展的联合战略评估工作，主要就牵头领域内及跨领域能力、风险等进行评估，包括联合人事评估、联合战略情报评估、联合后勤评估等。

参谋长联席会议主席战备系统评估，包括半年一次的联合部队战备评估和规划评估，帮助参谋长联席会议主席全面掌握联合部队作战能力、保障能力及战备状态等情况。

联合军事净评估是对联合部队执行《国家军事战略》能力的年度综合评估。它对综合性联合战备状态提供全面评估观点，将联合部队与选定作为基准的对手进行对比，并比较两者之间 5 年内的竞争曲线图。部队结构、资源与评估局局长负责联合军事净评估的开发、人员配置、审查和准备工作。联合军事净评估是联合参谋部顶层评估产品，向参谋长联席会议主席提出解决竞争领域差距的选择方案。选择方案直接影响年度《参谋长联席会议主席计划建议》（CPR）。

四、开展联合部队发展活动

联合部队发展活动的主要任务：制定联合作战条令，为武装部队联合训练制定政策、标准以及行动，为武装部队人员的军事教育制定政策，为联合作战力量制定"概念开发与实验"政策，收集、开发以及分发联合作战力量建设运用的经验教训等。主要由联合部队发展局局长负责。

（一）制定《联合作战环境》

《联合作战环境》（JOE）提供了关于未来作战环境的全面预览，作为一份加密材料，是对国防情报局制定的联合战略评估（JSA）加密文件的补充，同时为联合作战概念体系提供作战背景。

（二）构建联合作战概念体系

联合作战概念以体系的形式构建，是关于未来作战的规划文件。联合作战概念体系延伸了《国家军事战略》《联合战略战役规划》以及指定的《全球战役规划》的框架。联合作战概念为"联合能力集成与开发系统"的运行提供顶层指导。这一体系主要包括顶层联合作战概念、联合战争概念、支持性联合概念，以及行动构想。

顶层联合作战概念，阐述了参谋长联席会议主席对联合作战力量在未来 15 年如何作战的构想，为兵力发展和兵力设计提供指导，为国防部长提供支持。顶层联合作战概念每 4 年发布一次，以适配参谋长联席会议主席的任期。

联合战争概念，概要界定了联合部队的能力、特征和作战原则，提出全球总体作战方案，使未来联合部队做好最充分准备，支持并保护未来的国家利益。

支持性联合概念，审查由顶层联合作战概念、联合战争概念，或参谋长联席会议主席提出的战略指导中确定的关键作战问题和挑战。支持性概念包含具体、深入的内容，用于检查推演、实验和相关评估过程，最后生成特定的能力建议。当前的支持性概念包括联合火力、对抗后勤、联合全域指挥控制和信息优势。

行动构想，通过考查新兴技术、确认并探索不对称作战概念、经严格的试验验证解决方案，为合作、竞争及武装冲突拟订并实验备选方案。

联合部队发展局负责分析《联合作战环境》（与国防情报局协同）、拟制联合作战概念体系，上述文件经参谋长联席会议主席签字后正式生效。

五、进行联合能力开发

主要功能：确定新的联合军事能力；开展军事净评估；就作战指挥优先事项向国防部长提供建议；就各军种和联合作战司令部的"计划建议以及预算提案"如何与优先事项协调一致向国防部长提供建议；向国防部长就新的以及替代军事能力、计划建议以及预算提案提供建议；评估联合军事能力，确定、批准以及优化能力差距；向国防部长提供建议，就采办装备和设备的"寿命周期成本、进度、性能和采购数量目标"进行适当的权衡。

六、形成参谋长联席会议主席军事建议

《美国法典》要求参谋长联席会议主席"向总统和国防部部长就全球军事战略和作战一体化事项提出建议"。正式的核心军事建议是《国家军事战略》。参谋长联席会议主席应通过正式备忘录就各种问题向国家组织或战略活动提出建议，其中包括《参谋长联席会议主席风险评估》《全球战役规划》《参谋长联席会议主席计划建议》《全球兵力管理实施指南》（GFMIG）、《全球兵力管理分配规划》（GFMAP）和《联合作战司令部计划》等。

《参谋长联席会议主席风险评估》主要是评估与国家利益相关的战略风险以及与《国家军事战略》执行相关的军事风险。每年2月15日之前，参谋长联席会议主席通过国防部长，向国会提交年度风险评估报告。参谋长联席会议主席风险评估还包括《国家军事战略》的修订和联合军事净评估。联合参谋部开展的体系化评估为参谋长联席会议制定《参谋长联席会议主席风险评估》报告奠定基础。战略规划与政策局局长负责制订、审核、筹备参谋长联席会议主席风险评估，最终由参谋长联席会议主席签字批准后，上报国会。《参谋长联席会议主席风险评估》还为"规划、计划、预算与执行系统"中计划阶段的各类项目审查提供重要参考。

《参谋长联席会议主席计划建议》是参谋长联席会议主席就"规划、计划、预算与执行系统"中能力投资和规划优先事项向国防部长提出的建议，为

《国防规划指南》提供指导。部队结构、资源与评估局负责制定、配备人员、审查和准备年度参谋长联席会议主席计划建议，经参谋长联席会议主席签字批准正式生效。

《联合作战司令部计划》可向总统和作战指挥官提出基本指导意见，广泛建立任务和责任体系，划定地理边界，明确功能作战司令的职责。参谋长联席会议主席至少每两年审查一次"任务、责任（包括地理界线）和每个联合作战司令部的力量结构"。《联合作战司令部计划》由战略规划与政策局局长负责推进、审查和筹备，并负责相关人员配备，最终由参谋长联席会议主席和国防部长审核、总统批准。

报国会的《联合作战司令部需求年度报告》阐述参谋长联席会议主席对《未来年份防务计划》在多大程度上能够满足作战指挥官的一体化优先需求清单的意见，及其对下一财年和其他年度解决战备问题的总统预算投资建议，由部队结构、资源与评估局负责编制联合作战司令部需求年度报告（ARCCR）。

第三节 主要特点

在国家战略指导系统架构下，"联合战略规划系统"是参谋长联席会议主席负责实施的主要战略规划系统，这个系统从顶层指导美军作战和建设事务，具有以下三个主要特点。

一、基于军事环境和威胁判断开展联合战略规划

美军把军事环境和威胁判断作为联合战略规划的源头性工作，以此为基础，从全球战略视角切入，对美军面临的环境和任务形成共同认知，形成军事指导，组织整个联合战略规划系统工作。

（一）军事环境

美军认为，联合力量今天面临的危机和紧急情况跨地域（跨越多个联合作战司令部），包含所有域（陆地、海上、空中、太空和网络空间），具有多功能性（指挥控制、情报、火力、移动和机动、防护、维持和信息）。当前美国的对手日益集成化，并以愈加先进复杂的能力指导致命行动和其他非致命力量，对美军形成强大的威胁。

（二）全球一体化

具有挑战性的全球作战环境要求参谋长联席会议主席和联合参谋部具有综合性的全球视角，并为所有领域和区域的联合作战提供战略指导。2016年版《国家军事战略》引入了"全球一体化"的概念。全球一体化是联合力量在

时间、空间和目标上协调一致的行动安排。全球一体化的目的是战略性地集成全球行动以及打造一支未来联合力量。全球一体化是所有"联合战略规划系统"产品和流程的概念基础。

（三）形成共同认知

全球一体化需要对威胁、风险和权衡的共同认知。战略评估为这种共同理解提供了分析基础。基本评估包括联合军事净评估和参谋长联席会议主席风险评估。这些评估构成一个分析基线，从而指导参谋长联席会议主席提出关于全球态势、战备状态、风险和平衡近期资源决策并维持联合力量竞争优势的军事咨询建议。

（四）提出军事咨询

参谋长联席会议主席的军事咨询代表了他对广泛的联合力量问题及议题的非政治性专业军事判断。参谋长联席会议主席可以通过正式或非正式方式传达军事咨询，为作战和军队建设领域提供指导。

二、注重以时间为向度的连续战略指导

战略管理是一项长期性、全局性、系统性的动态管理过程，需要将顶层决策意图明确为战略目标，进而转化为能够推进的战略举措，推动由理想到现实、由远期到近期、由全局到局部以及由不确定到确定的战略落地实施。作为美军战略管理工作的基点，为有效推进参谋长联席会议履行战略评估、战略指导、战略规划和提供规划建议等职能，2018年版《国家军事战略》首次提出构建"战略指导连续统一体"，即要求参谋长联席会议从时间上统一审视和规划从当前到未来的军事问题，为军队建设和作战提供一以贯之的战略指导，推动各项工作从构想转化为现实。"联合战略规划系统"与顶层军事战略涉及的时间范围相呼应，从远、中、近三个时间段（兵力设计、兵力发展和兵力运用），对美军中远期建设和近期力量运用做出顶层规划与制度设计，清晰勾勒出"长远构想—作战概念—军事需求—态势评估—规划安排"等活动的运行链路。

兵力设计和兵力发展是两个紧密衔接的阶段，主要瞄准中远期美军军事能力的发展规划问题。其中，兵力设计阶段的重点是"展望与革命"，主要针对竞争对手，瞄准未来5~15年的军队远期能力需求，通过新型联合作战概念的反复实验和持续迭代开发，引领美军整体变革，使美军能够以全新方式具备强大杀伤力。该阶段以联合参谋部联合部队发展局为主体开展工作，开展联合作战环境评估，拟制联合作战概念体系。

兵力发展阶段的重点是"适应与调整"，主要立足现有部队，解决部队近

中期需求问题，建设项目一般在 2~7 年内完成，通过适应性调整当前兵力规划、决策和管理流程，推动美军发生改变。该阶段以联合参谋部部队结构、资源与评估局为主体，保障"联合能力集成与开发系统"，协助拟制参谋长联席会议主席计划建议，对国防部能力投资和规划优先事项提出军事建议，为"规划、计划、预算与执行系统"提供指导。

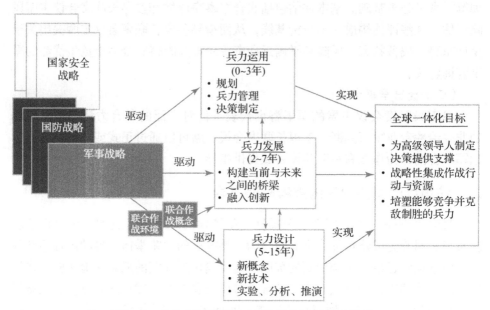

图 3-2 "联合战略规划系统"的分阶段战略指导

兵力运用阶段的重点是瞄准国家指挥当局赋予美军的近期（0~3 年）使命，履行"慑止战略攻击、慑止常规攻击、确保盟国及伙伴国安全、展开地域武装冲突级别的竞争与应对现实威胁"等任务，重点突出"动态运用部队"。这一阶段，参谋长联席会议通过全球态势观察，对战略、战役和多个地区所有作战域的作战行动作出顶层规划和指导。该阶段以联合参谋部战略规划与政策局为主体，联合部队发展局、部队结构、资源与评估局和作战局协同开展工作。

三、多方参与机制支撑联合战略规划过程

参谋长联席会议主席第 3100.01E 号指示《联合战略规划系统》中提出："'联合战略规划系统'支持参谋长联席会议主席与国会、总统、国防部长、联合力量、各军种和联合作战司令部的交流沟通。""联合战略规划系统"涉及战建业务广、部门机构多、人员层次高，在其运行过程中，形成了富有特色的多

方参与机制，保障了系统规划过程顺利开展。

（一）依托组织体系构建

在总统、国防部长的大力支持下，参谋长联席会议主席和联合参谋部在"联合战略规划系统"中建立了多个工作组织。

联合参谋部层面有战略整合小组（JSSIG）和战略整合委员会（SIB）。战略整合小组是一个横跨联合参谋部的机构，负责开展持续的协调与协作，以支持"联合战略规划系统"和参谋长联席会议主席，需要时，可建立下一级工作组，包括（但不限于）"联合战略规划系统"修订工作组、年度联合评估调查工作组、联合参谋部独立风险评估工作组，以及综合优先列表分配工作组等。战略整合委员会是一个部门负责人级别的论坛，由战略规划与政策局局长主持，按需举行会议，所有联合参谋部的部门代表都将参加会议，主要解决联合参谋部的棘手问题和"联合战略规划系统"管理面临的挑战，并评审联合参谋部战略整合小组的建议。

"联合战略规划系统"各组成单元也成立了委员会、工作组等专业支撑组织，如美军全球兵力管理委员会（GFMB）是一个由联合参谋部组织的将军级机构，由联合参谋部主任主持，为国防部高级领导人提供评估兵力管理决策效能的手段，并为规划编制与执行提供指导。多国战略与作战工作组（MSOG）是一个13个国家规划人员参加的论坛性组织，理解并解决当前的战略机遇、作战挑战和风险，为构建军事合作框架提供建议。

（二）高层人员广泛参与

战略规划涉及军内外大量人员，联合作战司令部、各军种、国民警卫局、国防部长办公厅以及其他相关的政府部局都有人员参与，如联合战略工作组汇集了执行官员以及来自联合作战司令部、各军种、国民警卫局和美国政府其他相关部门和机构的O-6/GS-15级战略和作战规划人员与评估人员，商讨战略和作战规划、执行和评估问题。美国实行全球战略，拉拢盟友从战略上寻求合作，因此，战略规划还包括国内外人员参与，如多国战略与作战工作组作为与框架成员国合作与协调的主要会议，成员国包括13个拥有同等思维方式的国家。

（三）参与力量机制运作

为了保障多个机构和大量人员有序运作，战略规划与政策局局长负有监督职能，协调和督促与联合作战司令部、各军种、国民警卫局、国防部长办公厅、其他相关的政府部局的业务活动。另外，各个工作组织还有机制性会议保障运行，联合参谋部战略整合小组执行官员和部门主任级代表每周召开会议，讨论跨领域问题和协作领域。

第四章
联合能力集成与开发系统

"需求牵引"一直是武器装备领域公认的核心思想，指引着武器装备发展的方向。美军在长期发展过程中，逐步建立起一套较为完善的需求生成机制，其载体即是"联合能力集成与开发系统（JCIDS）"，通过国防部对军种需求的顶层设计和指导审查，充分发挥军事需求对包括国防采办在内的整个国防建设的牵引作用。

第一节　系统概述

"联合能力集成与开发系统"由参谋长联席会议副主席牵头，通过一整套成体系的军事能力需求生成方法和流程，确立军事需求，指导"规划、计划、预算与执行系统"和"国防采办系统"分配资源、采办能力，以更好地适应未来一体化联合作战的需要。

一、组织体系

"联合能力集成与开发系统"的组织和管理主要涉及参谋长联席会议和国防部各部局（主要是军种），如图 4-1 所示。参谋长联席会议副主席领导的联合需求监督委员会是需求生成机制与管理的最高审查与决策机构。联合需求监督委员会下设初审官和联合能力委员会，联合能力委员会又下设若干功能能力委员会，作为其辅助决策和办事机构，履行需求审查与决策职能。军种的需求主办部门对内负责内部需求管理，对外负责向联合需求监督委员会提交需求草案。

（一）联合需求监督委员会

联合需求监督委员会成立于 1986 年，是美军原"需求生成系统"和当前"联合能力集成与开发系统"组织体系中的最高决策机构，由参谋长联席会议副主席担任委员会主席，成员包括陆军副参谋长、海军作战部副部长、空军副参谋长、海军陆战队副司令（以上均为上将级别），主要职能是审查和批准重大需求。参谋长联席会议联合参谋部下属的部队结构、资源与评估局（J-8）是该委员会的办事机构，人数 200 余人，其局长担任联合需求监督委员会的秘书长。

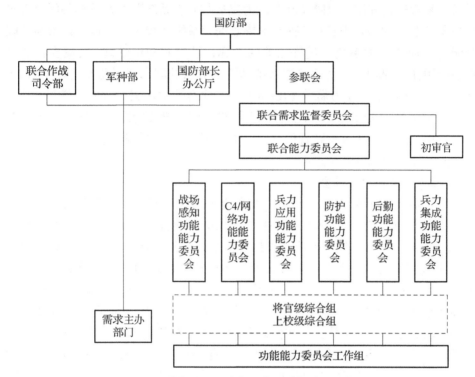

图 4-1 "联合能力集成与开发系统"的组织体系

　　联合需求监督委员会是国防部范围内最高级别的委员会之一，职责包括：评估联合军事能力，并确定、批准和优先考虑这些能力的差距，以满足《国防战略》的要求；审查和验证武装部队、国防机构或国防部其他实体提出的能力是否填补了联合军事能力的空白；制定并批准联合性能要求，包括酌情确保联合军事能力之间的互操作性，满足一个以上武装部队、国防机构或其他国防部实体的能力差距；审查参谋长联席会议主席认为应由联合需求监督委员会审查的任何现有或提议能力的性能要求；根据技术进步和作战概念的演进，确定新的联合军事能力；确定满足《美国法典》第 10 篇第 2366a（b）节、第 2366（e）（3）节和第 2433（c）（2）节中批准的联合军事能力要求的任何采办计划的替代计划。

　　（二）初审官
　　初审官是联合需求监督委员会领导下的评审官员，由联合参谋部部队结构、资源与评估局（J–8）负责需求与能力的副局长担任。主要职责是在各功能能力委员会的支持下，对能力发展需求实施初审，并对相关的能力需求实施分类。此外，初审官还负责：存档能力需求文件／数据和验证备忘录，供今后工作参考；管理用于保障"联合能力集成与开发系统"过程及相关联合需求监督委员会活动的知识管理／决策支持数据库系统及相关的站点；记录与"联合能力集成与开发系统"过程相关的指标，提交到知识管理／决策支持数据库系统用作支撑信息；协调负责系统和资源分析的国家情报总监助理（ADNI/SRA），通过情报界能力需求（ICCR）或"联合能力集成与开发系统"，共同组织落实军事情报计划（MIP）和由情报界（IC）投资的国家情报计划（NIP）能力的相关工作；协调首席管理官，促进与国防业务系统相关需求的常用初审官功能，保证协调好各个过程。

（三）联合能力委员会

联合能力委员会由主席、秘书处和成员构成。其中，主席和秘书由部队结构、资源与评估局（J–8）局长担任，成员包括各军种上将级／将军级军官或政府文职人员。主要职能是对涉及"联合需求监督委员会关注的重大项目"进行评估，并向联合需求监督委员会提出建议，以辅助联合需求监督委员会做出决策。具体职责包括：执行进行"联合能力集成与开发系统"过程工作，参加年度能力差距评估；在联合需求监督委员会进行验证前，审查和批准"联合能力集成与开发系统"文件，并裁定较低级别的问题；按照相关要求，与联合能力委员会的联合参谋指定人员一起验证能力需求文件；确定需要联合需求监督委员会需要讨论的问题，对需要联合需求监督委员会进行审查的问题提出建议；履行其他指定支持参谋长联席会议主席和联合需求监督委员会的职责。

（四）功能能力委员会

功能能力委员会是"战场感知""C4／网络""兵力应用""兵力集成""后勤"和"防护"6个委员会的统称，每个委员会专注于各自领域的工作。功能能力委员会由联合参谋部各局、联合作战司令部以及国防部长办公厅和各军种的相关代表组成。主要职能是对需求提案进行审查和确认，对联合需求监督委员会的审查提供支持。具体职责包括：执行"联合能力集成与开发系统"过程的相关活动，参加年度能力差距评估；在联合能力委员会进行审查前，提供能力需求文件管理，审查和评估能力需求文件，对文件中存在的简单问题进行修正；参与联合概念开发；确定需要联合需求监督委员会或联合能力委员会讨论的主题，对需要联合需求监督委员会或联合能力委员会进行审查的问题提出建议；履行其他指定支持参谋长联席会议主席、联合需求监督委员会和联合能力委员会的职责；按照任务需要，联系和组织联合参谋部、各军种、联合作战司令部和国防部其他部门有关专家提供支持。每个功能能力委员会都下设若干功能能力工作组协助开展需求文件审查工作。

（五）功能能力委员会工作组

功能能力委员会工作组是功能能力委员会的下一级组织，工作组就能力需求文件中的问题给功能能力委员会提出建议并完成功能能力委员会指示的其他活动。功能能力工作组是功能能力委员会对能力文件进行评估的实施机构，每个功能能力委员会都有若干功能能力工作组协助工作。

（六）需求主办部门

需求主办部门主要是指各军种、国防部各业务局、国防部各直属机构负责需求论证的牵头部门。主要职责是指导各军种需求论证部门开展工作，并在提交国防部需求审查机构之前，对本军种内部的需求文件进行梳理和综合平衡。需求主办部门一般以组建论证小组的形式开展工作，强调通过一体化产品小组的组织方式，吸收所有利益相关方代表都参与到需求文件的起草之中，最重要的利益相关方包括：作战部队、项目管理部门、承包商、试验鉴定机构等。论证资源主要包括各类指导文件、研究成果、专业机构和人才。这是美军装备需求论证的一大特色。

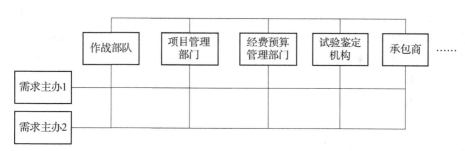

图4-2　美军需求主办部门的矩阵式一体化产品小组示意图

二、结构功能

"联合能力集成与开发系统"在国防部顶层战略和各项联合作战概念的指导下，以发展面向一体化联合作战的军事能力为核心，强化国防部对作战能力需求的统筹管理。

（一）统筹美军军事能力需求

长期以来，美军一直利用"基于威胁"的需求生成系统来确定需求，虽然有联合需求监督委员会的审查，但各军种的需求是由各军种根据自身作战需求提出的，没有考虑一体化联合作战的要求，导致了每个军种都存在"向内看"的问题，进而表现出"自治"和"非法猎取"其他军种利益的行为。因此，不管军种在联合背景下如何努力，还是会产生"军种特色"。此外，在此框架下的需求分析不够深入细致，各军种需求存在重复、重叠等现象，尤其在一些小项目的军事需求方面更是如此。

"联合能力集成与开发系统"以国防部为主导，统筹各军种的军事能力需求，可有效克服需求生成方面以军种为中心的状况。联合需求监督委员会在人员构成不变的前提下转换了职能，不再是对军种提出的需求进行审查，而是制定一个关于武器装备和其他更多物资的联合需求规范。各军种所提的需求必须以这些规范为基准，"个性化"太强的需求将不会被批准。

（二）承接战略指导文件

国家和军队的顶层战略，指导和约束着国防部和各军种法规制度的制定工作。国防部一系列的顶层文件是各需求主办部门开展需求论证、联合需求监督委员会开展需求审查的主要依据，这些顶层文件包括《国家安全战略》《国防战略》《国家军事战略》《军队运用指南》《军队发展指南》《联合作战司令部计划》和《联合战略能力计划》等。《国家安全战略》作为最顶层文件，涉及国家发展的各个层面，包括国防、外交、经济、信息、社会等不同领域方面的内容；《国防战略》涉及国家防务能力建设；《国家军事战略》重点是支持军队能力建设和制定联合作战方针；《军队运用指南》是战略到战役层面的链接指导；《军队发展指南》是军队的长期（20年）发展计划；《联合作战司令部计划》对美军联合作战司令部的职责范围作出规定和明确；《联合战略能力计划》是美军军力规划的核心。"联合能力集成与开发系统"的输入涉及美军整个战略指导文件链，在发现和识别支持顶层战略文件中规定的任务和目标所需的作战能力上发挥着关键作用。

（三）确立作战能力牵引

联合作战概念以体系的形式构建，是关于未来作战的系列规划文件，为"联合能力集成与开发系统"的运行提供顶层指导。主要体现在："联合能力集成与开发系统"分析程序的第一步为功能领域分析，该步骤的工作依据就是作战概念或联合作战概念体系，要求其分析结果中的能力领域与联合作战概念中定义的关键特征相关联。此外，美军负责联合作战概念开发的机构包括国防部长办公厅、参谋长联席会议、联合需求监督委员会、联合参谋部联合部队发展局、联合作战司令部等。这些机构在"联合能力集成与开发系统"的分析过程中扮演了十分重要的角色，这体现了"联合能力集成与开发系统"在联合作战这一思想指导下开展工作的特点。

（四）形成一系列指导文件

"联合能力集成与开发系统"分析过程中包含一系列的操作规程和文档，包括《联合能力文件》（JCD）、《初始能力文件》（ICD）、《能力开发文件》（CDD）、更新的《能力开发文件》和《联合变更建议文件》（DCR）等，为执行非装备解决方案和装备解决方案的开发和生成提供支持，为作战和采办试验与鉴定以及关于能力需求的资源管理提供规范化交流平台。

《联合能力文件》是功能领域分析和功能需求分析阶段的结果，描述了存在于联合作战功能的能力差距，用来确定对于联合作战什么能力是重要的，以及如何评估未来的系统交付作战的能力。

《初始能力文件》从功能领域、军事行动的相关范围、预期的效果和时间等角度出发，描述了作战能力、能力差距、威胁、现有系统的缺陷、有效性评估、一体化的作战理论、编制体制、部队训练、武器装备、指挥管理、人员设施和政策对能力的影响以及限制条件等内容，将联合作战概念体系中确定的关键性能与功能领域分析中确定的能力紧密地联系在一起。

《能力开发文件》包含了开发武器系统的关键性能参数、关键系统属性和其他性能属性，详细规定能力需求，以及对于支持一个或多个装备能力解决方案增量的开发所必要的其他相关信息。在一体化体系结构、《初始能力文件》、备选方案分析和科技发展战略的指导下，《能力开发文件》概要说明了军事上有用、后勤上可保障、技术上成熟、经济上可承受的能力递增式发展过程，规定了包含可保障性和互操作性等在内的关键性能参数。

《联合变更建议文件》的全称是：联合"条令、组织、训练、装备、领导和教育、人员、设施，以及政策（DOTMLPF-P）变更建议（DCR）"文件，其目的是提议非装备方案，作为装备方案的替代或者补充。《联合变更建议文件》建议，通过改变8个领域中的一个或多个，部分或完全地缓解一个或多个确定的，有非装备方案的能力需求以及相关的能力差距。

三、内外关系

美军"联合能力集成与开发系统"从来不是单独存在的，它是"联合战略规划系统"的重要组成部分，与"规划、计划、预算与执行系统""国防采办系统"以及"适应性计划与执行系统"相互联系、相互作用，是美军国防采办工作顺利进行的重要保障。

（一）"联合战略规划系统"的组成部分

"联合战略规划系统"分为6个部分，分别是战略指导、战略与应急规划、综合性联合战备评估、联合部队发展、联合能力开发和全球一体化。"联合能力集成与开发系统"承担联合能力开发的部分功能，它在识别、批准和排序联合军事需求，确认能力解决方案，填补联合军事需求的差距等方面，直接支持联合需求监督委员会。此外，联合能力开发战略指导阶段生成的《国家军事战略》、联合部队发展阶段开发的联合作战概念体系等，为"联合能力集成与开发系统"的运行提供顶层指导。总体而言，"联合能力集成与开发系统"是"联合战略规划系统"的重要组成部分，并在"联合战略规划系统"生成的顶层文件的指导下展开工作，同时在职能上又具有一定的独立性。

（二）为"规划、计划、预算与执行系统"提供直接初始依据

"联合能力集成与开发系统"制定的需求文件是"规划、计划、预算与执行系统"制定装备发展规划计划与国防预算的基础。在规划阶段，国防部各部局利用参谋长联席会议制定的作战概念等文件，共同或单独编制装备发展规划。在计划与预算阶段，国防部各部局以能力文件及其过程稿为基础，参考国防部顶层战略文件以及联合作战概念等，编制《计划目标备忘录》与《上报概算》。"联合能力集成与开发系统"制定的文件，包括需求主办部门起草的能力文件，以及功能能力委员会、联合能力委员会、联合需求监督委员会审查提出的能力差距、能力发展建议、风险评估的内容，将作为"规划、计划、预算与执行系统"的重要输入内容，为其制定装备发展规划计划提供支持。

（三）全程指导"国防采办系统"运行

"联合能力集成与开发系统"制定的能力文件为采办工作的实施提供支持。随着采办全寿命过程的开展，"联合能力集成与开发系统"根据遇到的各种采办实际情况（技术、经费、作战任务等变化因素）反复、多次地进行分析，依次在不同的采办阶段生成3份需求文件——《初始能力文件》《能力开发文件》和更新的《能力开发文件》，以对需求主办部门的需求进行不断调整，并做进一步细化，进而指导采办全寿命过程的开展。这3个能力文件，包含了项目采办所需的技术性能参数，包括关键性能参数（KPP），为相关的里程碑决策当局对项目进行审查提供了依据，决定其是否进入下一阶段的采办工作，为采办工作提供指导。

首先，需求主办部门根据国防部顶层战略、顶层概念以及一体化体系结构，进行第一轮需求分析，形成第一份需求文件——《初始能力文件》。该文件支持采办执行官进行装备研制决策以及里程碑A的决策，并指导着需求发起部门在采办过程第一阶段（装备方案分析）、第二阶段（技术成熟与风险降低）阶段的各项活动。

其次，在技术成熟与风险降低阶段，根据遇到的实际问题，需求主办部

门进行第二轮需求分析，调整并细化需求，形成第二份需求文件——《能力开发文件》。该文件支持采办执行官进行里程碑 B 的决策，并指导着需求发起者在采办过程第三阶段（工程与制造开发阶段）的各项活动。采办项目经过里程碑 B 的决策审查，即宣告采办前期活动的结束，采办项目正式启动。

最后，在里程碑 C 之前或之后的任何时间，如果项目发生重大变更，导致必须更新《能力开发文件》，则需求发起者将向审核机构提交更新的《能力开发文件》。该文件支持采办执行官进行里程碑 C 的决策，并指导着需求发起者在采办过程第四阶段（生产与部署）的工作。

（四）与"适应性计划与执行系统"互相赋能

一是"适应性计划与执行系统"为"联合能力集成与开发系统"的启动提供需求输入。在研究需求的过程中，组建了包含作战部门人员在内的一体化小组，对联合作战司令部等部门提出的需求进行深入分析，为需求生成提供人员基础。一体化小组首要任务是评估作战态势，需要参考"适应性计划与执行系统"中联合作战司令部战略评估、需求分析等方面的素材和信息。"适应性计划与执行系统""计划评估"阶段，提交计划的战区指挥官和国防部长经常开展多次过程评估并视情开展专项评估，在此过程中，如果发现能力差距，会将相关信息反馈至"联合能力集成与开发系统"。

二是"适应性计划与执行系统"为"联合能力集成与开发系统"的需求审查提供支撑。"适应性计划与执行系统"里的作战指挥官及相关代表参与"联合能力集成与开发系统"功能能力委员及其下属工作组的需求审查工作，确保军事需求符合"适应性计划与执行系统"提出的作战需要。

三是"联合能力集成与开发系统"为"适应性计划与执行系统"提供能力支撑。"联合能力集成与开发系统"在确定需求后通过"国防采办系统"形成武器装备和相关能力，保障了"适应性计划与执行系统"开展计划工作以及军事训练，同时为执行相关计划提供了有力保障。

第二节　主要流程

"联合能力集成与开发系统"根据国防部战略指南以及联合作战概念、联合能力概念和一体化体系结构，结合部队的实际作战需要，确定装备的需求。"联合能力集成与开发系统"的工作流程是《联合能力文件》《初始能力文件》《能力开发文件》和更新的《能力开发文件》等能力文件的制定、确认和审批过程，而每一种能力文件的制定和审批的程序大致相同，都需要经过需求论证、需求初审、需求确认和批准 3 个步骤。

一、需求论证

需求发起部门（主要是各军种和国防部相关业务局）依据国防部顶层需求文件，开展功能领域分析、功能需求分析以及功能方案分析，形成一系列工作文件。

需求论证过程有两个特点：其一是人员专业，其二是资源丰富。人员方面，拥有大量经过专业化训练的需求管理人才，经常开展人员培训，需求管理人员参加专业认证，等级分为初级（A级）、中级（B级）、高级（C级和D级）三类四级。资源方面，除战略规划文件外，还有大量需求分析文件，如存储于国防部"联合数据支持（JDS）"数据库系统的"战略分析支持（SSA）"库，包含一系列作战想定、作战环境和敌方可能具备的能力等资料信息，代表是联合作战司令部司令"一体化优先需求清单"，阐明联合作战司令部的近期作战需求及其优先排序。

需求论证过程通常分为如下步骤：

一是功能领域分析。需求发起部门根据国防部顶层文件，分析确定为实现军事目标所需的作战任务、条件和标准。

二是功能需求分析。需求发起部门评估现有的作战能力，分析确定相关领域存在的能力差距、能力冗余以及能力发展的优先顺序。对于涉及联合作战的功能需求，还要分析形成《联合能力文件》。

三是功能方案分析。需求发起部门针对存在的能力差距，进行功能方案分析，确定弥补能力差距或发展新型作战能力所有可行的方案。如果通过完善条令、组织、训练、领导、人员与设施等，就可以弥补能力不足，这是非装备方案，最终体现在《联合变更建议文件》草案中。如果非装备方案无法弥补能力差距，就制定装备方案，最终形成《初始能力文件》草案，是装备采办的基本依据。

在进入采办阶段后，需求发起部门还要在《初始能力文件》的基础上逐步细化形成《能力开发文件》（指工程研制需求）、更新的《能力开发文件》（指装备生产需求）。《能力开发文件》是采办部门进行里程碑节点B审查和开展工程研制的重要依据，更新的《能力开发文件》是采办部门进行里程碑节点C审查和开展批量生产工作的重要依据。

二、需求初审

"联合能力集成与开发系统"审查是指对"联合能力集成与开发系统"过程中生成的主要需求文件——《初始能力文件》《能力开发文件》以及更新的

《能力开发文件》的草案进行的审查，目的是确保其正确性和有效性。评估的结果直接关系到该文件能否得到相关部门的批准，从而用于指导采办活动。需求发起部门在完成能力文件草案的编制后，将能力文件草案提交"联合能力集成与开发系统"的知识管理/决策支持数据库，初审官正式启动能力文件初审工作。初审官根据能力文件提案所涉及的具体能力领域，对能力文件提案实施评审。对于不合格的能力提案，初审官将予以否决，或退回需求发起部门修改；通过初审的提案，初审官按照与联合作战的相关程度和重要性将其分类，分别提交给相应领域的功能能力委员会、联合能力委员会和联合需求监督委员会进行进一步的详细评审。

三、需求确认和批准

对于初审确定为"联合需求监督委员会关注"的重大项目（一类），首先由参谋长联席会议各业务局分别从情报、指控以及互操作/保障性等方面进行审查。需求发起部门根据评审结果对能力文件进行完善后，交由功能能力委员会进行进一步审查，功能能力委员会的审查意见连同能力文件草案提交联合能力委员会确认后，交由联合需求监督委员会批准。

对于初审确定为"联合能力委员会关注"的重要项目（二类），按上述程序提交联合能力委员会批准。

对于初审确定为联合一体化项目（三类），也须由J-2、J-6、J-8等业务部门进行相应审查，需求主办部门根据评审结果对能力文件进行完善，最后由需求主办部门确认签署后生效，并将有关文件存入知识管理/决策支持数据库。

对于初审确定为四类或五类的项目，无须进行国防部一级后续审查工作。需求主办部门根据初审结果对能力文件进行完善，报所属部门确认并签署。

四、典型案例——"斯特赖克"旅能力需求分析

"斯特赖克"旅是装备了"斯特赖克"8×8轮式战车的陆军旅，该旅是美军在1999年后组建的部队，以"斯特赖克"轮式战车为核心战斗平台，配备有309辆"斯特赖克"装甲车、12门155mm口径榴弹炮、"陶氏"反坦克导弹以及指挥、控制、通信、计算机和情报系统。"斯特赖克"旅具备快速机动的作战能力，是美国陆军向"目标部队"转型的一支轻型部队。为了支持美军2005~2006年的陆战计划，美国陆军训练与条令司令部（TRADOC）的分析中心——白沙导弹试验基地以及陆军士兵项目管理机构使用"联合能力集成与开发系统"分析方法，对"斯特赖克"旅的未来联合能力进行了分析。

　　该项分析工作范围很大，覆盖了多种战场作战系统和多种单兵技能等级（从组长、班长到排长），就单兵系统而言，考虑的任务就有100个，同时还考虑了士兵的非技术属性，如士兵对信息的运用等。同时，为了避免出现相互对立的分析结果，要求实施方保持该分析与相关、相类似的分析同步。这些分析包括单兵系统的需求分析、联合部队轻武器计划分析和海军陆战队分队作战分析。在充分考虑上述问题的基础上，分析实施方利用25周时间进行功能领域分析、功能需求分析和功能方案分析，基本流程如图4–3所示。

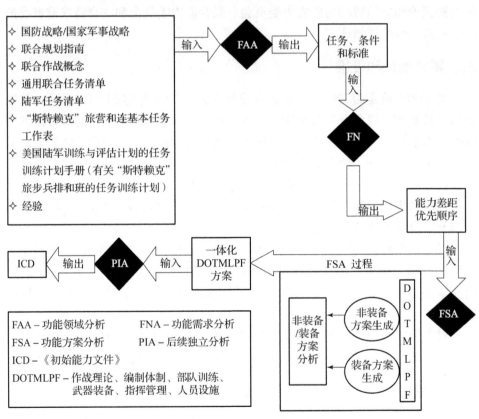

图4–3　"斯特赖克"旅的"联合能力集成与开发系统"分析流程

（一）功能领域分析

　　该分析利用了"自下而上"的方法，确定了"斯特赖克"旅的使命和任务以及完成这些任务所需的条件和标准。所谓"自下而上"，就是先确定排和班的任务条件与标准，再以类似的方法确定出营和连乃至整个旅的作战任务、条件和标准。

　　该分析以通用联合任务清单、陆军通用工作清单、"斯特赖克"旅、营和连基本任务工作表、美国陆军训练与评估计划的任务训练计划手册（有关"斯特赖克"旅步兵排和班的任务训练计划）为分析对象，由领域专家（SME）组分两条路径进行同步分析：

1. 评估步兵排和班的所有69项任务训练计划，确定排和班的集体任务，以直接支持营和连的基本任务工作表；通过分析哪些任务及其标准对于执行集体任务具有重要影响，将集体任务及其标准进行细分。

2. 通过评估美国陆军条令和联合条令，确定营和连基本任务工作表所支持的通用任务；将确定的通用任务和通用联合任务清单、陆军通用工作清单进行对照，找出其中适应的作战环境（329种），并对其进行评估，以确保路径1中确定的任务能有效执行。

随后，单兵系统一体化概念小组将上述分析结果进行评估，并给出建议。在根据建议进行相应修改之后，排和班实现未来作战目标所需的任务、条件和标准就得到确定。

1. 151项任务及其相应标准。下表列出了某一项任务及其标准。

表4-1　某一项任务及其标准

任务	标准
对过往车辆/人员进行检查	根据标准作业程序和先后顺序对过往的人员和车辆进行检查；防卫队要时刻注意观察，并与待检人员和车辆保持适当的距离；开始检查时，检查人员要与待检人员和车辆保持足够的距离；定期转换检查人员，以确保检查质量。

2. 确定了12种最能影响排和班执行任务的外部环境，如低光照、突发性（恶劣）天气、过度疲劳、过于浓密的植被、多山地形、有限的实施时间及其他环境隐患等。

（二）功能需求分析

该步骤的目的是确定"斯特赖克"旅在完成预期任务和使命方面存在的能力差距。

以功能领域分析的结果为依据，首先对该结果进行初始分析，确定能力差距的存在。初始分析的依据是领域专家组对是否存在差距的投票结果、该旅在伊拉克战争的经验总结以及对其作战需求的评估结果；证明能力差距存在之后，根据上一步骤确定的任务及其条件和标准，通过对比当前的和计划的能力，由领域专家组给出一个有26种备选能力差距的清单；由单兵系统一体化概念小组，乔治亚州本宁堡步兵学校高级军事教程、军士基础教程和步兵旅上尉课程的研究人员合作，利用定量调查和定性评论相结合的方法对26种备选能力差距进行审查，剔除多余的能力差距，保留 20 种；根据细化后的能力差距清单，确定难以达到的任务如下：

1. 领导指挥员要具有并保持对环境的感知度和了解度；

2. 利用间接火力资源消灭或遏制敌方的人员和车辆；

3. 利用单兵直接火力消灭或遏制敌方的人员和车辆；

4. 执行语音通信；

5. 步兵与装甲车辆协同作战；

6. 接收、处理并报告战术信息；

7. 与相邻作战单位的协作；

8. 实施以班为单位的快速防御；

9. 直接使用烟雾弹；

10. 利用可视手段放置地雷和诡雷指示器等等。

以第 5 项任务为例，其任务标准是装甲车与地面士兵在火力和部署方面要协作，不能出现相互损伤的情况。但几乎在所有环境中，士兵在完成这项任务时都与标准存在着差距。在低照明或几乎没有照明、暴风雨和突发天气情况、过度疲劳、战场上非作战人员数量较多、浓密的植被以及中度和高度发展的城市化环境中，这种差距会更大。通过功能需求分析得知，造成这种能力差距存在的原因是，地面士兵与装甲车人员之间的直接语音通信很少，甚至没有这种通信，严重制约了装甲车与地面士兵之间的相互支持。

（三）功能方案分析及结果

该步骤的目的是确定是否有必要利用一项装备方案去填补所确定的能力差距。

针对所存在的能力差距，首先要确定非装备方案，其具体步骤如下：

1. 在为每一种能力差距确定条令、组织、训练、装备、领导与教育、人员与设施等的非装备方案时，先向领域专家组进行询问；

2. 方案确定后，由领域专家组根据作战风险和保障性对非装备方案进行可行性评估，并确定条令、组织、训练、装备、领导与教育、人员与设施等各要素对这些方案的影响，之后进行方案修订；

3. 美国陆军门罗堡未来中心、美国陆军情报中心和美国海军陆战队对修订方案进行评估。

通过上述分析，得出了两种结果：一是有一部分能力差距能够通过非装备方案的实施来弥补；二是还有一些能力差距必须用装备方案才能弥补。因此，功能方案分析的结果是一套一体化的装备与非装备的综合方案。以功能需求分析确定的第 5 项任务为例，解决其能力差距的一体化方案如下：

1. 作战条令方案。根据从近期作战中得出的经验，对负责地面作战的步兵团（与装甲车协同作战）进行评估，并对条令进行修订。

2. 部队训练方案。（1）现有的训练程序不能保证各班的火力控制和部署与坦克相匹配，需要提出一个坦克作战程序，实现与地面步兵的共同作战；（2）建立经常性的现场训练项目，如在不同环境下，地面士兵和装甲车相互支持和相互配合地训练，有利于更好地了解对方的战术，并使各作战单位能够解决通信问题。

3. 领导教育方案。在所有军士和军官的院校教育中都要使其精通装甲车辆各方面的知识。

4. 装备调配方案。（1）提供一台轻型班级无线电通信装置，以利于同一系统（如装甲车辆）间的相互通信；（2）在每一辆装甲车外部安置一部电话，方便车内外的语音通信。

第三节　主要特点

"联合能力集成与开发系统"是美军在联合作战和装备体系化设计思想指导下，对原有需求开发系统的颠覆式改变，其特点主要体现在指导思想、组织管理、流程实现等方面。

一、指导思想注重自上而下统筹

在"联合能力集成与开发系统"提出之前的 30 多年时间里，美军一直采用基于威胁的"需求生成系统"来指导其各军种武器系统的开发与采办。这是一种自下而上的思路，首先由各军种根据各自领域面临的敌对威胁，建立独立的战略愿景与需求，然后进行独立的试验评估、分析验证与方案选取，并独立开发各自的系统与平台，最后进行后期的集成应用。因为缺乏前期的协调与沟通，这种思路开发出的系统之间只能具有部分的互操作能力。随着美军一系列联合作战概念的相继提出以及系统工程理论越来越受到美国国防部的重视，这种需求开发方法逐渐暴露出了严重的缺陷，造成了美军装备体系内部各类系统"烟囱林立"，而无法顺利实现跨军兵种的联合集成。

"联合能力集成与开发系统"采取的是"自上而下"的需求模式。首先，国防部制定《国家军事战略》与《联合构想》等顶层的战略指南。其次，由国防部高层包括参谋长联席会议制定联合作战概念等顶层文件，指导"联合能力集成与开发系统"的功能领域、功能需求与功能方案分析，确定能力发展的解决方案，并通过军种和联合作战司令部的实施，最终形成联合能力。需求生成机制的需求模式从"自上而下"转变为"自下而上",契合了系统工程的正向设计的思路,国防部/参谋长联席会议占据着需求管理的主导地位,各军种降为从属地位,使得联合需求监督委员会能够站在国防部层次,从一开始就考虑联合作战的问题,所生产出来的装备"具有天生的联合性",能够满足一体化联合作战的需要。

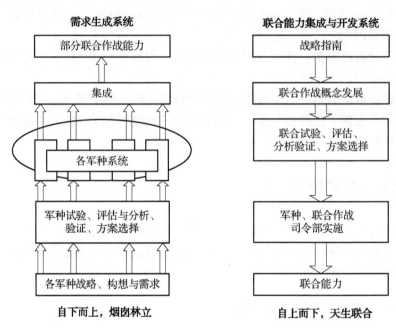

图4-4 "需求生成系统"与"联合能力集成与开发系统"需求模式比较

二、组织管理注重多方联合审查

"联合能力集成与开发系统"对需求的审查更加完善,通过新设初审官增加了初审环节,新设联合能力委员会加强了联合能力的审查,同时加强了对联合需求监督委员会关注的项目的广泛审查,各方诉求得到充分体现。

一是新增了初审官,加强了初步审查。初审官由参谋长联席会议J-8局副局长担任,主要负责对能力文件进行初步审查,确定所提交的能力文件是否符合国防部的战略规划与政策指南以及规定的格式要求,并对符合规定的能力提案实施分类,包括联合需求监督委员会关注提案、联合一体化提案、联合信息类提案和独立类提案。这样经过初审后,能力提案后续评审的针对性进一步提高,评审力度也得到加强。

二是增设联合能力委员会,加强了联合能力审查。联合能力委员会也是

"联合能力集成与开发系统"的评审机构，负责对涉及两个或两个以上功能能力领域的能力提案实施审查，对联合需求监督委员会的最终决策提供支持。联合能力委员会进一步加强了参谋长联席会议对联合能力提案的审查，对确保装备的"生而联合"具有重要的推动作用。

三是加强了广泛的审查。针对联合需求监督委员会关注的项目，"联合能力集成与开发系统"还增加了上校级军官与将级军官的审查。这些官员由参谋长联席会议业务局的成员担任，主要负责对能力提案进行威胁确认、情报能力认证、非敏感弹药认证、信息技术和国家安全系统的互用性与保障性认证。上校级军官与将级军官的评审时间均为21天。这种有针对性的审查，提高了能力提案的规范性和科学性。

三、流程实现注重明确时限要求

美军按时间紧迫程度，划分出三类需求（常规、联合应急作战需求和联合突发作战需求①），制定了不同的处理机制。对于常规能力需求文件，提交后的会签和评审时间要求不超过67天，对于联合应急作战需求提交后的会签和评审时间要求不超过15天，对于联合突发作战需求提交后的会签和评审时间要求不超过31天。

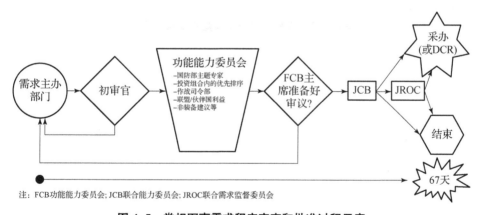

注：FCB功能能力委员会；JCB联合能力委员会；JROC联合需求监督委员会

图4-5 常规军事需求程序审查和批准过程示意

国防部采办与保障副部长下属的联合快速采办办公室（JRAC），主要负责将应急能力采办相关职责分配到国防部业务局与军种部，与国防部主计长协调经费需求。联合快速采办办公室指定具体项目办公室，实施联合应急作战需

---

① 美军联合应急作战需求（JUON）主要针对正在进行的应急（Urgent）作战行动，联合突发作战需求（JEON）主要针对预期将发生的（Emergent）作战行动。

求和联合突发作战需求的项目管理工作。项目具体运行过程中，应急能力采办项目主任直接向国防部联合快速采办办公室报告工作。

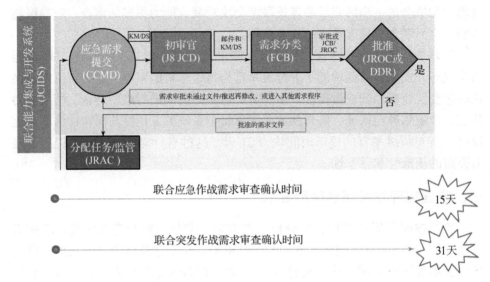

注：CCMD 联合作战司令部；J-8/JCD J-8 联合能力开发部门；FCB 功能能力委员会；JCB 联合能力委员会；JROC 联合需求监督委员会；JARC 联合快速采办办公室；DDR 联合需求监督委员会主席助理。

图 4-6　应急军事需求程序审查和批准过程示意

第五章
规划、计划、预算与执行系统

为解决各军种资源分散重复问题，美军于 1961 年建立了"规划、计划与预算系统（PPBS）"，对国防资源进行统一配置。2003 年，为支撑军队建设从"基于威胁"向"基于能力"的转变，美军将"规划、计划与预算系统"优化为"规划、计划、预算与执行系统（PPBES）"，在规划、计划、预算阶段基础上增加了执行评审阶段，强化了预算执行的绩效评估，并使计划与预算阶段工作并行开展，提高资源配置管理效率。2017 年增加规划、计划、预算与执行政策文件，2018 年在预算结构中设太空预算大类，2020 年在科研预算大类中增设软件与数字化技术试点项目，加速软件开发，加强数据中心战能力建设。

第一节　系统概述

"规划、计划、预算与执行系统"主要由美国国防部常务副部长主导，其主要功能是制定国防规划文件，明确国防和军队建设与作战中长期规划和重点任务，通过规划、计划和预算对国防资源投向投量进行安排和管理。

一、组织体系

"规划、计划、预算与执行系统"涵盖立法、战略、规划、需求、采办、财务、预算等工作，涉及国会、总统行政管理与预算局、国防部长办公厅、参谋长联席会议、联合参谋部、联合作战司令部、各军种和国防部业务局等众多部门。

（一）国会和总统

国会负责审查、批准预算。国会是美国最高立法机构，总统的国防预算提案要经国会批准，才予拨款。国会参议院和众议院都设有军事委员会、预算委员会和拨款委员会，由它们审查、批准国防和军队建设规划、计划和预算。两院军事委员会负责每年审议国防和军队建设计划，通过国防授权法案；两院预算委员会审议国防预算，并通过预算报告；其后由两院拨款委员会审议，通过国防拨款法案，并经总统批准签署后实施。

总统在美国国防预算编制与审批过程中发挥着重要作用。国防部的国防预算编制完成后，必须交由总统审批，总统签署总统预算后再提交国会审批。经过总统签署后的预算提案成为"总统提案"，"总统提案"经过国会审议批准后，最后还要由总统再次签署后才能生效和正式拨款。总统审批、汇总政府预算主要依托行政管理与预算局完成。总统行政管理与预算局辅助总统为政府部门编制预算提供指导，汇总、综合平衡和协调各政府部门（含国防部）上报的预算。

（二）国防部相关机构

由国防部常务副部长领导，在规划、计划和预算阶段分别由政策副部长、成本评估与计划鉴定局、主计长业务牵头，各相关业务部门参与论证。

国防部负责政策的副部长负责规划阶段的相关规划文件编制的领导工作。

成本评估与计划鉴定局负责对"规划、计划、预算与执行系统"程序中规划和计划阶段的相关事务提供分析和建议，对各军种和国防部业务局提交的计划草案进行评审，并发布计划阶段的正式文件。成本评估与计划鉴定局参与国防计划和预算执行的绩效管理与评估。

国防部财务副部长（主计长）/首席财务官负责预算和财务工作，负责预算制定与实施、财务管理与监督。国防部财务副部长（主计长）/首席财务官参与国防计划和预算执行的绩效管理与评估。

国防部首席管理官（CMO）牵头负责国防部所有业务绩效评估，包括国防计划和预算执行的绩效管理与评估。

（三）各军种与国防部业务局

各军种与国防部业务局负责编制和上报本部门的计划与预算文件。各军种和国防部业务局都设有负责规划、计划和资源分配的部门，军种负责需求论证和采办管理的部门也参与"规划、计划、预算与执行系统"工作，如军种研究办公室负责参与国防基础研究计划和预算编制，各项目执行官和项目办公室参与装备采办项目的计划和预算编制。

陆军相关机构主要包括：①主管预算的助理部长帮办，主要负责陆军预算的编制、审查、执行、分析、调整等工作；②财务信息管理办公室，主要负责陆军财务管理系统的建设与维护、陆军部队财务信息服务保障等工作；③主管财务运行的助理部长帮办，主要负责制定陆军财会政策、程序、计划等，陆军财务内部控制、审查、评估等工作；④陆军预算办公室，负责预算管理工作，由3个局组成：作战与保障局，负责人事、作战和维持；投资局，负责装备研发、采购和军队建设；商务资源局，负责周转金、对外军售、信息技术与规划、计划、预算与执行系统。

海军相关机构主要包括：海军装备采办经费管理机构为主管财务管理与主计工作的助理部长，下设的主要机构有财政管理与预算办公室（FBM）、财务运行办公室和成本分析中心等。其中，财政管理与预算办公室是海军负责预算的机构，承担海军和海军陆战队准备预算的职责。财政管理与预算办公室由6个机构组成：拨款事务局负责与国会、国防部和军种相关部门联络，作战部负责人事、作战和维持经费，投资和发展局负责投资、装备采购、研究与开发经费，规划与预算协调局负责制定预算指南和程序协调工作，商业与民用资源局负责周转金，预算与程序局负责制定预算政策和指南。

空军相关机构主要包括：主管财务管理与主计工作的助理部长，下设的主要机构有主管预算的助理部长帮办，主管成本与经济的助理部长帮办，主管财务运行的助理部长帮办，服务、通信与人力发展主管，此外还有空军预算办公室等下属机构。空军预算办公室由5个局组成：预算投资局，负责装备研发和采购、军队建设、军人住房等经费预算、执行；预算和拨款联络局，负责国会联络；预算管理与执行局，负责财务政策和程序制定；作战预算局，负责人事、作战与维持；预算计划局，负责规划、计划、预算与执行系统以及预算协调。

国防部相关业务局，包括国防高级研究计划局（DARPA）、导弹防御局、威胁减少局以及国防合同管理局等，都有专门负责"规划、计划、预算与执行系统"工作的机构。如国防高级研究计划局有主计长办公室，负责管理本部门"规划、计划、预算与执行系统"工作，负责本部门综合财务管理和审计监督，每年编制和提交年度预算。

（四）决策评审组织

高级领导评审小组（SLRG）是国防部核心评审决策机构，由国防部常务副部长担任主席，参谋长联席会议主席担任副主席，成员包括主计长、成本评估与计划鉴定局（任执行秘书）、负责政策的副部长、负责研究与工程的副部长、负责采办与保障的副部长、负责人事与战备的副部长、参谋长联席会议副主席、各军种部长，负责计划和预算阶段的综合审查。

三星小组是高级领导评审小组的下属执行组织，由成本评估与计划鉴定局局长担任主席，成员由国防部长办公厅、联合参谋部部队结构、资源与评估局、军种和国防部业务局的三星级官员组成。三星小组大约每周开会一次，负责具体承办计划与预算审查工作，向高级领导评审小组汇报工作。

二、结构功能

"规划、计划、预算与执行系统"是美国国防部资源分配系统。该系统由国防部常务副部长主导，根据顶层《国防战略》和《国家军事战略》制定国防规划文件，明确国防和军队建设与作战发展目标、中长期规划和重点任务，通过规划、计划和预算对国防资源投向投量进行安排和管理的活动。"规划、计划、预算与执行系统"的结构功能如下：

（一）制定国防规划指导文件

"规划、计划、预算与执行系统"是美军国防规划文件生成的主要途径。美军通过"规划、计划、预算与执行系统"，制定《联合规划文件》《战略规划指南》和《国防规划指南》等规划指导文本，明确未来所需的作战能力，确定国防建设规划目标、政策和指导方针，指导美军国防和军队建设与作战。

（二）将军事需求转化为资源分配

"规划、计划、预算与执行系统"是承接美军战略文件、军事需求与采办的主要载体。美军通过"规划、计划、预算与执行系统"，将《国防战略》《国家军事战略》的目标、方向和任务转化为国防规划文件，将作战概念和军事需求转化为资源分配。在规划阶段，国防部各部局利用参谋长联席会议制定的作战概念等文件，共同或单独编制装备发展规划；在计划与预算阶段，国防部各部局以能力需求文件为基础，编制《计划目标备忘录》与《上报概算》。

（三）负责国防资源分配

通过国防部集中领导、军种和国防部业务局分散管理的组织方式，军种和国防部业务局论证和上报 5 年和预算财年的预算，纳入国防部统一的数据平台，列入未来年份防务计划，国防部集中综合论证与审批，上报总统和国会审批，为作战、建设提供经费预算支持。

（四）组织开展执行评估与绩效管理

依据业绩评估标准，组织开展执行评估与绩效管理，负责国防建设和军队建设与作战执行绩效评估，对各部门年度计划和预算执行情况进行评审，重点评估项目执行情况、经费使用情况等，形成评审报告，报国防部高级评审领导小组。国防部和各军种根据预算执行评审结果，调整相关国防资源分配方案，并支撑未来战略制定、规划计划和资源分配。

（五）编制形成一系列国防规划、计划和预算文件

"规划、计划、预算与执行系统"分析过程中包含一系列的操作规程和文

档，包括《国防规划指南》《计划目标备忘录》《预算文件》等，为国防采办和军队建设提供资源保障。

三、内外关系

国防部重视"规划、计划、预算与执行系统"（资源分配）与"联合战略规划系统"的关系，也重视与作战需求和"国防采办系统"的结合，制定了国防采办、技术与后勤一体化寿命周期框架，对三大系统的关系予以规范。近年来，美军更加强化"规划、计划、预算与执行系统"与其他系统之间的有机衔接。

（一）与"联合战略规划系统"之间的关系

"规划、计划、预算与执行系统"制定战略规划、计划项目以及预算方案，需要以"联合战略规划系统"制定的各类战略文件为战略指导和输入。规划阶段与"联合战略规划系统"的战略规划分析过程是一体的，《国家军事战略》指导"规划、计划、预算与执行系统"制定规划文件。在计划与预算阶段，各军种提交的《计划目标备忘录》和《预算估计提案》都要以国防部顶层战略文件为指导。

（二）与"联合能力集成与开发系统"之间的关系

"规划、计划、预算与执行系统"制定战略规划、计划项目以及预算方案，需要以"联合能力集成与开发系统"制定的能力需求文件为基础。规划阶段的《国防规划指南》是在联合参谋部的主导下制定的，反映了联合作战需求问题，规划阶段与需求生成阶段的战略分析过程是一体的。在计划与预算阶段，各军种提交的《计划目标备忘录》和《预算估计提案》都要以相关的作战需求文件为基础，没有需求文件支撑的项目将无法列入计划和预算文件。

（三）与"国防采办系统"之间的关系

进入"国防采办系统"的项目，必须通过"规划、计划、预算与执行系统"进行立项，并确定经费数量；"规划、计划、预算与执行系统"与"国防采办系统"共同对武器系统实行分段决策和全寿命费用管理，重大能力采办项目分为装备方案分析、技术成熟与风险降低、工程与制造开发、生产与部署、使用与保障五个阶段，从上一阶段进入下一阶段有一里程碑决策点，要从经费、时度、性能等方面进行评审，确定是否继续往下进行。

国防部运用"规划、计划、预算与执行系统"，制定《国防规划指南》《计划决策备忘录》等文件，上接"联合战略规划系统""联合能力集成与开发系统"，下融"国防采办系统"，打通从国家军事战略到确定项目、配置资源的链路，为国防采办等提供方向指引和资源保障。

第二节　主要流程

美军"规划、计划、预算与执行系统"分为规划、计划、预算和执行评审4个阶段。计划、预算编制2年滚动一次。偶数年为预算年，编制新的未来5年计划和预算；奇数年为非预算年，根据形势任务变化和预算执行情况，对未来5年的计划和预算进行调整。

一、规划阶段

规划阶段主要任务是分析未来国家安全形势和面临的威胁，根据《国家军事战略》，出台《联合规划文件》《战略规划指南》和《国防规划指南》等规划指导文本，明确未来所需的作战能力，确定国防建设规划目标、政策和指导方针。该阶段工作由负责政策的国防部副部长牵头，国防部长办公厅、参谋长联席会议、各军种、联合参谋部、联合作战司令部等部门参加完成。

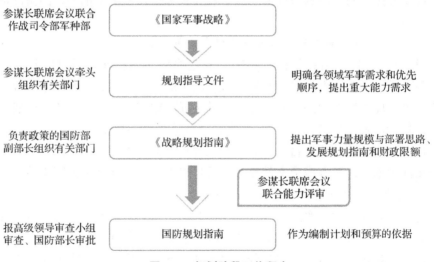

图5-1　规划阶段工作程序

一是参谋长联席会议牵头组织有关部门，依据《国家军事战略》制定规划指导文件，明确各领域军事需求和优先顺序，提出所需要发展的能力。

二是负责政策的国防部副部长组织有关部门，依据规划指导文件制定《战略规划指南》，提出军事力量规模与部署思路、发展规划和财政限额。

三是《战略规划指南》经参谋长联席会议联合能力评审，征求各部门意见后，形成《国防规划指南》，报高级领导评审小组审查、国防部长审批后，作为编制计划和预算的依据。《国防规划指南》主要内容包括：确定战略目标与能力发展优先安排，确定资源规划方面的资金限制条件，确定优先安排与风险可承受程度，建立联合作战能力目标，确定未来业务发展规划的战略目标，确定未来联合作战与组织体系发展的概念。

二、计划阶段

计划阶段主要任务是根据《国防规划指南》，确定国防建设中期发展目标、政策和指导方针，提出未来 5 年装备计划项目和 8 年兵力计划项目，实质是把国防规划要求转化为中期发展项目，从中期计划安排对国防资源做出安排。该阶段工作由成本评估与计划鉴定局总体负责，国防部长办公厅、参谋长联席会议、各军种和国防部各业务局参与完成。

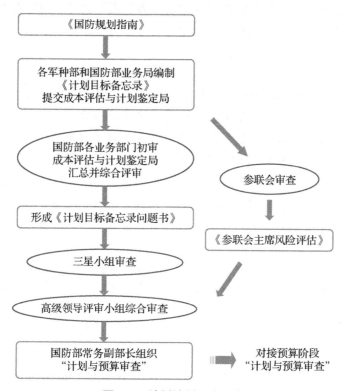

图 5-2　计划编制工作程序

一是各军种和国防部业务局依据《国防规划指南》、经"联合能力集成与开发系统"确认的需求文件，编制《计划目标备忘录》，提出军事力量水平、人员规模、装备项目、经费表、拨款额度等，提交国防部长办公厅。《计划目标备忘录》提出各类项目的 5 年计划，包括正文和 6 个附件，正文包括军事力量水平、人力、采购、在财政限额内的额度拨款等内容，6 个附件是计划风险评估、军事力量、战略状态和现代化、人力、经费表和主要采办计划项目。

二是成本评估与计划鉴定局对《计划目标备忘录》进行审查并提出改进意见，汇总形成《计划目标备忘录问题书》，经相关部门答复后，报三星小组（由成本评估与计划鉴定局局长担任主席，具体承办计划汇总与综合审查）。

三是参谋长联席会议审查各部门《计划目标备忘录》满足联合作战需求情况，形成《参谋长联席会议主席计划评估》报告。

四是三星小组和参谋长联席会议审查后，报高级领导评审小组进行综合评审，形成审查意见，国防部常务副部长根据审查结果，组织"计划与预算审查（PBR）"。该审查与预算阶段"计划与预算审查"合并，由常务副部长完成审查对接，形成统一的《资源管理决定》。

三、预算阶段

预算阶段主要任务是根据《国防规划指南》和计划阶段的相关文件，提出未来 2 个财年装备项目预算和 5 个财年兵力项目预算，确定国防建设和作战任务的资源分配，实质是把国防计划要求转化为具体财年的项目预算，从年度预算计划安排对国防资源做出安排。该阶段工作由国防部主计长总体负责，国防部长办公厅、参谋长联席会议、各军种、国防部各业务局参与完成。该阶段工作与计划阶段的工作几乎同时进行。预算阶段分为预算年和非预算年，预算年的主要任务是确定未来 2 个财年的预算，非预算年的主要任务对预算进行调整。

一是各军种和国防部业务局依据《国防规划指南》编制《预算估计提案》，提出未来 2 个财年装备项目预算和 5 个财年兵力项目预算，提交主计长办公室汇总。

二是国防部常务副部长和行政管理与预算局（总统办公室）联合举行听证会，对各部门《预算估计提案》进行联合评审，编制《资源管理决定》。

三是各军种和国防部业务局对《资源管理决定》提出调整意见，形成《重大预算问题书》报主计长办公室综合平衡。

四是主计长办公室根据《资源管理决定》等文件，形成《总统预算》提案，经常务副部长审批后，报总统签署并提交国会审议。国会以《国防授权法》《国防拨款法》两个法案的形式，分别批准国防部可提供经费支持的各个项目，以及核定各个项目的支出金额，经总统签字后正式生效。

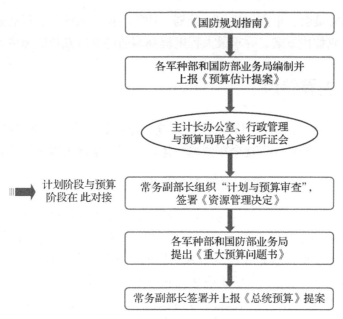

图 5-3 预算编制工作程序

行政管理与预算局根据国会批准的《国防授权法》和《国防拨款法》，向国防部分配款项；财政部根据批准的数额，按法令进行各种课税，把款项纳入国库，编制并发布"国库支付命令书"（由财政部签发向国库支付或从国库提取款项的命令状或凭单），向国防部拨款。

国防部在获财政部根据国会和总统批准的国防预算拨款后，再把国防经费指标分配给陆、海、空、海军陆战队等各军兵种和国防部各业务局，但不把国防经费拨付给上述单位，而是由国防财会局及其下属财会中心统一管理与支付。

四、执行评审阶段

在执行阶段，国防部将国会批准的军费预算分配给各军种、国防部各业务局、各联合作战司令部，同时由国防部成本评估与计划鉴定局等对项目进行审价，对预算执行情况进行评估，并根据评估结果对项目及经费进行调整。

国防部主计长牵头、成本评估与计划鉴定局参加，于每年8~11月期间，依据业绩评估标准，对各部门年度计划和预算执行情况进行评审，重点评估项目执行情况、经费使用情况等，形成评审报告，报国防部高级评审领导小组。国防部和各军种根据预算执行评审结果，调整相关国防资源分配方案。

根据《2022财年国防授权法》，国防部已设立"规划、计划、预算与执行系统"改革委员会，审查"规划、计划、预算与执行系统"流程有效性，并提出改进建议或替代方案，寻求最大程度提高国防部响应威胁的速度和能力。

第三节　主要特点

美军"规划、计划、预算与执行系统"建立与改革，注重打破军种主导、实现国防部集中统管，实现全军资源一体化筹划，呈现出以下四个特点。

一、全军一体筹划，提升资源配置整体效益

美军"规划、计划、预算与执行系统"实现了两个维度的统一。

在国防部和军种的关系维度上，由国防部主导。当年麦克纳马拉之所以启动国防管理改革，就是要改变军种主导的"切蛋糕"分经费、"订书机"做规划的资源配置模式。美军战略规划的"统"是建立长期专业化分工建设基础上的，其主要做法是通过跨部门设置联合委员会，高级领导评审小组（SLRG），作为美国国防部核心评审决策机构，由国防部长担任主席，国防部所有副部长、三个军种的部长或副部长、参谋长联席会议主席以及相关部门领导均为该小组成员，主要负责国防部计划、预算资源分配的评审决策，解决计划或预算过程中出现的重大问题。这体现了美军基于分权、平衡、联合求"统"的理念。

在作战与建设两大领域关系维度上，建构深度握手式的紧耦合关联。国防部长办公厅是制定规划的主责单位，但参谋长联席会议又以需求审查的方式全程参与，并把意见建议反馈到战略规划制定中。在高级领导评审小组开始审定项目之前，由联合参谋部下属部门、职能司令部和国防部各业务局按领域提出能力需求，直接进入项目评审，实现需求与项目的深度对接。

二、滚动迭代运行，提升规划计划精细化水平

美军资源分配系统注重流程管理，突出体现在建立了以"规划、计划、预算与执行系统"为主轴、按时间节点控制进程的一整套规划流程办法，把战略规划的各种要素和所有环节都整合到流程之中进行滚动迭代管理。

"规划、计划、预算与执行系统"以五年为规划周期，以2年为预算周期，包括对接规划（Planning）、确定计划（Programming）、分配预算（Budgeting）、执行调整（Execution）4个基本环节，构成规划工作的4个阶段。美军规划、计划与预算实行2年滚动编制制度，以确保相关工作动态迭代更新。在预算年（即偶数年）编制出台《未来年份防务计划》、未来2个财年

预算；在奇数年，不再重新编制新的计划和预算，主要对计划和预算进行微调。美军在每个日历年时间里滚动编制规划、计划与预算，同时开展各个财年（本年 10 月 1 日到第二年 9 月 30 日）规划、计划、预算与执行工作。以 2021 财年为例（见图 5-4），其涉及到的规划、计划与预算及执行工作，主要包括 2021 财年计划与预算执行、2022 财年计划与预算编制报批以及 2023 财年规划计划与预算论证编制。美军规划谋划长远发展，计划谋划未来五年工作，预算两年滚动编制一次，以确保规划、计划与预算动态迭代更新。

美军"规划、计划、预算与执行系统"实行计划与预算并行、一体化编制模式。各军种、国防部直属业务局的建设部门参与，规划、计划与预算编制部门汇总，向国防部成本评估与计划鉴定局提交《计划目标备忘录》（相当于 5 个计划草案），包含了 5 个财年预算相关内容；向国防部主计长办公室提交上报概算（相当于预算草案），包含项目 2 个财年预算要素。国防部长办公厅组织参谋长联席会议和其他相关部门，对计划与预算进行并行审查（秋季审查）后，最终汇合形成《资源管理决策》，向总统办公室提交相关预算文件。

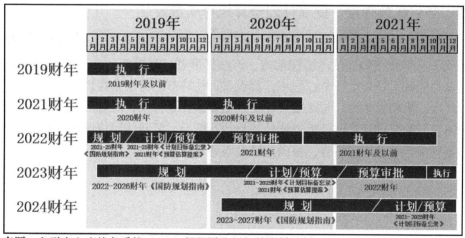

图 5-4　国防部规划、计划与预算滚动编制示意

三、创新方法手段，提高规划计划科学性

美军把系统工程作为"规划、计划、预算与执行系统"的核心理念，引

入兰德公司的经济分析系统，并进行了多次优化和流程再造，形成了一整套系统分析的组织架构、方法标准和分析模型。早在20世纪60年代初，国防部就设立了系统分析办公室（即现在的成本评估与计划鉴定局），开发形成了一整套系统分析方法，注重把军种机构、项目类别和资源配置作为一个有机整体进行综合分析评估。

经过数十年发展，美军在"规划、计划、预算与执行系统"各个阶段创新方法手段，不断提高规划计划科学性。在规划计划阶段，主要运用系统分析方法对建设项目进行综合排序，确定项目优先级；在预算阶段，广泛利用成本效益分析方法，追求效益最大化；在执行阶段，重点利用绩效度量分析方法进行项目执行情况评价。

"规划、计划、预算与执行系统"在编制与执行过程中，注重使用信息化的管理手段，构建了国防计划数据库（DPD-DW）管理系统，该管理系统包括1994年以来的相关计划和预算、《未来年份防务计划》、各军种和国防部业务局的计划与预算等相关数据。美军规划计划与预算等审批过程也纳入该管理系统，为国防部高层审批决策部门、各军种和国防部业务局计划预算编制部门建立了信息化交流平台，提高了工作效率和总体效能。

四、强化绩效管理，提高计划预算执行质量效益

美军在"规划、计划、预算与执行系统"中，强化绩效评估与绩效管理，形成了一整套绩效评估的组织架构、方法标准和工具模型。在"规划、计划、预算与执行系统"运行全过程中，都设有评估环节。特别是在计划和预算执行过程中，采用绩效评估与绩效管理，依据业绩评估标准，对各部门年度计划和预算执行情况进行评审，重点评估项目执行情况、经费使用情况等，形成计划和预算执行绩效评审报告，报国防部高级评审领导小组。

第六章
国防采办系统

"国防采办系统（DAS）"在《1986年国防部改组法》的基础上逐步建立起来。该系统主导美军武器装备全寿命采办过程，由国防部采办与保障副部长牵头，聚焦武器装备系统建设，组织实施各类军事装备及其他相关系统研发、采购、服务保障等活动。

第一节　系统概述

"国防采办系统"以项目为核心，以项目管理制度为基本制度，以采办程序为管理主线，以系统工程为主要手段，以采办队伍为主要保障，目标是实现及时、高效地向作战部队交付其所需的能用、好用且经济可承受的武器系统及其相关配套的整体能力。

一、组织体系

经过多年发展，美国"国防采办系统"形成国防部统筹监督与各军种分头实施的组织体系。国防部层面以采办与保障副部长为核心，预研、试验、财务等其他部门协调配合，各军种部以负责采办的助理部长为核心，试验、财务等其他部门协调配合。

（一）国防部层管理机构及职能

在国防部层面，"国防采办系统"的主要职能机构包括采办与保障副部长办公室、研究与工程副部长办公室、作战试验鉴定主任办公室与成本评估与计划鉴定局等。

国防部采办与保障副部长在国防部长的领导下，负责所有与采办和保障相关事务，主要履行以下几方面职责：①制定国防部采办系统相关政策并监督实施。具体包括系统设计和保障性设计、采办项目的研发、原型样机设计（不包括早期开发活动）、产品和服务的生产与采购以及后勤、能源、维修和物资战备等方面的政策。②重点关注联合任务整合，以最有效率效益的方式向作战

95

人员交付作战能力、获取所需的相关资源。③对重大联合项目进行监督，适时就其他重大国防采办项目向军兵种提供建议和协助。此外，还重点负责全寿命保障计划、跨军种采购、软件集成以及工业基础评估和管理。通过履行作战后勤、战略机动、战争储备和保障服务等职责，向作战部队提供直接保障。

国防部研究与工程副部长在国防部长的领导下，负责统筹管理全军科学技术工作，主要履行以下三方面职责：①制定政策统筹指导国防预研工作。作为国防部首席技术官，负责制定并落实国防预研政策和程序，提出技术和新兴能力战略投资方向和准线，充分响应新兴威胁和技术机遇，以推动科技发展和创新。②监督国防研究与开发项目管理。负责监督研究和工程、技术研发、技术转化、原型、实验、研制试验活动及项目。监管演示验证、原型与实验活动，向联合作战人员通告新的任务能力，审查监督各军种的研究、系统工程与研制试验流程，监管国防部联邦资助研发中心的项目和相关活动。③统筹国防预研人才队伍建设。负责统筹科技管理、工程、生产、质量和制造、研制试验与鉴定等职业领域的培训工作。

作战试验鉴定主任是国防部长在作战试验与鉴定方面的首席参谋助理和高级顾问。作战试验与鉴定主任负责发布国防部在作战试验与鉴定方面的政策和程序，评估和分析国防部每个重大采办项目进行的作战试验与鉴定的结果，向国防部长、采办与保障副部长和国会提供独立评估，在作战试验与鉴定方面向国防部长提供预算和财务建议，监督国防部重大采办项目，确保充分的作战试验与鉴定，以保证在战斗中使用的武器系统有效性和可持续性。具体职责为：①制定、发布国防部作战试验鉴定和实弹射击试验鉴定的政策和程序；②指导各军种作战试验鉴定和实弹射击试验鉴定工作；③审定重大武器系统作战试验鉴定经费，审批重大武器系统及其指定系统的试验计划，对作战试验鉴定活动进行监管，并向国防部和国会提交作战试验鉴定年度报告；④审批监督重大武器系统实弹射击试验；⑤评估武器系统的作战效能、作战适用性和生存能力，向国防部长和国会提交评估结果报告，为批量生产提供决策依据。

成本评估与计划鉴定局局长是国防部长和其他国防部高级官员在独立成本评估、计划鉴定和分析方面的首席顾问。成本评估与计划鉴定局局长直接向国防部长汇报工作。具体职责包括：①在与成本分析、备选方案分析和分析能力有关的事务方面提供采办保障；②对规划、计划、预算与执行程序中与规划和计划阶段有关的事务提供分析和建议；③对与"联合需求监督委员会"正在考虑的要求有关的资源和能力讨论提供分析和建议；④撰写年度报告，总结上一年的国防部成本估算和成本分析活动，评估国防部在改善成本估算和分析准确度方面的进步。

（二）军种层管理机构及职能

在军种层面，"国防采办系统"的主要职能机构包括各军种负责采办的助理部长、试验鉴定相关机构以及成本分析相关机构等。

各军种负责采办的助理部长是各军种采办政策、计划的统一管理者，负责执行国防部有关国防采办的政策和计划，制定各军种研究、发展和采办政策，编制军种采办的规划计划和年度预算，协调军种采办计划，并统一管理有关经费。

美国陆海空军都设立了试验鉴定机构，负责组织本军种的试验鉴定工作。以空军为例，研制试验鉴定由空军装备司令部负责，作战试验鉴定主要由空军作战试验鉴定中心负责，空军各一级司令部下属的作战试验机构承担后续作战试验鉴定任务。空军副参谋长下属的试验鉴定处负责制定政策和工作指南，管理试验资源和设施。陆军的试验鉴定工作由陆军试验鉴定司令部主要负责。陆军试验鉴定司令部下辖作战试验司令部、陆军鉴定中心和各试验靶场。研制试验由陆军鉴定中心组织实施，作战试验由作战试验司令部组织实施；研制试验和作战试验结果的鉴定均由陆军鉴定中心负责。

各军种成本评估业务专职机构，如海军成本分析中心、陆军成本与经济分析中心、空军成本分析局，主要负责制定军种层面成本评估政策、程序与指南，对国防部授权的重大国防采办项目进行独立成本估算，指导、监督项目管理办公室成本评估工作。

二、结构功能

"国防采办系统"负责美军战略规划的执行，其主要功能就是通过对所有科学技术项目和采办项目实施管理，能够及时、高效交付作战部队能用、好用且经济可承受的包含武器系统及其相关配套的整体能力。具体来讲，包含以下两个方面。

（一）实行采办项目管理，以获得作战部队所需的能力

国防采办项目具有技术密集、复杂度高、系统性强等特征，必须由专业人员进行专业化管理，因此，美军建立了以业务管理为主、行政管理为辅的项目管理体系（如图6-1所示），业务管理线负责项目决策、行政管理线负责业务保障支撑，从而实现了装备项目的专业化管理和矩阵式管理，通过这套系统，美军源源不断获得作战部队所需的能力。

如图6-1所示，虚线框内为美军项目管理业务管理链，包含国防采办执行官、军种采办执行官、项目执行官、项目主任四级，其中前三级同时也处于

行政管理链中，按照项目类别分别负责各层级项目的重大决策。其中国防采办执行官由国防部采办与保障副部长担任，负责制定项目管理顶层政策并监督实施，具体包括制定采办流程、项目涉及的各项业务工作顶层政策、项目绩效评估政策等，负责对部分重大国防采办项目（例如 F-35 项目）的重大节点（例如转阶段评审）进行决策等；军种采办执行官由军种负责采办的助理部长担任，主要负责根据国防部顶层政策制定本军种项目管理实施细则并监督实施，同时负责本军种 I 类项目的重大节点和重大事项决策；项目执行官负责 II 类和 III 类项目决策。

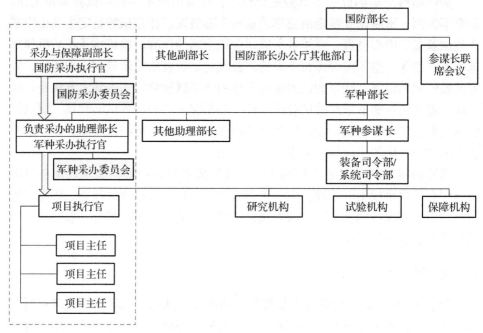

图 6-1　美军采办项目业务管理和行政管理示意

为了兼顾各方利益，使决策更加科学合理，国防采办执行官和军种采办执行官两级均设有支撑决策的委员会，行政管理体系中的其他相关机构负责人是委员会成员。例如，国防采办执行官的决策支撑委员会是国防采办委员会，委员会主席为采办与保障副部长，副主席为参谋长联席会议副主席，成员包括政策副部长、人事与战备副部长、情报与安全副部长、首席信息官、作战试验鉴定局局长以及各军种部长等。

项目主任领导的项目办公室是项目的实施主体，但项目主任不在美军行政管理体系中，也就是说美军不为项目主任设置行政编制和行政级别。项目主任由项目执行官根据项目规模、大小等进行任命，项目主任再根据项目需要，从各军种装备司令部（海军为系统司令部）下属的各类职能机构（研究、试验、保障等）中选择合适的人员组成项目办公室。例如陆军项目办公室人员主要来自陆军合同签订司令部、航空和导弹研发中心、工程技术中心以及其他提供全寿命周期保障的机构等。空军项目办公室人员主要来自空军全寿命周期管理中心的合同签订、成本估算等部门。这些职能机构中的人员不是为某个特定项目配备，而是为该军种负责管理的所有项目所共享。

（二）实行科学技术管理，为能力开发提供支撑保障

美国国防部研究与工程副部长牵头全军科学技术管理，在国防科技战略引领下，对各个技术领域形成体系布局，在众多预研项目中挑选可以转化到装备中的各项技术，从而支撑和保障采办部门进行能力开发。

为加强科学技术管理，美国国防部设立"信赖21"工作机制，主要分2级管理，领导层为科技执行委员会，负责制订国防部科技顶层战略，监督和指导下属17个技术领域的利益相关团体开展工作；实施层为17个技术领域利益相关团体（COI，相当于17个专业领域），在跨部门协调合作基础上，出台17个科技领域面向未来发展的技术路线图。目前，研究与工程副部长办公室与军种和国防部业务局密切协同，制定完成了11大战略优先领域的发展技术路线图。

表6-1　17个技术领域利益相关团体（COI）

类　别	技术领域
第一类：任务导向类	3个COI：反简易爆炸装置、反大规模杀伤性武器、生物医学
第二类：系统／能力导向类	11个COI：指挥、控制、通信、计算和情报（C^4I）、人机系统，网络空间，自主系统，工程弹性系统，电子战／电子防护，传感器和信息处理，空中平台，地面和海上平台，武器技术，空间技术
第三类：技术导向类	3个COI：先进电子器件、能源与动力技术、材料和制造工艺

美国国防部科学技术管理以《国家安全战略》《国防战略》《国家军事战略》以及联合作战概念为输入，制定其顶层指导战略——国防科技战略。各技术领域COI，充分搜集技术能力、需求、能力差距、优先发展方向等信息，通过专业化分析与研判，跨部门协调及调整，最终制定一个技术领域的技术路线图，包括最终技术目标、预期军事技术能力、重点任务以及近期项目方向和投资重点。研究与工程副部长办公室与军种和国防部业务局密切协同，每半年对各技术领域路线图执行情况进行评估，评估目标实现情况、技术进展情况、存在的

主要问题，确保各领域技术按路线图推进。

这种自上而下的预研计划制定模式没有明确的型号背景牵引，而是根据方向和重点进行体系布局，使美军各领域技术和应用均能得到普遍性发展，不会产生技术和应用短板，从而长期保持其技术领先优势。

三、内外关系

"国防采办系统"是战略规划的执行和实施过程，也是军事能力具体形成的过程，是前述 3 个系统的落点。

（一）与"联合能力集成与开发系统"的关系

"国防采办系统"中的武器系统、信息系统等项目以"联合能力集成与开发系统"的需求文件为输入和指导，其中《初始能力文件》是武器系统、信息系统项目的立项依据，并指导其完成装备方案分析，进入研发阶段后需求部门牵头制定《能力开发文件》，指导研发阶段各项任务，到生产阶段时根据现实需要，对《能力开发文件》进行更新，牵引指导项目后续生产部署和运行保障。

（二）与"规划、计划、预算与执行系统"的关系

"国防采办系统"中的采办部门根据"规划、计划、预算与执行系统"中《国防规划指南》，将各类项目按照能力组合编制项目年度计划（《计划决策备忘录》）和《未来年份防务计划》，年度计划要确定经费数量，经成本分析部门确认后纳入当年国防预算；《未来年份防务计划》不带预算，但须根据项目进展每年滚动更新。在项目实施过程中，成本分析部门（国防部成本评估与计划鉴定局和军种部成本分析机构等）要对项目进行独立成本估算，将其作为评审该项目年度预算申请的重要依据。

（三）与国防工业部门的关系

"国防采办系统"还通过战略、组织、合同等方式牵引国防工业能力建设和发展。宏观层面，国防部通过《国防战略》《国防科技战略》等牵引国防工业能力建设和国防科学技术发展方向；组织层面，国防部采办与保障副部长下设国防工业基础政策助理部长，具体管理供应链安全、基础能力建设、小企业发展等国防工业相关事务；合同层面，美军通过市场竞争方式，将合同授予优质企业，激发企业技术创新、降低成本、提高效益；评价监督方面，美军还建立了完善的合同审计和承包商绩效评估制度，对合同规范性、完成情况进行评价监督；同时，每年国防部都对国防工业能力进行评估，识别供应链薄弱环节，为制定相关政策提供支撑。

第二节　主要流程

对应"国防采办系统"两大主要功能,"国防采办系统"的流程也可以大体分为以产品开发和服务为主的采办项目流程和以科学技术研发为主的项目管理流程。采办项目流程最初在 20 世纪 70 年代建立,最开始只规范了重大武器系统的采办的流程,后逐步将自动化信息系统(指控系统)、业务系统、服务等采办流程也进行了规范,并专门针对应急项目和技术创新项目制定了采办流程,目前形成了 6 类采办项目流程;科学技术开发类项目由于具有规模小、不确定性大、成果无法考核等特点,长期以来没有统一的流程,主要依据《联邦采办条例》和国防部补充条例等进行管理。

一、产品和服务采办项目流程

根据 2020 年美国国防部发布的 5000.02 指示《适应性采办框架的运行》,目前美军将国防采办项目分为 6 类,分别是重大能力采办项目、应急能力采办项目、中间层采办项目、软件采办项目、业务系统采办项目和服务采办项目。其中前 4 类为武器装备类采办项目,后 2 类为非武器装备类采办项目。其采办流程如图 6-2 所示。其中,重大能力采办是规范飞机、舰船等复杂武器系统项目和重大自动化信息系统项目的采办程序,是美军国防采办的主干程序;应急能力采办是为满足战场紧急需求或其他非战争突发需求,要求在 2 年内实现快速部署的装备项目采办程序;中间层采办是促进前沿创新技术的快速转化的采办程序,要求在 5 年内形成初始作战能力或完成部署;软件采办是为应用软件和嵌入式软件开发而专门制定的采办程序;业务系统采办专门为国防业务系统项目而制定;服务采办是为国防部获得维修维护、改造改装、咨询、技术援助、交通运输、医疗、信息技术等服务保障而制定的采办程序。

（一）重大能力采办流程

在 6 个采办程序中,重大能力采办是规范飞机、舰船等复杂武器系统和重大自动化信息系统的采办程序,是美军获取主要作战能力的主干程序。其中包含装备方案分析、技术成熟与风险降低、工程与制造开发、生产与部署、使用与保障等 5 个阶段,设 A、B、C 三个里程碑决策点。

1. 装备方案分析阶段

装备开发决策是整个重大能力采办程序的起点,主要对装备的《初始能力文件》、备选方案分析研究指南和计划进行评审,做出是否进入装备方案分

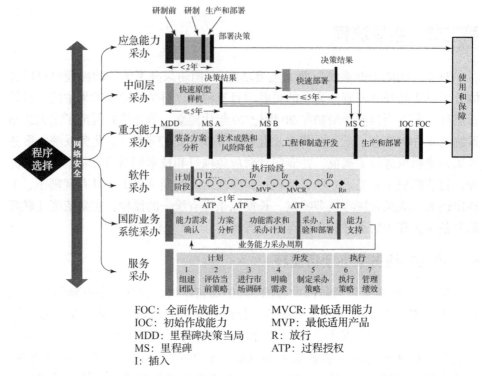

FOC：全面作战能力　　　　　MVCR：最低适用能力
IOC：初始作战能力　　　　　MVP：最低适用产品
MDD：里程碑决策当局　　　　R：放行
MS：里程碑　　　　　　　　　ATP：过程授权
I：插入

图 6-2　美军适应性采办框架 6 种程序示意

析阶段的决策。因此，"联合能力集成与开发系统"审批确认的《初始能力文件》对"国防采办系统"作出的采办项目启动决策发挥重要支撑作用。

决策启动采办项目后，将进入装备方案分析阶段，这一阶段主要开展多种备选方案分析，择优选择理想方案，明确关键技术、估算全寿命费用与进度要求等，目的是将所采办产品的概念、能力差距转化为特定武器系统需求。

2. 技术成熟与风险降低阶段

装备方案分析阶段的相关工作完成后，进行里程碑决策点 A 评审，即采办管理部门依据《初始能力文件》，对技术成熟度、成本、进度风险、知识产权、项目保护、可出口性、试验鉴定等进行评审和确认，通过后则进入技术成熟与风险降低阶段。该阶段主要开展技术研发、演示验证、原型样机设计等工作，目的是将技术、工程、集成和生命周期成本等风险降低到规定程度，以满足工程与制造开发的要求。该阶段，采办项目部门在《初始能力文件》基础上制定《能力开发文件》，包含研发武器系统的关键性能参数（包含可保障性和互操作性）、关键系统属性和其他性能属性，详细规定能力需求，概要说明军事上有用、后勤上可保障、技术上成熟、经济上可承受的能力递增式发展过程，报"联合能力集成与开发系统"审批确认。

3. 工程与制造开发阶段

在进入工程与制造开发阶段之前，需要通过 3 个决策评审：①《能力开发文件》确认，主要由"联合能力集成与开发系统"对该文件内容进行确认和批准；②研制建议征求书（招标书）发布决策，主要在招标书发布之前对项目可执行性和经济可负担性进行批准确认；③里程碑决策点 B，主要做出研制合同授予决策，需要批准和明确研制合同经费、采办基线、小批量生产数量等，是非常关键的决策点。通过上述决策评审后，即进入工程与制造开发阶段，主要完成全部硬件和软件详细设计、开展研制试验鉴定等工作，以验证其是否满足作战及其他要求。该阶段，采办项目部门更新《能力开发文件》，对批量生产所需的关键性能参数、关键系统属性和其他性能属性做进一步明确。

4. 生产与部署阶段

工程与制造开发阶段的任务完成后，需要通过小批量生产决策，也就是里程碑 C，方可进入生产与部署阶段。里程碑 C 的审查主要依据"联合能力集成与开发系统"审批确认的新的《能力开发文件》、研制试验结果、早期作战试验鉴定结果以及软件成熟度、重大制造风险等，做出小批量生产的决策，并授予生产合同。然后以新的《能力开发文件》、更新的采办策略以及试验鉴定主计划为指导开始生产并部署相关产品。完成相关活动后，进行大批量生产或全面部署决策，指导装备大批量生产并全面部署到作战部队。

5. 使用与保障阶段

在使用与保障阶段，装备管理的主体是使用部门，采办部门负责执行装备保障策略、规划保障资源，制定装备保障技术规范、支持建立基地级维修能力等；在装备使用期间，监督装备的战备状态，纠正发现的问题；装备使用寿命结束时，做出退役、报废或回收等处置决策。

（二）应急能力采办流程

应急能力采办是为满足战场紧急需求或其他非战争突发需求，要在 2 年内实现装备部署的一种采办程序。其全寿命流程如图 6-3 所示，共包含研制前、研制、生产与部署、使用与保障 4 个阶段。

研制前阶段在需求确认后启动，该阶段由国防部业务局或军种部的部门采办执行官组织提出一种或几种项目解决方案，并指定项目主任。项目主任根据每一种方案制订采办策略草案，包括项目需求、进度、活动、项目资金、评估方法以及过程中的决策点和标准，经里程碑决策当局评审确定后进入研制阶段。

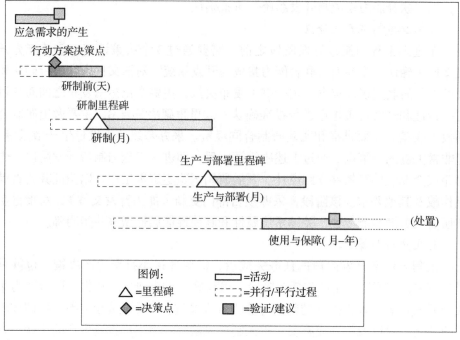

图 6-3　应急能力采办程序实施过程

研制阶段根据采办策略，签订研制合同，项目办公室的主要活动还包括评估性能、安全性、适用性、生存性、保障性，必要时评估软件和杀伤性。项目主任认为达到需求方的目标要求时，提出装备运输、部署和保障等计划，并提交里程碑决策当局批准，签订生产合同，进入生产与部署阶段。

在生产与部署阶段，项目采办机构向作战人员提供所需的能力，包括所需的训练、备件、技术资料、电脑软件、保障设备、维护或作战所需的其他后勤支持。一旦开始部署，采办流程就进入使用与保障阶段。

在使用与保障阶段，项目主任主要负责实施装备保障策略，确保满足战备完好性和作战保障性要求，并在全寿命周期内以最具效费比的方式维持已部署的能力。

在项目进入使用与保障阶段后 1 年内，国防部业务局与军种部任命 1 位官员进行项目后续处置分析。处置官员考虑项目当前已部署系统的性能和备件供应能力以及需求方的长期作战需求，推荐作出如下建议中的一个：①项目终止，系统退役。②维持当前应急情况。使用期间，至少每 2 年做出一次处置决策。③转移为列编项目。项目提供能力有持久的用途，在获得部门的预算资助后，可转化为列编项目。最终由项目执行官或军种部根据建议决策后执行。

（三）中间层采办流程

中间层采办包括快速原型样机研发和快速部署 2 种实施途径。快速原型开发的目标是在 5 年内制造出可以在作战环境下演示验证的原型样机，主要活动包括生成作战需求、制定采办和拨款策略、演示和评估性能、制定项目转移计划。快速部署是指将经过验证的技术部署到新系统或用于升级现有系统，目标是能够在 6 个月内开始生产、5 年内完成部署，主要活动包括生成作战需求、制定采办和拨款策略、演示和评估性能、制定全寿命周期成本 / 后勤保障 / 互操作性计划、降低总拥有成本、制定项目转移计划。

快速原型样机研发包含 3 个阶段（如图 6-4 所示）：①计划阶段，6 个月内确定需求，制定采办策略，签订合同，拨付经费，签订采办决策备忘录；②执行阶段，进行原型样机研发，同步持续进行多轮演示验证，在后期开展原型样机使用保障，制定项目的转移计划；③完成阶段，在 60 天内，根据试验结果、项目信息和采办决策备忘录，判定项目完成情况。快速原型样机项目可以转移到以下 4 种其他程序或阶段：①进入使用与保障阶段；②进入快速部署程序；③进入重大能力采办程序中的里程碑 B；④进入重大能力采办程序中的里程碑 C。

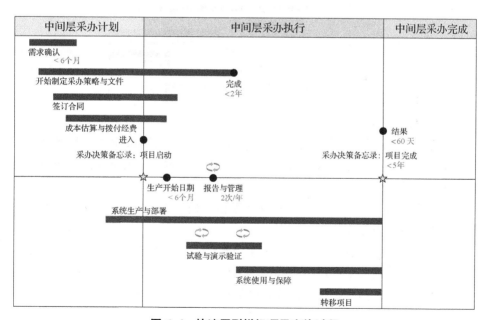

图 6-4　快速原型样机项目实施过程

快速部署 3 个阶段（如图 6-5 所示）与快速原型样机类似，有 4 点不同：①执行阶段主要工作是系统生产与部署，且这一工作在计划阶段就开始了，一直持续到执行阶段结束；②试验和演示验证的次数较少；③项目启动时，重大采办项目还需额外提交一份全寿命周期持续保障计划；④采办策略中包括安全性、进度和生产风险，用生产风险取代了快速原型样机中的技术风险。快速部署项目可以转移到以下 2 种其他程序或阶段：①直接进入使用与保障阶段；②进入重大能力采办程序中的里程碑 C。

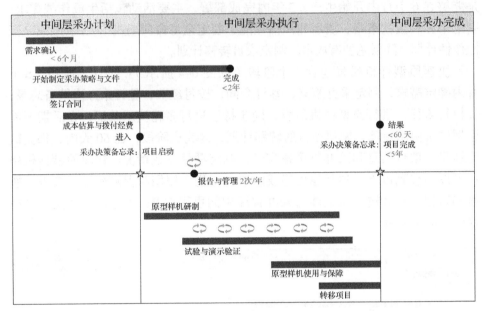

图 6-5 快速部署项目实施过程

（四）软件采办流程

软件采办程序适用于应用软件与嵌入式软件。应用软件主要是指计算机与云计算等平台上开发与运行的独立软件，嵌入式软件主要指在武器系统与其他军事硬件系统中运行的软件。

软件采办流程包含计划和执行 2 个阶段，研制部署一体，不断迭代升级，没有明确的研制与保障阶段的界限。

计划阶段主要完成 3 项工作：①用户部门论证并制定能力需求文件；②项目主任组织制定软件采办策略；③采办部门和成本分析部门对软件全寿命周期过程成本进行初步估算。最初的成本估算应在进入执行阶段前完成，并在之后每年至少更新一次。

执行阶段一般不超过 1 年，主要包括以下任务：①用户部门与项目办公室共同制定软件产品路线图，明确首批软件产品的最低能力要求；②项目办公室组织开展软件开发，选择承包商并签订合同；③在形成最低可行产品或最低

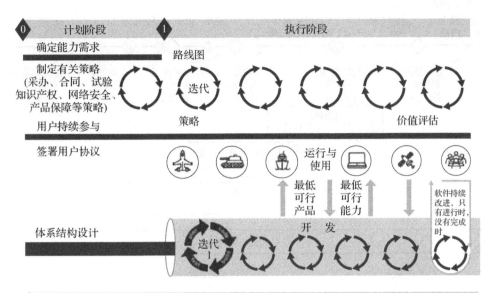

图6-6　软件采办流程

可行能力后，项目办公室按照计划开展软件测试并及时查找和纠正各类技术缺陷，经过相关技术测试与安全性测试后，项目主任与用户组织鉴定认可，相关最低可行的软件产品提交用户使用；④用户评估软件存在的缺陷并提出后续改进要求，推动软件的持续迭代深化与升级。

（五）国防业务系统采办流程

由于国防业务系统不直接参与作战，不属于武器装备系统，其用户不是作战部队而是业务部门，需求的提出部门也不是作战部门，而是业务部门，因此，国防业务系统的需求论证不通过传统的"联合能力集成与开发系统"。国防部针对这一显著特点建立了国防业务系统的需求采办一体化的开发流程。

国防业务系统需求采办一体化流程分为5个阶段（如图6-7所示）：①能力需求确认阶段；②方案分析阶段；③功能需求与采办计划阶段；④采办、试验与部署阶段；⑤能力保障阶段。实际运行中，5个阶段是一个不断升级、螺旋式发展的过程，也构成了一个完整的采办闭环，呈现出循环性和灵活性，可根据需要迭代推进或重复各种举措，强调持续的流程改进，为业务能力的提升提供持续支持。例如，在能力保障阶段，如果用户发现新的问题或出现新的需求，可以通过重复实施5个阶段中的某几个阶段来推动国防业务系统功能的不断升级。

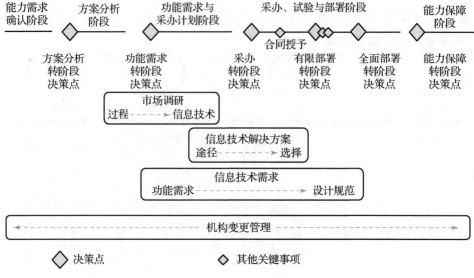

图 6-7　国防业务系统采办程序

（六）服务采办流程

服务采办是指国防部以合同、订单或其他协议等方式获得由供应商提供的、以耗费时间和精力为突出特点的服务保障，包括维修维护、改造改装、咨询、技术援助、交通运输、医疗、信息技术等。

服务采办流程包含 3 个阶段、7 大步骤，如图 6-8 所示。第一阶段是计划阶段，制定初步采办策略、市场调研报告。第二阶段是设计阶段，制定具体采办方案；第三阶段是执行阶段，签订服务采办合同，并发布绩效评估报告。这 7 个流程是标准的完整程序，允许在具体服务采办过程中视情裁剪和组合使用。

服务采办流程的7个步骤						
计划			设计		执行	
第1步	第2步	第3步	第4步	第5步	第6步	第7步
组建团队	审查当前策略	进行市场调研	确定项目需求	制定采办策略	执行采办策略	管理项目绩效

图 6-8　服务采办流程的 7 个步骤

二、科学技术项目管理流程

科学技术项目又分为基础研究项目、应用研究项目和先期技术开发项目，基础研究项目实行资助（grants）方式管理；应用研究和先期技术发展项目主要实行合同（contract）和合作协议（cooperative agreement）方式管理。科学技术项目具有风险高、创新性强等特点，因此管理较为灵活，没有严格的项目管理流程，国防部只规范了大的原则，相关业务局和各军种实验室有较大自主权，且近几年更积极探索多种灵活的投资方式、合同签订方式等，以激励创新。

（一）一般流程

1. 军方发布公告

为激励积极参与政府投资的预研项目，军方预研管理部门把项目信息以公告的形式刊登在联邦合同授予网（SAM.gov）等网站上，个人或单位可以通过多种方式检索到这些公告。

对基础研究项目拟定"跨部门公告（BAA）"，对应用研究和先期技术发展项目拟定"项目研究发展公告"，其内容类似于采办项目的"招标书"或"建议征求书"（与以后要签订的合同内容相近），提出研究项目的技术性能、进度和成本等要求。申请者可通过网站提供的申请表单提交申请。

2. 提交研究建议书

拟承担研究任务的单位根据公告信息提交一份不超过 5 页的"白皮书"，主要标明课题名称、完成期限、单位地址、联系方式、要达成的目标和技术要点等内容。军方按照事先公布的评审标准对"白皮书"进行评审，初步挑选意向单位。

被军方初步选中的单位（也称建议提交方）在规定期限内提交一份正式的"研究建议书"（也称"技术及经费建议书"）供军方审议，未被选中的单位也可自愿提交一份研究建议书供军方审议。研究建议书要标明课题名称、研究进度、经费使用、单位地址、联系方式、要达成的目标、技术方案、技术途径、研究条件、组织管理、职责分工和风险分析等具体内容。

3. 确定承研方并签约

军方组织评审小组，按照事先公布的评审标准和程序，对全部建议书进行评审，综合评价项目的科技价值、军用潜力、主要研究人员的资历能力与成就、承担者的设备条件、管理计划的合理性和经费预算的现实性等因素，根据评审结果选择合适的科研单位进行谈判，根据谈判结果和经费情况，与最合适的科研单位签订资助协议、合作协议或者是一般合同。

4.分类实施监督和验收

资助类的基础研究项目。美军基础研究主管部门每半年要对相关项目进行抽查，每年要对所有项目进行检查。一般由专家组建一个专家评估咨询小组，按照评估指标体系和标准，对项目研究进展、研究成果、质量、技术转化等情况进行绩效评估。在项目结束时，要组织项目验收组对项目进行评估和验收。

合作协议类的预研项目。预研主管部门通过定期召开会议、听取汇报、实地检查工作、查看汇报材料等方式，对军内科研机构的项目研究进展、质量进行监督检查，开展绩效评价。在项目结束时，组织项目验收组进行评估和验收。

合同类的预研项目。军方项目办公室依据合同条款，对研究过程进行合同管理、过程控制、评价和验收。

（二）其他交易授权协议流程

其他交易授权（OTA）是指经美国国会授权，允许联邦机构不遵守传统联邦采办法规，采取一事一议的方式由协议双方谈判签订的一种缔约方式。近年来，在"大国竞争"战略牵引下，美军不断加强管理创新，其他交易授权已成为美国国防部突破传统签约模式、吸引非传统承包商和中小企业进入军品市场、快速引入商业领域先进技术、加快创新技术形成作战能力的重要手段。其他交易授权协议签订一般分为3个步骤。

1.前期市场及情况调查

工作团队首先会为其他交易活动进行前期规划，包括：①获取市场情报。利用工业展览会日、研讨会及技术演示等方式开展研究与外联活动，充分了解行业规范、技术现状并确定业内创新引领者。②确定拟解决的问题、需求领域及能力缺口。③进行需求分析，选择合适的其他交易授权签约类型。④确定资金来源渠道及对资金使用的要求。⑤针对样机类协议，提前规划样机未来的设计生产。

2.招标及方案评估

这一阶段又分为3步：①宣传。工作团队利用获取的市场情报，发布拟解决的问题、需求领域或能力缺口，并通过多种渠道进行宣传。②招标。通过技术演示活动、"商业方案开放征集"等非传统的灵活方式征集解决方案。③评估。按照招标技术的行业规范对所征集的解决方案进行公平透明的评估。

3.谈判签约

选择最优解决方案，并与其承包商进行协商，综合权衡价格合理性、知识产权等因素，拟定适用于具体项目的条款和条件。此外，条款和条件可随项目推进不断修改完善。

第三节 主要特点

综合分析美国"国防采办系统"的组织体系、结构功能以及机制流程等，可以归纳以下 5 个特点。

一、分层分级决策，管理专业高效

"国防采办系统"实行三层四级管理体制，有效提升了决策效率。从纵向上，技术线与行政管理线相对独立，避免行政管理干扰项目管理，降低管理效率。从横向上，每一级都赋予其一定的决策职能，且上级对下级的决策只能监督，不能直接干预，避免了问题矛盾向上集中。近年来，为了进一步提升效率，在管理体制不变的前提下，美军将决策权进一步下放，原来国防部的审批权下放到了军种采办执行官，军种采办执行官下放到了项目执行官，项目执行官下放到了副项目执行官或项目主任，大大提升了项目主任积极主动性，提升了项目管理效率。

二、分类项目管理，管理灵活适应

美军首先将国防采办项目按大类分为了科学技术项目和产品开发项目，针对不同技术成熟度和产品又实行差异化流程管理，体现了其管理制度的适应性和灵活性。科学技术项目按照技术成熟度不同进行了分类，产品类项目中有4 类属于武器装备，其中明显区别于硬件装备的软件单独制定采办程序，采用迭代开发敏捷采办程序；其余 3 类，按照需求紧迫程度和开发周期长短也分类施策，最为紧急的采用应急能力采办程序，技术成熟且需要快速形成战斗力的采用中间层采办程序，常规大型复杂武器系统则采用最为繁琐和完整的重大能力采办程序。同时，对于重大能力采办项目、国防业务系统采办项目和服务采办项目，又根据项目经费规模和重要程度等进行了更细的分类。

三、依靠系统工程，管理科学系统

"国防采办系统"的核心是项目，基本制度是项目管理制度。项目管理是美军在总结"曼哈顿""北极星"等重大工程建设经验的基础上发展而来，系统工程是最核心的实现手段。系统工程涵盖风险管理、技术状态管理、需求管理、试验管理、数据管理和决策分析（成本效益、权衡分析等）等，确保项目能够以一种集成、协调一致的方式来开展不同的工程技术工作。系统工程师几乎是项目办公室中除项目主任以外承担任务最重的人员，重大国防采办项目还要设系统工程主任，相当于项目副主任，负责对项目的技术状态、需求、试验、数据、成本效益等进行总体设计和综合集成，编写系统工程计划。编写过程中，还要与产品保障主任和研制试验官进行协调，确保与产品保障计划和试验鉴定主计划保持一致。近年来，美军开始实施数字工程，也就是将系统工程管理数字化，推动项目管理由过去基于文档的线性模式转变为基于数据的动态模式，试验由主要利用实物样机转变为利用高逼真度虚拟样机，数字模型由主要用于研制转变为应用于全寿命周期，推动实行基于模型的项目管理。

四、依托专业队伍，管理有效规范

美军拥有一支规模庞大、专业齐全和素质优良的国防采办队伍，提升了其管理的有效性和规范性。截至 2021 财年底，美军采办队伍共 18.7 万人。2022 年 2 月，美国国防部将过去采办队伍 14 个专业领域整合为 7 个职能领域：商务财务管理与成本评估、合同（签订与管理）、工程与技术管理、项目管理、全寿命周期后勤、试验鉴定和审计。同时，美军还通过设立专业培训机构——国防采办大学，对采办队伍进行职业培训，设立专项基金保持采办队伍稳定等方式，不断加强采办队伍建设，有力保证了美军采办管理的实施和装备建设发展。

五、围绕军事应用，技术高效转化

科学技术研发和具体武器装备采办之间的"死亡之谷"一直以来就是美军推动技术转移转化、加快将前沿创新技术形成作战能力的焦点。近年来，美军在大国竞争战略推动下，一是通过组建国防创新小组、利用其他交易授权机制等方式，加快发现和转化商用成熟前沿技术，使之与具体武器装备研制无缝衔接，从而跨越"死亡之谷"，加快最终作战能力形成。二是通过举办大型国防部实验室日，向国防部高级官员、项目资助方、项目主任、国会议员等，介绍和展示国防部各实验室重要成果及技术转移案例，传递军事需求信息和科技发展目标，吸引潜在投资者和技术开发商与国防部合作，或签订重要协议。三是在各类预研项目后期积极组织联络潜在应用部门进行成果转化。例如"小企业创新研究计划"项目的第三阶段，不再资助资金，而是辅助小企业将其技术向各类潜在用户推广。"空军加速器"计划在项目结束时会举行"演示日"活动，军方提供平台，由初创公司展示发展成果，寻求潜在用户。

第七章
适应性计划与执行系统

美军认为，快速变化的环境以及当今世界的不确定性是当前乃至未来的主要特征，军事行动日益加快的节奏和复杂性要求美国总统、国防部长、参谋长联席会议主席和作战指挥官具备迅速响应环境中动态威胁与挑战的能力，需要指挥领导层提高其计划制定和执行的能力，能够迅速生成、更新包含多种选项措施的、容易适应特定环境的应对计划。这些因素要求国防部建立并运用高适应性的规划与执行方法，迅速制定并修订具体的应急计划，适应作战环境，并能够迅速转换执行。

第一节　系统概述

在"伊拉克自由行动"后，时任美国国防部长拉姆斯菲尔德对当时的作战规划计划流程很不满意，认为必须要对旧有系统进行改革，于是签署发布《2005 适应性规划路线图》，以寻找"更好、更快"的规划方法。根据《2005 适应性规划路线图》，美军在原有"联合作战计划与执行系统（JOPES）"的基础上，建立了"适应性计划与执行系统（APEXS）"。经过多年发展，该系统除少部分职能还与"联合作战计划与执行系统"保持一定联系，其余大部分职能已经独立履行并自成体系。该系统以参谋长联席会议主席指南（参谋长联席会议 M3130）为顶层指导依据，以参谋长联席会议主席手册（参谋长联席会议 I3130）系列子文件为主要内容，结合参谋长联席会议 I3141.01 与参谋长联席会议 M3314.01 的相关指导，来支撑系统的正常运转。这些文件体系包含了条令、组织、训练、武器装备、领导与教育、人员、设施以及政策（DOTMLPF–P）的全部领域，汇集了与计划及命令密切相关的政策、流程、程序与工具，并促进了适应性规划流程与其他职能活动（如情报、后勤、部队管理与兵力运用等）的匹配与同步。"适应性计划与执行系统"为联合作战司令部、军种、国防部各机构以及联合参谋部提供了一个沟通交流的机制流程，使他们能够联合多国伙伴、美国政府各部门与各机构展开共同行动，为完成国家战略目标打下良好基础。

一、组织体系

国防部长办公厅、联合参谋部和联合作战司令部负责"适应性计划与执行系统"管理构架。适应性规划制定执行委员会作为适应性规划制定倡议的主导方，由负责政策的国防部副部长和联合参谋部部长，以及国防部长办公厅和联合参谋部各自的高级代表、联合作战司令部副指挥官共同担任负责人，共同就适应性规划制定项目展开期间的重大问题进行判断与决策。该委员会的使命在于，代表国防部长监督并促进适应性规划制定倡议的展开，维持并推进"适应性计划与执行系统"流程项目的展开（如重要事宜的决策和争议的仲裁）。委员会下属的适应性规划制定高级指导小组，负责推进对项目事宜的决策，并为项目展开提供建议和指导。委员会中联合作战司令部副司令负责协调与各个适应性规划项目相关的事宜，与其他联席领导人协作配合，将相关问题提交给副职顾问工作组后提交给指挥与控制能力一体化委员会和指挥与控制能力组合管理方。

联合作战司令部承担适应性规划项目的功能主导方的职责，并具体执行适应性规划制定执行工作，委员会就项目进展给予指导；国防信息系统局将持续作为适应性规划制定项目的装备及器材解决方案提供方，给予项目重要的支持；联合参谋部 J-7 局则作为适应性规划制定各类用户方的代表，在适应性规划制定执行委员会的指导下为项目（试用）提供持续的反馈。国防部长办公厅负责项目展开的监督和政策指导。联合作战司令部负责协调 DOTMLPF-P 等各领域在适应性规划制定项目中的各类工作，对于一些专门指定给特定联合作战司令部、各军种部和国防部机构的研发职责，则由各机构自行负责。国防信息系统局将作为指定的适应性规划制定开发项目装备、器材解决方案提供方，满足期间作为适应性规划制定项目用户（联合参谋部 J-7 局）通过联合作战司令部提出的能力需求，并与国防部长办公厅（网络和信息整合）和联合作战司令部充分协作配合，共同拟制并实施全面性的适应性规划制定数据战略，并根据国防部关于网络中心的数据战略管理这些计划及数据。

二、结构功能

"适应性计划与执行系统"本质是将联合作战规划制定流程的规划、计划、执行、评估过程，融合到一套共同的框架体系之中，以更快的速度制定出高质量的计划执行方案，适应配合美国武装力量在全球范围的高效行动。"适应性计划与执行系统"的核心是对预制规划进行为期 6 个月的循环审查评估，即能够根据外界因素变化迅速对规划进行修订调整的中间过渡步骤（流程审查）。该系统集成了从总统、国防部长直至作战指挥官的战略指南与具体的作战计划制定与执行活动，以完成从战略规划到作战执行的转换。该系统作为美军战略体系向末端延伸的主要工具，确保了战略资源的有效分配，并促进了战略目标与作战行动的衔接。"适应性计划与执行系统"由联合规划编制和执行团队（JPEC）主导使用，主要用于监督、计划、执行动员、部署、运用、维持以及再部署等与联合作战相关的活动，包括联合政策、流程、程序以及报告等要素。

　　目前，美军主要按照联合作战司令部计划确定的战区任务划分，由作战指挥官制定战区战略，并运用"适应性计划与执行系统"来综合运用战略途径与手段，以最终确保战略目标在战略体系的末端得以贯彻与落实。美军通过战区战略的制定与执行来实现目标、手段与途径的统一。战区战略是对作战指挥官同步集成军事活动、行动以及其他国家力量手段的谋划进行概述的总体构想，其最终目的是完成国家战略目标。由于战区战略处于美军战略体系的最底层，它需要运用"适应性计划与执行系统"来实现与高层战略的有效沟通。作战指挥官使用"适应性计划与执行系统"确保战略体系有效地向战区延伸与拓展。"适应性计划与执行系统"作用范围跨越许多组织层级，核心在于促使国防部与作战指挥官之间的有效互动，并最终帮助总统与国防部长决定在何时、何处并以何种方式使美国的军事能力投入作战行动。因此，该系统是作战指挥官与国家层级保持对话与合作的一种有效工具，能够促进联合作战计划的制定与执行充分体现国家意志。

　　"适应性计划与执行系统"包括战略指导、概念开发、计划制定和规划评估 4 项功能和若干相关产品。功能中的每一项都包括完成计划所需的数量庞大的流程审查，流程审查构成了战略领导人（国防部长、参谋长联席会议主席、联合作战司令部司令，以及获得批准后的高级主管和其他关键部门、机构领导或其代表）之间的沟通模式，涉及指导与机构间和盟友间的协调、所需的支持和得到支持的活动、确定和消除规划障碍、澄清预期目标、战略和军事最终状态、关键能力不足、风险领域及解决规划冲突等。流程审查通过确保计划解决最新的战略评估和需求来加快规划，还为规划人员提供了有价值的反馈。一般而言，流程审查进程将规范机构间的对话和协调，国防部长将获得关于与民间和多国对口部门进行规划交流的范围和规模的最新信息，并有机会提供指导或方向。流程审查基于参与者级别。例如，《联合战略战役规划》指导的正式计划需要国防部长级别的流程审查，而作战指挥官指导的计划可能只需要作战指挥官级别的流程审查。这 4 项功能通常连续且同时运行，以便加速整体规划过程。

（一）战略指导

该职能用于战略层面的政治军事评估，用以制定和评估军事战略和目标，分配作战力量和相关资源，制定规划指南，编制作战行动计划。总统、国防部长、参谋长联席会议主席与其他国家安全委员会成员、政府其他部门和机构以及多国合作伙伴进行磋商并制定战略最终状态，反映美国国家利益的适当和可行的国家战略目标。指挥官通过一系列流程审查提供输入，在参谋长联席会议主席和国防部长的建议和同意下，制定支持国家战略目标的战区和行动目标。战略指导职能的主要产品是关于战略和作战环境的假设、结论、战略和军事最终状态以及得到支持的指挥官批准的任务说明。

（二）概念开发

在规划过程中，指挥官会制定多个作战行动计划，每个作战行动计划都包含一个初始作战行动计划，该计划确定了所需的主要能力和任务组织、各部队要完成的主要作战任务、使用概念以及每个作战行动计划的风险评估。每个行动方案包含嵌入式选项，描述随着条件变化（例如操作环境、问题、战略方向）实现指定最终状态的多个备选方案。利用上层战略指南和指挥官的任务指示，规划者评估请求信息、征求下属单位的行动方案意见，并根据评估意见制定初步的行动方案。在概念开发流程审查期间，指挥官根据任务分析和行动方案制定期间确定的组织间要求提出适当的建议，并向国防部长推荐一个供批准的最适合新情况的行动方案和进一步开发的行动方案。概念开发帮助形成一系列集成稳健选项的行动方案，在危机期间提供更大的灵活性和更迅速的过渡。概念开发功能的主要产品是批准进一步开发的行动方案，在行动方案获得批准后，开始进行详细计划。

（三）计划制定

此功能用于指挥官、参谋业务部门制定行动计划、应急计划或行动命令，以及适用的支持附件，并完善初步可行性分析。这一职能通过联合行动框架充分整合了动员、部署、运用、维持、终止、重新部署和恢复活动等 6 阶段工作。计划的执行并不会结束规划过程，计划周期可以在任何时候重新进入，以接收新的指导，提供流程审查，修改计划，决定是否以及何时执行分支或后续，或终止操作。计划通常在 3 个不同但重叠的时间框架内进行：未来计划、未来行动和当前操作。未来计划工作的重点是规划下一阶段的操作或当前操作的后续，联合参谋部战略规划与政策局（J-5）负责未来计划，而未来行动通常发生在联合参谋部作战局（J-3）。在最终计划流程审查期间，指挥官须持续向国防部长（或指定代表）简要介绍最终计划，直到获得批准。此阶段主要产品是批准的计划或命令。

（四）规划评估

规划评估功能用于计划修订、调整、终止或执行。领导者必须寻找机会或不可预见的挑战，表明目前的任务可能需要修订，可能需要不同的行动方法来实现预期的最终状态。战区指挥官持续展开修订完善初始计划的活动，同时相关支援部门、机构和各军种部加强与直接处置事件的战区司令部进行沟通与协调，完善其支援计划。战区指挥官持续研讨和分析计划的各分支内容，如有需要或上级有指令，还须继续制定、修订完善后续计划。同时，无论在战略层还是执行层，联合参谋部和战区司令部都应持续评估事态发展变化，随时对计划进行修订和调整。联合参谋部、各军种部、战区司令部及相关机构时刻关注当前态势发展，不断评估、修订和完善近期即将实施的行动方案。在规划评估期间，战区指挥官和国防部长会对规划进行多次评估，评估聚焦于计划中各分支及应对措施。如因事件演变过快，导致计划需要进行较大调整和修订时，须进行专项评估。此外，指挥官还需评估部队的部署和使用情况，分析任务进展，根据需要调整行动以达到目标状态。变化的作战环境需要"适应性计划与执行系统"对全球战略、战区战略和军事状态进行持续审查和评估，并及时与最高当局进行沟通交流，以确定是否要对规划进行调整。

第二节　主要流程

对应"适应性计划与执行系统"的4大主要功能，系统的流程上也大体分为态势感知、规划、执行、评估4个阶段。

一、态势感知阶段

在"适应性计划与执行系统"框架下，态势感知是计划、执行与评估活动赖以实施的基础。态势感知的对象是战区作战环境和国家安全环境。态势感知是行动计划的前提，通过态势感知持续监测国家和国际政治军事形势，确定和分析新出现的危机及威胁的具体性质。态势感知既包括对内（如战区作战指挥官关键信息需求、优先情报需求等），也包括对外（如国家利益、政治环境等）。态势感知具体包括5项相关活动：①监测全球态势；②识别判断重要事件；③识别潜在问题；④报告事件；⑤审查情报和信息（如动态威胁评估和运行情报评估）。态势感知要求对国内、国际的政治态势以及战略环境（尤其是国家面临的各种威胁）进行不间断跟踪与监控。通过态势感知活动，指挥官可以及时、准确地了解有关敌情、我情、友邻及资源等重要信息。

二、规划阶段

"适应性计划与执行系统"将各类军事计划（包括作战计划、预先计划与危机行动计划）集成到一个完整的框架中，有利于整体规划和统一行动。通过"适应性计划与执行系统"，指挥官可以畅通讨论各军事选择，不断完善决策指南，深入地理解战略风险，明确各重要事项与功能。规划过程将战略指导和方向转化为行动计划、应急计划和行动命令。行动计划基于对当前事件和紧急情况的判断做出如何进行军事反应的详细计划。应急计划通常由《联合战略战役规划》及规划指令任务启动，基于战略指导做出的对部队战斗支援活动的应急安排。危机规划是为了应对不可预见的当前事件、紧急情况或时间敏感的危机，基于规划指南和实际情况，将部队规划考虑限制在分配的部队的紧急安排。

三、执行阶段

当领导人决定使用军事手段解决危机时，执行阶段就开始了。总统或国防部长授权参谋长联席会议发布执行令，参谋长联席会议主席按照总统或国防部长的授权签发执行命令后，预先计划开始执行，直到作战任务完成、变更或部队重新部署为止。战区作战计划"实施、评估、修改、再实施"程序一直持续，保证战区范围内各项工作（活动、评估与投资等）均用于满足战区军事目的。参谋长联席会议依照计划监测部队的部署和使用，向国防部长提出解决问题的建议，支撑国防部长和总统的行动，保障军事行动的成功执行。在战区行动过程中，执行过程一直持续到行动终止或任务完成，在执行过程中，随着情况和任务的变化，规划过程不断重复。

在执行的早期，由于情报和环境的可侦测性、部队可用性、战略运输物资的可用性以及港口进出口能力的限制，需要不断完善和调整部署要求、密切监测和协调部署活动。在执行过程中，指挥官评估部队的部署和使用情况，衡量任务完成进展，根据需要调整行动以达到最终目的。

四、评估阶段

评估是指对当前态势与联合计划、行动进展情况不间断监控与评估。评估阶段涉及"适应性计划与执行系统"所有层次，通过评估活动，指挥官可以及时对态势有更深入的认识，并提出有关资源分配及运用的建议。评估有助于指挥官改进作战方法，修改预先计划。这种反馈机制是学习适应与下一步调整的基础。评估要求对当前事态与预期目标进行比较，以确定力量运用的总体效能。总而言之，评估主要回答两个基本问题：团队是在正确地解决问题吗？是在解决正确的问题吗？

指挥官不断地审查和评估计划，产生4种可能的结果：改进、调整、终止或执行。指挥官与联合规划编制和执行团队（JPEC）评估形势发展趋势，并在计划评估流程审查期间，根据对形势和计划实现最终状态的能力的评估结果，向国防部长提出修改或更换计划的建议。

（1）改进。计划调整通常是一个有序的过程，在行动方案中，改进几乎贯穿于整个计划开发过程。规划者经常根据指挥官指示、评估结果、对手和作战环境的变化来调整计划或命令。甚至在执行开始后，改进仍在继续，变更通常以细致而琐碎命令的形式传输，而不是重拟或修订计划。

（2）适应。领导者须不断监控评估局势，以适应计划的高要求。比如，当战略方向、安全环境发生重大改变时，领导者会修改指挥官的作战方法和修改作战概念，对计划进行调整以适应新的形势。

（3）终止。当经评估认为一项计划不再具有现实价值或威胁不再存在时，指挥官可以建议终止该计划。对于《联合战略战役规划》任务计划，国防部长根据参谋长联席会议的建议可以终止规划。

第三节　主要特点

美军认为，随着国际安全环境的"不确定性"日益增强，联合部队将应对更多的动态威胁与挑战，不仅军事行动节奏将更加迅速，而且复杂程度会不断提高。为解决这个问题，美国国防部启动了新的行动计划制定方法研究，研究开发了"适应性计划与执行系统"以取代原有僵化的"联合作战计划与执行系统"，呈现出以下特点。

一、实现了战略规划链路的有效闭合

美军战略体系主要包含三个要素和四个层级，即目标（ends）、途径（ways）与手段（means）以及国家安全战略（NSS）、国防战略（NDS）、国家军事战略（NMS）和战区战略（THS）。与之对应的，美军设计了相关的系统来完成战略的发展、制定与执行等工作。在这其中，战区战略是对作战指挥官同步集成军事活动、行动以及其他国家力量手段的谋划进行概述的总体构想，其最终目的是完成国家战略目标。美军通过战区战略的制定与执行来实现目标、手段与途径的统一，使用"适应性计划与执行系统"使这种统一落到实处，确保战略体系有效地向战区延伸与拓展。"适应性计划与执行系统"作用范围跨越多个组织层级，核心在于促使国防部与作战指挥官之间的有效互动，并最终帮助总统与国防部长决定在何时、何处并以何种方式使美国的军事能力投入作战行动。

战区战略是美军战略管理规划的末端环节，战区是美军战略资源管理与分配最迫切的需求用户，"适应性计划与执行系统"能够为《国家军事战略》管理体系提供最真实的战略优先事项以及准确的资源需求分析，保证作战指挥官可以根据政策、战略指南、资源与作战环境的变化对计划进行修订与调整，以适应当前与未来的战略形势需求。指挥官主要通过参与"联合战略规划系统"和"适应性计划与执行系统"，确保各作战要素在所有规划文件中被考虑和重视。其中，"适应性计划与执行系统"是促进多个指挥层级之间的反复意见交换与合作性的计划制定的根本保证。作战指挥官借助该系统，依据《兵力运用指南（GEF）》与《联合战略战役规划（JSCP）》提供的具体计划制定指南，尤其是《战区计划（TCPs）》《全球战役计划（GCP）》等，保证顶层战略指南在战区和部队层面得以落实。高级领导、作战指挥官与下级联合作战指挥官之间的频繁互动，能够增进他们对战略与军事最终状态、目标、计划假定、风险以及其他主要因素的认识并达成一致。合作进行的反复评估以及指挥官与国家高级领导之间的沟通交流有助于完备制定和修订快速反应的计划。

二、建立了以网络为中心的灵活响应机制

"适应性计划与执行系统"以网络为中心，灵活反应、聚焦问题、上下协作、反复迭代、持续更新，能够迅速、系统性地建立和修订军事行动计划。"适应性计划与执行系统"在以网络为中心的分布式协作作业环境展开"具有生命力的计划"过程，及时对战略指导和战略环境及态势实时变化做出响应。"具有生命力的计划"制定流程，将持续地在协作性作业环境中展开，及时反映和应对上级指导或战场态势的变化，并通过先期计划在情况出现上述变化后自动触发进入相应的行动选项或分支计划，并帮助各级领导者和计划团队应对变化；更重要的是帮助计划团队在作战中反复审视评估计划的相关性，是否足以实现预期最终态势，或持续下去将导致更大战略风险。在网络中心的协作性作业环境中展开的计划制定活动，能够充分发挥相关计划工具的优势，在合适的数据库基础上，能够与不同机构和功能部门展开协作性计划作业，展现出跨机构、多国的兼容性。

三、保证了战略目标与作战行动的转化衔接

"适应性计划与执行系统"为国防部长和战区指挥官以优先情报的形式展开常态交流提供了机制保证，该系统通过充分整合联合作战计划与执行共同体的计划活动，能够有效促进联合部队指挥官在危机时期从计划制定到作战行动执行的无缝转换。"适应性计划与执行系统"把作战构想转换成具体作战行动，确保作战行动能够达成战略目标。作战筹划和联合作战计划流程是"适应性计划与执行系统"的重要内容，作战筹划的运用为构建战役与作战行动提供了一个构想基础，联合作战计划流程在战略与战术之间起到了一个桥梁作用，将国家战略目标与为完成这些目标必须执行的战术级战斗与非战斗行动联系起来。通过帮助联合部队指挥官及其参谋机构领悟如何促进与其他机构和多国合作伙伴一体化，增强达成战略与作战目标的联合行动。"适应性计划与执行系统"下属的联合作战规划流程，包括任务判断、行动方案的发展、分析与选择比较、选择最优方案、生成计划与命令、监督执行以及作战评估与反馈等内容。在"适应性计划与执行系统"中，经过反复流程审查与评估，指挥官与国家高级领导之间有了充分的交流与协商，能够反应迅速地实施计划的发展与修订，促使计划得到持续更新，并被贯彻到具体行动之中。

第八章
美军军种战略管理

美国总统和国防部长通过军种部统管军队建设，包括制定国防政策、国防预算、兵力规划，负责部队的行政管理、战备训练、武器装备采购等。在美军战略管理体系中，军种战略管理具有承上启下、落地见效的特殊作用，是5大系统的具体落脚点。美军军种战略管理，主要由军种部负责，在国防部总体框架下，对所属军种的人事管理、军事科研、教育训练、兵役动员、武器装备研制与采购以及后勤保障等工作进行决策、计划、组织、协调、控制等活动。

第一节　组织体系

美军军种有陆军、海军、空军、海军陆战队和太空军，其建设和管理分别由陆军部、海军部和空军部负责。其中，陆军部管理陆军，海军部管理海军和海军陆战队，空军部管理空军和太空军。各军种部隶属国防部，属于军政系统，没有作战指挥权，主要负责建设并向联合作战司令部提供专业化的军种部队。各军种部战略管理组织体系主要由领导机构、办事机构、评估机构等构成。

一、组织领导机构

军种部是军种部长领导下的军种组织机构，在国防部长授权、领导与控制下工作，由部长办公厅、陆空军参谋部（海军为作战部、陆战队为司令部）、一级司令部组成，负责各自军种人事管理、教育训练、军事科研、武器装备、后勤保障等。军种部长和军种参谋长（海军为作战部长）是军种部的领导，作为国防部下辖的武装部队政策委员会成员，参与国防部决策咨询建议。军种领导决策的内容包括资源配置、军队规模、兵力结构、军事能力、部署态势和装备发展等。

（一）军种部长

军种部长为文职官员，负责组织本部门参谋机构，依据《国家安全战略》

《国防战略》以及《国家军事战略》确定的战略目标，并结合各自的实际情况与作战能力，制定自身的战略目标与力量发展需求。之后，这些目标与需求会反馈到国防部与参谋长联席会议进行汇总与确认，为联合部队建设提供统一的发展指导。各军种部长通过联合作战司令部的军种部队指挥官，履行对本军种部队的行政与支援职责。根据美国宪法规定，在联合作战司令部司令行使作战指挥权时，各军种部所拥有的权力和职责要服从联合作战司令部司令的权力。

军种部长是美军战略管理的全程参与者和执行者。主要职责包括：负责确定本军种的任务需求和作战需求，并就此需求与其他军种和联合作战司令部进行协调；负责执行国防部长、参谋长联席会议主席确定的政策制度和规划计划，组织管理本军种负责的建设任务和采办项目；根据《国防规划指南》和批准的任务需求，制定本军种《计划目标备忘录》，并就这些项目所需资源形成决议或提出建议；作为国防部高级领导评审小组成员，参与国防规划与计划指导的制定；代表本军种向国会提出有关国防部建设的合理化建议；参与武器装备采办有关规划、计划、预算和资源分配等问题的联合审查，发表对资源分配的意见建议等。军种部长为贯彻实施国家宪法和法律、军事法律法规、总统的军事行政命令、国防部长的指令以及阐述本军种使命任务和作战理论，有权颁发条例条令，在其所属的部队范围内适用，以规范行动。

（二）军种参谋长

军种参谋长是军种最高军事首长，协助军种部长工作；作为参谋长联席会议成员，是总统、国家安全委员会和国防部长涉及军种事务的首席军事顾问，主要提供军事咨询和作战指挥决策，包括关于军队建设、国防发展项目与预算、采购需求评估、联合作战条令、联合训练政策等方面的建议；或作为参谋长联席会议主席或副主席，在向国家指挥当局提供咨询建议的同时，掌控联合参谋部的工作。

二、计划执行机构

军种部由军种部长领导，包括军种部长办公室和军种参谋部以及军种司令部三部分。

（一）军种部长办公室

军种部长办公室主要由文职人员组成，负责在指定的职能范围内协助部长完成相关工作，监督规划、计划、预算和执行程序的运作，并提供相关的政策与指导。主要职能是7项：采办、审计、会计（含财务管理）、信息管理、总检察长、立法事务和公共事务。

军种部长办公室主要由分管事务助理部长以及一些业务部门组成。军种助理部长任军种采办执行官，负责制定本军种的采办政策与管理本军种的采办体系。首席信息官负责信息技术政策、程序和标准，包括软件系统，并负责各自军种的信息技术和系统的研制、采购和部署。在部长办公室内，主要参与科技开发的部门是负责采购、后勤和技术的助理部长办公室，可以委派军种采购主管、高级采购主管、军种部长的科学顾问以及军种部门的高级科技研发官员；还对与后勤有关的军种所有部门负有主要责任。其办公室主要人员为负责分管事务的一些副助理以及项目执行办公室。项目执行办公室由分管不同领域项目的项目执行官组成。一个项目执行官可能负责一个特定的项目或者相关领域所有项目的集合。具体的项目执行办公室有地面战斗系统，情报、电子战和传感器，导弹和太空领域，单兵武器，模拟、培训和模型化，弹药处理等。

军种采办执行官、项目执行官和项目主任为国防部国防采办委员会成员，参与国防采办事宜。

军种采办执行官由主管研究、研制和采办的助理军种部长担任，在军种部长领导下负责本军种采办事务；在其职权范围内，负责管理本军种的采办系统的方针，包括军种的政策、条例和标准；负责主持"军种采办委员会"，在国防部指导和协调下，负责制定和实施武器采办计划，审查本军种的所有武器采办计划，将重要计划审定并经军种部长批准后，送国防部采办委员会审批。军种采办执行官是国防采办委员会、核武器委员会常务委员会以及常规系统委员会成员，作为军种代表参与国防部武器装备采办的决策、计划协调和审查工作。

项目执行官主要负责行政事务管理，解决项目主任报告的重大问题，审查项目主任提出的行动方案，判断相关方案的风险程度等，根据项目需要设置。若不委派项目执行官，其相关职责则由系统司令部、后勤司令部或装备司令部的司令官承担。

项目主任是任命的具有通过完成研制、生产和保障的项目目标来满足用户需求的职责与权力的人员。每个采办项目一般要指定 1 名项目主任，负责向里程碑决策者提供可信的成本、进度和性能报告，并对承包商的表现进行评定。

里程碑决策者是指定的全面负责某个项目的个人，具有批准采办项目进入采办过程下一个阶段的权力，并且对向上一级部门以及国会报告项目的费用、进度和性能负责。

（二）军种参谋部

军种参谋部（海军为作战部）是军种部长的军事参谋与办事机构，为军种部长和军种参谋长提供支持。在军种参谋长的领导下，向军种部长、副部长、助理军种部长和军种参谋长提供专业协助，并根据法律履行征兵、组织、供应、装备、训练、维护、动员、遣散、行政管理与维持等职能。

美军军种设立了多个具有管理职能的专业机构，如委员会、审查小组等，通过会议论坛的方式对各部门、各机构、各层级的职能进行综合集成，以完成军种职能领域内与高层战略相协调的各项军事能力的研发、采办及运用等任务。目前，这类机构包括军种资源委员会，高级审查组，规划、计划与预算委员会等。

其中，军种资源委员会主席为军种部长，副主席为军种参谋长（海军作战部长），主要审查政策与资源分配问题，特别是涉及规划、计划、预算和执行程序的问题，并指导优先事项排序，批准计划的优先排序并选择资源分配备选方案。在此基础上，负责批准军种计划、《计划目标备忘录》《预算估计提案》以及《变更建议书》。

高级审查组，由军种部副部长和主管作战与计划的副参谋长共同主持，目的是解决资源分配与其他问题，但一般不会重新审查较低层级的决策。高级审查组负责监视参谋机构对军种资源委员会决策的实施情况，并在以下方面向军种资源委员会提供建议：①计划的优先排序；②资源分配备选方案；③最终的军种计划、《计划目标备忘录》《预算估计提案》以及《变更建议书》；④军种部副部长以及军种第一副参谋长确定的其他问题。

规划、计划与预算委员会，有 3 位联席主席，其中主管作战、民事与训练的助理副参谋长负责规划，计划分析与鉴定处处长负责计划，预算署署长负责预算与执行。

（三）军种司令部

军种司令部是战斗力生成机构，直接向军种部长和军种参谋长（海军为作战部长）负责。总统和国防部长通过各军种部长、军种参谋长、各联合作战司令部下属的军种部队司令部对全军实施行政管理和领导后勤保障。战时向战区联合部队提供军种部队，通过军种指挥体系向联合部队中的本军种部队实施行政与后勤支援。例如，军种装备司令部是军种的主要物资供应部门，负责军种仓库、武器弹药、研究所和试验设施等维护和部署任务，并维护军种预先部署各种设施；提供从单兵装备到前沿战斗的后勤和物资储备，以确保军种的作战能力生成。

三、咨询评估机构

军种部设有与国防部相适应的各种评估机构，如武器装备采办审查机构、费用分析小组、试验与鉴定机构等，对项目的需求产生、规划计划预算和项目采办进行评估。

美军军种成立了专门、独立的作战试验与评估司令部，形成了战略、战役、战术"三级一体"的评估力量体系。在战略层级，军种直属的试验与评估司令部统管军种所有研发试验和作战试验，通过分布在世界各地的实验室和现实作战环境，独立试验和评估装备、系统和技术，提出改进建议。在战区战役层级，由战区军种部队的作战部门负责作战评估和武器装备效能评估工作。在战术层级，师、旅及以下部队均需参与作战试验与评估。

第二节　主要流程

美军军种根据《国防战略》和《国家军事战略》中确定的战略目标，结合自身实际情况与作战能力，制定未来一定时期内的战略构想，以战略构想确定的军种使命任务为目标指向，设计作战概念，开发能力需求，进而提出能力需求解决方案。所制定的本军种的战略目标与力量发展需求，主要思考以下问题：未来战争怎么打？在联合部队内军种将担负什么作战任务？如何实施作战行动？对手能力如何？军种自身的能力差距是什么？需要发展什么能力？如何发展这些能力？尔后在全面评估对条令、组织、训练、装备、领导与教育、人员与设施以及政策（DOTMLPF-P）影响的基础上，制定战略规划和具体计划，开展事关未来军种军力发展和资源配置的整体设计，提出未来军种体系结构、战备以及现代化全面发展路线图。通过一系列作战试验、评估、审查、预算、采办等程序和教育、训练、结构改革等措施，从作战理论、力量构成、装备建设和核心能力等方面积极研究设计和开发验证，发展建设未来军种，生成所需的战斗力，确保战略目标的实现。

一、提出战略构想

战略构想是对未来军种建设发展和运用等战略问题提出的设想和解决思路，主要包括愿景、使命、战略理念以及发展途径等。它细化国防战略、国家军事战略中明确的军种使命任务，规划军种未来发展方向和远景目标，指出军种能力发展和机构建设的重点，为军种构建概念框架、调整任务部署和进行部队建设提供思想基础和理论依据。战略构想通常以军种愿景或军种战略等战略文件形式体现，规划了军种部队的部署、发展和设计，指导未来作战、牵引军事建设、发展未来能力，明确军种未来发展方向，是指导军种未来建设和发展的纲领性文件。

依据《国防战略》和《国家军事战略》，分析军种在未来所面临的安全环境及挑战，细化军种的使命任务。根据使命任务和战争形态变化，在综合考虑政治、经济、外交、军事、科技等因素影响基础上，评估未来作战环境及可能出现的新威胁，并由此提出军种未来发展的新战略、新理念和新需求。

（一）分析战略环境

战略环境分析是战略管理的关键环节。美军认为，战略管理是一种规划未来的艺术，是根据未来战争的特点规划能力建设，以未来为导向塑造军队，为当前以及未来挑战进行计划并做出选择。要通过对国家安全需求和满足需求条件的预测分析、军队建设目标和任务的确定、实现目标和任务的政策措施的制订等程序，实施对军队建设的全系统控制。军种通过对面临的主要威胁、挑战、自身优势、主要作战对象、未来战场环境、科学技术发展等分析，对兵力规模和调整、部队战备水平、兵力态势和能力、资源分配以及战略和军事风险开展综合评估，制定相应的战略。军种必须适应国防战略和国家军事战略调整，进行相应转型，以应对各种可能发生的战争、潜在危机或武装冲突。

（二）细化使命任务

军种依据《国防战略》和《国家军事战略》中确定的目标，在联合部队整体需求的大背景下，细化本军种在国家战略中的使命任务。例如，美国国防部 2018 年宣布把重点放在发展遏制中国和俄罗斯发展的必要军事能力上，明确了美国陆军将承担的四大战略角色：塑造安全环境、防止武装冲突发生、在大规模地面作战中取胜和巩固战果。在此基础上，美国陆军进一步明确了本军种的使命任务：①支持国防战略；②在持续冲突中击败对手；③加强战备，建立一支更具杀伤力陆军；④加快现代化建设，增强竞争优势；⑤不断更新作战理念，提升作战能力；⑥巩固联盟关系，发展新的伙伴关系；⑦增强陆军战斗力；⑧投资关键基础设施；⑨确保士兵及家属安全和生活保障；⑩改革和精简业务流程。

（三）确定战略目标

确定战略目标是战略管理的基础，是战略管理各个环节进行活动的依据。军种战略目标是军种在一定时期内预期要实现的理想成果，通常以军种愿景或军种战略等战略指导文件的形式发布。军种领导组织本部门参谋机构，在准确把握职能定位、发展目标、发展重点和实现路径等问题基础上，提出本军种的战略目标与力量发展需求，并将这些目标与需求反馈到国防部与参谋长联席会议进行汇总与确认，为联合部队建设提供统一的发展指导。

（四）划分战略步骤

战略构想描述了战略环境和要采取的战略举措，明确了行动路线，每条路线都有具体的目标及发展路径，并分阶段、分不同工作重点全面展开。例如，2018 年 10 月 25 日美国陆军发布的《陆军战略》，明确了未来建设的战略重点，从陆军愿景、战略环境、战略途径描述了战略内容，提出 4 条战略途径（LOE），阐明了如何实现陆军战略目标。3 个战略阶段是：近期 2018~2022 年建立战备部队，中期 2022~2028 年建立现代化部队实现击败对手，远期 2028~2034 年建立多域作战部队保持陆军优势。4 条行动路线是做好战备、实现现代化、改革流程、加强联盟和伙伴关系。

二、设计作战概念

作战概念是一种具有较强前瞻性、实践性、指导性和操作性的理论，勾画出未来打什么仗、在哪里打仗、怎么打仗，明确未来作战能力需求，对体制编制改革、武器装备研发、部队训练和演习等有着很强的指导和牵引作用。军种通过主动设计创新作战概念，构设未来作战场景，探索未来作战机理，开展兵力设计，指导部队建设和运用，以便在未来与对手的竞争中取胜。军种作战概念是以军种战略构想为基础，基于联合作战开发的本军种具体的作战任务、作战行动样式和作战能力需求。军种作战概念是军种战略在作战层面的体现，明确了未来本军种作为联合部队的重要组成部分应当具备的能力，概述了对抗和击败对手的各种解决方案。军种作战概念为军种未来建设提供了指南，是制定新版作战条令、优化部队结构和发展核心作战能力的理论依据。

（一）分析作战场景

军种将"场景"融入战略设计中，根据特定场景条件进行能力设计和开发。在模拟场景中讨论作战需求、战备、可用资源，各种方案如何辅助说明美国军队将如何作战；考虑到美军将拥有什么，它能够做什么，以及如何最好地实现其目的；等等。

2018 年美国新的国防战略出台后，将作战对象指向中俄等有能力挑战美国的大国。美军军种着眼为未来"大规模冲突"做准备，提前规划未来核心能力建设。

（二）开发作战构想

作战构想是美军军种关于未来的作战环境、未来的军事问题和解决方案、未来军种部队所需的能力以及未来军种建设和运用等方面的设想，是设计军种作战概念的前提和基础。军种作战构想是军种战略在作战领域的具体化，阐述未来"如何打赢"的问题。主要是依据战略构想，针对作战对手，结合特定场景，以威胁判断、战略需求、技术发展等为基础对未来作战环境、作战任务、作战需求等做出的宏观展望和总体设计。思考未来"打什么样的仗？""与谁打仗？""在哪里打仗？""怎样打仗？"等作战问题，在美军联合部队整体需求的大背景下，军种要完成哪些作战任务、需要哪些作战能力，对军事概念创新、体制编制调整、武器装备研发和部署调整上有哪些要求等等。

军种作战构想着眼于对未来战争的场景设计，突出多种作战域能力的联合互补运用，以更好地支持联合部队的军事行动，因此提出后能得到美军联合作战司令部以及其他军种的高度认可和普遍支持，得以超越本军种作战理论向其他领域扩展。作战构想是对未来作战的初步总体描述，是在信息不完备情况下对未来战场的设计，而不是最终结论。作战构想经过验证、完善和发展，形成作战概念、条令条例等成果，指导部队运用、部队设计和部队发展，牵引部队建设转型。

（三）生成作战概念

各军种作战概念瞄准未来战争，注重引领军事力量的运用与建设，紧盯今后 20 年左右的战争，强调前瞻与设计未来战争，依据作战概念牵引能力，进而推动军事力量建设。作战理论层面，以"战"促"建"、战建一体的特点比较突出。

作战构想经评估、验证后形成作战概念，成为指导军种建设和发展的纲领性文件。作战概念明确了未来面临的作战对手、作战空间、作战环境、作战模式，研究作战样式、作战手段等，描述了未来军事行动以及所需的能力，面临的挑战、可能的解决方案等。

作战概念提出后，需要对其核心问题进行细化深化，提出需要研究的系列问题，进行理论创新，构建完善的理论体系。通常把握以下两点：①作战概念必须确保与战略方向保持一致。要以国防战略、国家军事战略和军种战略等为指导，在明确作战对手、作战环境、作战任务基础上，就军种的力量运用和能力生成进行规划设计，确保国家战略目标的实现。②军种作战概念必须以联合作战概念为基础，确保在联合部队框架内构建和改进概念并找到真正的解决方案。军种根据使命任务、未来敌情威胁、战场环境、作战态势、预想需求等提出作战概念，这些概念在内容上和时间上须与联合作战概念相一致，以便落实联合作战概念中提出的联合作战能力目标。军种在提出本军种新作战概念的同时，还要提出为实现联合作战概念和本军种作战概念所采取的具体措施。

作战概念制定流程一般包括：①拟制概念制定计划方案；②概念研究和撰写；③概念评估；④制定过程协调修订与审批；⑤概念经审批后执行。从最初概念制定提议到获得审批，通常需要 12~18 个月。在概念制定的全过程中，从草案文件到具体版本，广泛吸取各方的意见与建议保证概念制定聚焦于待解决的问题。在构思作战概念时，应充分考虑（但不仅限于）现有的政策、战略、条令、法律和技术发展状况。

军种作战概念通过对作战环境、使命任务、核心作战能力、基本作战原则、作战体系等的描述，阐述军种未来作战能力体系，为军种建设发展提供概念框架与方法指导。主要回答 4 个问题，即：怎样认识未来作战环境？在设想的未来作战环境中，军种在联合部队编成内要完成哪些使命任务？为完成这些任务应具备哪些能力和遵循什么样的作战原则？未来的行动架构是什么？

军种行动概念阐述军种在作战概念框架下，将如何在特定的任务区域内实施军事行动，以及涉及一系列军事行动所需的军事能力。这类概念在顶层概念的统领下，既可能是针对特定领域任务的完成，也可能是针对具体的军事行动或职能功能的实现而进行的探索。军种行动概念的可操作性和可实现性较强，经论证、演示、实验和训练或实战检验证实后，写入作战条令，指导美军进行作战和训练。

军种职能概念解释了军种在未来作战环境中遂行有效的作战和战术机动所需作战职能的基本原则、条款和定义，为军种在职能领域作战的合作和集成提供战术和作战流程指南。军种职能概念将宽泛的作战概念发展为可立即执行的具体条令，规范相关职能领域作战以支撑军种作战和联合作战。例如，2017年美国陆军发布了 2020~2040 年火力、情报、机动支援、任务指挥、移动与机动、维护 6 个领域的职能概念，围绕多域作战和联合作战等提出能力发展需求，进一步深化陆军作战概念。

（四）评估验证概念

作战概念提出后，是否符合未来作战需要，需要经过试验与评估予以验证。通过一系列评估活动，验证概念的主要观点和支持性观点的可行性，明确概念所带来的优势和可能的挑战与风险，新作战模式、能力或理念在理论上存在的缺陷，并提供关于概念所建议的能力需求及蕴含风险的详尽评估结论。

在评估概念的风险时，主要考虑以下评估标准：达成军事目标的能力，满足需求所需资源的可获得性，可获得的授权，计划因素，条令、组织编制、训练、装备、领导与教育、人事、设施和政策等因素，战备动员以及非制度性的组织等。

军种通过开展军事演习、与其他军种和盟国军队协作、制定具体条令等途径，评估验证已有作战概念，开发未来作战概念。评估作战概念，主要是利用模拟仿真、作战推演、实兵演练等手段，检验作战概念的合理性、实用性和可操作性，发现其中存在的问题，逐步调整和完善作战概念。通常采取 3 种方式：①专题模拟评估，主要是依据新作战概念设计作战需求、力量运用、作战行动、主要战法等专题，采取模拟仿真技术手段，对专题内容进行模拟。②作战推演评估，主要依据新作战概念，设计其行动样式和基本程序，依据设定的作战规则进行行动推演。③实兵演练评估,主要根据新作战概念运用,设计逼真的战场环境,协调相关部队对新作战概念的行动、战法等进行检验;或者结合重大演习活动设计新作战概念专题演练科目、课题。注意收集演习中用户(即作战人员)的反馈意见,并制定装备与概念发展要求,如哪些装备和概念应继续保持,哪些应该改进,然后将需求建议提交至军方负责人以启动改进流程。同时,强调与其他军种部队及跨国伙伴之间的互操作性,在评估过程中有其他军种部队或多国合作伙伴参与。通过各种研究、试验、演习等作战评估手段探讨作战概念中的力量编成、概念、能力以及问题解决方案,与战区、战区军种以及联盟合作,为本军种现代化建设提供关于作战能力的重要见解和反馈,以改进和完善作战概念。

作战概念为军种建设、发展和运用提供全面的指导,并通过作战能力需求生成,最终在条令、组织编制、装备、领导与教育、人员、设施和政策等一系列领域带来变革。军种作战概念经论证、演示、实验和训练与实战检验证实后,写入军种作战条令,成为指导军种实施作战与训练的权威性文件。

三、开发能力需求

美军军种作战能力需求把战略指导同未来部队能力的开发和运用结合起来,是统揽部队建设发展与作战运用的基准。开发能力需求,通常以作战概念为起点,围绕作战任务和作战行动提出必须解决的难题,然后再根据难题设计实现关键概念的所需作战能力,从"关键概念"到"难题"再到"所需作战能力",使抽象的概念转化为理论与实践,牵引军事能力的生成。

美军采取"自上而下"的模式开发能力需求。首先是国防部制定《国家军事战略》等战略指南,随后由国防部/参谋长联席会议制定联合作战方案,指导联合作战能力分析,确定能力发展的解决方案,并通过军种和联合作战司令部实施,最终形成联合能力。军种需求的确定和提出,由各军种自行负责,联合需求监督委员会负责审查,审查关注的是各军种制订的需求方案是不是符合顶层设计,以及如何确保不影响军种联合。

各战区根据《国家军事战略》,制定本战区战略,确定作战任务,分析未来可能的作战行动,并提出联合能力需求。经联合参谋部汇总、参谋长联席会议审批后,形成联合作战方案、兵力运用指南等文件,为各军种提供依据。军种以军种作战概念、军种行动概念、军种职能概念等一系列概念作为军种能力整合与发展系统程序的开端,这些概念为当前部队开展基于能力的评估提供了基础,也阐述了军种未来完成作战任务所需的能力。例如,美国陆军《多域作战》1.0版从任务式指挥、情报、部队机动、火力协调、机动支持、后勤支持、联盟合作 7 个职能领域详细分析了所需具备的关键能力需求及支持行动要素，提出了快速部署能力、特种作战能力、优异的机动能力、远征基地能力、杀伤能力、精确打击能力、动中指挥能力、互联互通能力、信息作战能力 9 类 47 种能力，为未来陆军能力建设提供了基本框架。这些能力集为分析能力缺陷和探寻能力解决方案提供了抓手。

军种开发作战能力需求，分为需求分析和需求审查两个阶段。分析阶段由需求主办部门经过分析提出需要发展的能力和能力解决方案；审查阶段由专门机构审查该方案，确保需求方案符合国家军事战略要求，且能够有效地处理好军种联合行动的问题。

（一）能力需求分析

作战概念中描述的能力需求通常比较概略，必须尽可能细化、具备可操作性才能付诸实施。基于能力的评估或类似的研究分析活动，为概念正式形成后的能力需求和相关的能力差距分析提供坚实的基础。

基于能力的军事需求分析（CBA）的一般步骤是：评估完成未来作战任务所需的职能领域能力，分析现有作战能力，确定存在的能力差距、能力冗余和能力发展优先顺序，明确消除能力差距的时间进度安排。分析评估后要提出一个待解决的能力差距清单以及相应的时间节点要求，形成能力需求文件。

1. 功能领域分析

功能领域分析的结果是一系列需要实现的能力，以及与这些能力有关的任务、条件和标准。所需能力是按所描述的概念设想提出的一系列新能力。对于涉及联合作战的功能需求，首先需要分析形成《联合能力文件》，确定联合任务所涉及的能力领域，在此基础上进入具体的功能领域分析。

美军将作战能力划分为军事力量保障、战场感知、兵力运用、后勤、指挥与控制、网络中心战、防护、共建伙伴关系和兵力管理 9 个领域。这样能够确保各军种装备的平衡发展，有利于各军种装备形成联合能力。同时，也可以避免军种各自为战、重复建设，导致出现能力冗余和经费浪费问题。

适应联合作战要求，各军种采用系统集成的模块化设计，基于指挥控制、情报侦察、机动、火力、防护与保障等作战职能要素进行编成。根据《国家军事战略》提出的未来联合部队能力建设指标，提出本军种需要发展的能力指标以及发展举措。

2. 功能需求分析

功能需求分析是在功能领域分析的基础上，需求发起部门评估现有的作战能力，确定军种在该领域存在的能力差距，以便提出解决方案。对当前的能力评估，主要有两种方式。

一是军种组成多样化作战需求协调机构，向战区派出联络军官组成协调组，直接将部队提交的作战需求申请交给由军种部、联合作战司令部和军种能力集成办公室组成的信息交流中心，由其视情况将需求提交给专业机构，将快速采办装备转化为正式采办项目，或继续作为战区非标准装备，或被终止。军种试验与评估司令部把前沿作战评估小组部署到各作战部队，以便独立评估系统、设备和武器装备的性能。前沿作战评估小组由军种军事人员、文职人员和地方承包商组成，通过访谈和书面反馈意见等方式收集信息。这些信息将成为军种改进武器系统、调整战技术以及试验与评估程序的重要依据。

二是战区成立一体化能力需求论证机制。战区军种部队指挥官向"战区一体化中心"提供作战需求，由战区进一步完善和区分后将需求提交给国防部"信息集成管理中心"，以加强集成和协调，从而强化能力需求论证的过程。通过对现有作战能力以及能力差距进行评估，发现本军种在应对威胁上存在的缺陷，包括装备、战备、训练、编制、领导与教育、条令、人员方面，以及军种与盟军、国际组织或各种非政府组织等不同的任务伙伴在作战行动合作中存在的问题，通过加强战备、改革部队结构以及发展相应能力等来解决。

（二）能力解决方案

能力解决方案分析是需求发起部门在功能领域分析和功能需求分析的基础上，确定弥补能力差距或发展新型作战能力所有可行的方案。可以概括为非装备解决方案、装备解决方案、装备/非装备组合解决方案三种。

1. 非装备解决方案

非装备解决方案是指能力缺陷可以通过发展新装备以外的办法来解决，如调整部队部署、改善作战条令、后勤保障、改变训练方法、改革组织编制等，这些办法不需要列入武器装备建设项目，就能解决能力差距和冗余的问题。非装备解决方案生成的成果是《联合能力变更文件》。这些建议会被递交到相应的领导或职能部门审批，经批准的解决方案将进入到下一个阶段。

2. 装备解决方案

装备解决方案是指能力缺陷必须通过发展武器装备等投资途径解决，只有通过改变装备的性能体系以满足未来作战需求，才能解决现有能力缺陷和冗余问题。

军种首先考虑是否有潜在装备解决方案，能否通过获得现成的能力来改善这一关键能力缺口。如果已知其他军种或盟国针对类似需求已经部署或正在研制、生产的装备能满足本军种的作战能力需求，则直接通过商业采购或改进列装，如果没有潜在装备解决方案才考虑批准立项新装备。例如，2019 年 7

月，美国陆军宣布计划在地面系统使用海军开发的激光技术，与海军合作实现250千瓦激光武器的目标。

装备解决方案生成的成果是《初始能力文件》（ICD）。该文件确定综合作战背景下，各职能领域的作战任务及所需的能力目标、能力缺陷，需要克服的障碍及关键的作战特性等，给出能力发展方案。《初始能力文件》必须以《联合作战方案》为依据，提出的能力发展需求要与《联合作战方案》中的关键性能相关联。该文件递交给军种部主管作战、民事与训练的副参谋长，通过军种需求监督委员会"确认/批准"程序对能力需求进行批准。《初始能力文件》经联合需求监督审查委员会批准后，进一步生成《能力开发文件》（CDD）和更新的《能力开发文件》，发展所需的武器装备。需要说明的是，当采用了某项装备解决方案后，还需要进行非装备方案（即条令、编制、训练、领导和人员等）修改，以便支持该项目的开发和列装。

3. 装备/非装备组合解决方案

组合解决方案，是指对已经获得的解决能力缺陷的装备方案和非装备方案进行对比评估，并依据军事行动的具体范围及其环境等要素，参照野战手册 FM5-19《综合风险管理》，对解决方案根据可行性、经济性，对能力差距和"条令、组织、训练、装备、领导力与教育、人员、军事设施及政策（DOTMLPF-P）"的影响进行优先性排序，找出最佳装备途径或最佳综合途径。一般情况下，能力需求解决方案分析的结果是装备方案和非装备方案的综合体，即综合集成方案。

军种针对作战能力存在的问题，为提高作战能力或为发挥技术潜力提出设想，由权威机构评估验证该设想的合理性和可行性。为提高效益，在评估某个设想是否为有效需求之前，首先要考虑能否用非装备方法，如通过条令、机构改革或作战方法的变化来解决问题。其次要考察其他军种或盟国是否正在研究类似的武器装备，避免重复浪费。如不能用非装备方法解决问题，也没有可替代的项目，才进入项目立项阶段。

军种通过一系列高层领导专题小组研讨、演习、试验等方式，来确定军种的最终能力需求。军种参谋部所属作战、民事与训练部需求参谋官负责召集能力需求小组来分析、协调，完善并解决"条令、组织、训练、装备、领导与教育、人员以及设施"能力需求方面的重要意见，同时提供能力需求建议。协调参谋官是军种参谋部所属现代化部中与需求参谋官相对应的参谋官，负责能力需求的整合和协调工作，为制订军种战略、军种战役计划优先事项以及现代化战略提供依据。军种部系统协调官是军种部的主要采办参谋官，负责对计划进行日常支持，并充当计划主管的代表以及国防部的主要联系人。

（三）需求审查与上报

需求主要分为联合能力需求和军种能力需求两个层次。美军采办条令规定，涉及联合的重要国防采办计划或Ⅰ类采办计划，必须由参谋长联席会议批准；对于开支较少的计划（称为Ⅱ类和Ⅲ类采办计划），可由各军种会同其他军种及国防部有关业务局确定其需求，无须后续审查。

参谋长联席会议副主席领导的联合需求监督委员会（JROC）是联合能力需求管理的最高审查与决策机构，负责从联合作战的角度审查和管理能力需求。"联合能力集成与开发系统（JCIDS）"是专门为确保产品的联合能力而设计的，不涉及联合能力的项目将直接返还需求主办部门批准即可，无须后续审查。JCIDS的主要目标是确保产品的联合能力，而不是产品自身的水平。与联合行动能力关联越紧密的项目在JCIDS中经历的审查环节越多、层次越高、时间越长。概言之，就是先在各军种产品诞生之前就约定好产品实现联合的方式，各军种再根据约定设计自己的产品，以此达到美军所期望的各军种产品"生而联合"的目标。

军种定义本军种使命需求和作战需求，将上报的需求分为需要联合需求监督委员会特别关注的项目、联合项目和独立项目3类。所有这些需求文件都将在验证和批准之前提交联合参谋部部队结构、资源与评估局接受审查，并决定是否指定为联合需求监督委员会特别关注。军种担任本军种生成的Ⅱ类及以下采办类别使命需求声明和作战需求文件的验证和批准机关，并与其他军种或国防部有关部门共同拟制和协调文档。经过联合作战司令部验证后转交军种采取措施的使命需求声明，不再需要由军种再次验证。

军种基于能力评估的一揽子解决方案将战略目标、战略需求、能力调配、作战计划、教育训练、装备采办以及资源保障等方面有机地连接起来，将作战需求融入条令、组织、训练、装备、领导力与教育、人员、设施及政策（DOTMLPF-P）之中。这些解决方案在通过军种能力集成与开发系统得到研究批准之后，将构成军种资源分配决策的基础，为规划、计划、预算与执行打下基础。

四、制定战略规划

美军军种战略规划，是军种按照《国防战略》《国家军事战略》和军种战略构想，对未来一定时期内军种建设、发展和运用作出的总体筹划和安排，是美军总体规划的有机组成部分。

军种战略规划工作在作战和规划副参谋长领导下进行，主要由参谋部下属的作战局（J-3）、战略规划与政策局（J-5）和联合部队发展局（J-7）承担。依据国防战略和国家军事战略确定的目标，以《联合规划文件（JPD）》《参谋长联席会议主席计划建议（CPR）》《联合战略战役规划（JSCP）》《参谋长联席会议主席计划评估（CPA）》等文件为指导，在准确把握军种战略构想和本军种职能定位的基础上，规划军种未来方向，发展未来军种部队所需能力。

军种战略规划采用远中近结合、逐步推进的方式，确保既能全局统筹、长期布局，又能与时俱进、适时调整。其核心是根据不断变化的国际形势，制定切实可行的战略，指导本军种建设各项工作有序展开。通常情况下，长期规划提出较为宏观的总体发展方向和目标，对未来15~20年做出安排；中期规划制定框架和阶段性目标，对未来5~15年做出安排；近期规划具体做出资金分配、明确重点项目，对未来1~5年做出安排。中近期规划是对长期规划的具体落实，是军种发展顶层设计的分阶段实施方案。随着战略形势的变化，中近期规划根据军事需求和技术水平的变化而不定期调整更新，如军种现代化文件几乎年年更新。

军种的战略规划种类很多，主要有军种战略、装备技术规划、作战概念能力规划等。大致上可分为总体规划和分支规划。军种战略中明确了总的战略规划。例如，2018年版《陆军战略》从战备、现代化、改革、加强联盟和伙伴关系四个方面描述了陆军总体规划。

军种通过战略规划，实现兵力运用、兵力发展和兵力设计三者之间的平衡。兵力运用即战备，强调在竞争阶段就不断根据事态发展调整前沿兵力部署，利用各种时机将部队部署到关键位置，突破对手的"反介入/区域拒止"战略，将对手"拒止"区域变成对抗区域。兵力发展即现代化，重点针对近期能力需求，通常在2~7年内完成，主要立足现有部队，通过采取增强其敏捷性、耐久性、弹性、灵活性和互操作性等相关举措，来提升部队的战备水平和整体效能。兵力设计既设计未来部队，更多瞄准5~15年的远期能力需求，用于针对潜在竞争对手，主要通过开发概念体系来设计未来部队，并通过军事实验、原型设计和先进技术、方法和材料的运用来应对未来挑战。

军种战略规划，旨在确保军种部队支持国家军事战略，确定规模，设计结构，配备人员并提供装备、训练与维持。与国家军事战略提出的"规划兵力运用、兵力发展和兵力设计"相适应，军种战略规划可分为战备能力规划、作战能力规划和建设发展规划三大类。

（一）战备能力规划

战备一直是美军各军种的优先事项。军种主要任务是建立战备和提高士兵杀伤力，包括持续性部队生成、任何时间和地点的兵力部署；在部队战备方面，将拥有充足人员配备、作战训练、尖端可靠装备以及优势领导人；在训练上，重点针对高强度冲突开展训练，部署"综合训练环境"，集成模拟、构造仿真和军事游戏训练环境于统一平台，增加主战单位训练次数；在装备配备上，将资产分配给重点战备单位，保持装备率，推进士兵服装和装备现代化，调整装备部署；在兵力投送方面，灵活提供全球兵力，发展致命、快速和弹性的兵力态势；在兵力动员方面，提高预备役动员能力，利用大规模兵力投送平台投送兵力，应对大规模突发事件；调整军种的全球部署方面，利用轮换部署、联合军演和提供军事顾问等方式，实质性地强化地区军事存在；加强地区军事部署方面，增强盟国（友）军事实力，有效威慑、遏制对手的挑战。

（二）作战能力规划

军种作战能力规划是联结参谋长联席会议联合战略战役规划和军种建设发展规划的纽带，是军种部队使用和建设的结合点。它以《国家军事战略》等战略文件，各类联合作战概念和军种作战概念，军事演习、训练和实验中培养的能力和经验教训为基础，形成基于各种概念的理念以及更为具体的能力需求。

美军军种作战能力规划是对军种未来核心能力建设的一种提前规划，通过确定能力发展路线图、规划未来的发展方向，实现维持现役部队能力与发展未来部队能力之间的平衡。现役部队的作战经验将有益于未来部队能力的进一步发展，而发展未来部队过程中那些已验证的技术、条令、编制、训练和装备等领域的革新，也可用于提高现役部队的能力。

美军军种作战能力规划涵盖军种作战概念所确定的近期、中期、远期三个阶段性目标。近期阶段的目标是改进现有能力，加强对区域联合部队和全球快速响应部队的支持。该阶段的能力规划与战备能力规划基本相同。中期阶段的目标是将新能力与改进的能力纳入新机构体系，并利用科技成果提供过渡性战略。远期阶段的目标是将优化能力与未来能力相结合，为未来的军种任务组合提供广泛的支持。军种紧紧围绕核心作战能力制定战略发展规划，精准设计提升整体战力。例如，2018年美国陆军战略规划了任务指挥能力、态势感知能力、跨域打击能力、防空反导能力、远征机动能力、网络/电子战能力、士兵杀伤力等能力发展规划。此外，美军军种作战能力规划还包括后勤保障能力规划、联盟合作能力规划等。

（三）建设发展规划

军种建设发展规划是根据军事斗争的需要和可能的条件，对军种建设发展的目标、任务、方法和措施所作的总体设计，并在一定的时空范围内对建设资源所作的科学配置和合理安排。各军种在制定战略规划时，确定优先事项以牵引整个军种建设。

军种建设发展规划是指导未来军种建设的长远规划，概述了战略方向、目标和优先事项，明确了相应任务的牵头部门、总体情况、实施战略和相关计划/项目。通过对具体转型目标与改革方案进行的规划设计，合理分配与调整资源，确保提供所需要的关键能力，保持对潜在对手的技术和战术优势。

军种参谋部负责制定军种现代化规划，确立清晰的投入重点，使军种部队在短期、中期和长期能够获得越来越高的适应能力、机动能力等作战能力。

1. 兵力发展规划

军种的兵力规划是指对未来军种力量的规模和结构进行规划。主要是通过《国防战略》《国家军事战略》等对未来作战环境的研判，选取或构建一些能够反映国防战略核心要素的场景，通过场景分析，确定未来一段时间的兵力规模结构以及能力建设重点。军种兵力规划的场景，主要是应对未来5~20年的威胁，指导未来资源配置。例如，美国陆军2018年10月发布《陆军战略》，未来陆军将分3个阶段建设发展：近期（2018~2022年）建立战备部队，中期（2022~2028年）建立现代化部队，远期（2028~2034年）建立多域作战部队。

2. 装备发展规划

军种现代化重点方向，是要面对未来战场，确保打赢未来战争，因而将重点放在能力发展而非个别平台上。美军强调，必须根据战略环境，保持短期（0~2年）、中期（2~8年）和长期（8年以上）装备现代化的平衡发展，最终向部队提供配套组合的现代化装备。

军种注重开发可应用于现有装备的新技术和新能力，并寻找生成新能力和可得预算之间的最佳平衡点，避免出现手里有一大堆新的原型产品但都没有库存，同时又有一大堆老式装备但都未经升级不能应战的情况出现。主要路径：①开发和部署新能力。确定能力空白和列装填补空白的新装备，明确为部队快速部署新能力的具体目标。②推动装备持续现代化。通过采办、升级的能力、再投资和裁撤旧装备，以满足当前和未来的能力需求。③基于军种部队力量生成模型为部队提供所需装备。按照建设重点和"重组—准备—可用"的三阶段循环式作战力量生成模型，实现新能力新装备的列装和调配，满足当前作战环境对部队能力要求的不断变化。

3. 科技研发规划

军种通过制定一系列科技研发规划，提出后续能力推动项目，加速核心技术的发展，使作战部队比潜在对手具有绝对优势。例如，2017年3月美国陆军瞄准未来人工智能和机器人技术在战争领域应用的前景，发布了《机器人与自主系统战略》，在应用人工智能技术方面作出战略规划。该战略详细阐述了陆军未来 25 年在机器人与自主系统领域的研发重点、能力建设目标及实施途径、方式、步骤等，为美国陆军正在开展的各项机器人与自主系统工作提供了统一的认知框架，为未来资源分配提供指导。军种科技研发规划是美国国防部科技研发规划的重要子规划，其使命是提供及时、经济的科技研发解决方案，满足军种装备发展的最高优先需求，规划投资重点与军种现代化优先事项保持一致。

五、编制计划与预算

美军军种强调加强需求研究和战略规划，合理配置资源，科学设计运行流程，把有限的资源投入到最关键的地方，提高军种建设效益。通过科学、合理、有效的管理方法，使人、财、物等资源的配置和使用达到最优化水平。美军军种的规划、计划、预算和执行各阶段是并行的，通常有至少 2 个阶段在同时进行。

（一）计划预算一体化阶段

在计划与预算编制阶段，军种根据《国防规划指南》所确定的国防计划和优先发展能力以及财政限额，确定符合防务需求的兵力与装备的最佳配置，向国防部提交本军种的《计划目标备忘录》和《预算估计提案》，详细说明未来 5 年的计划项目、进度安排和经费需求，从军事需求和战略的角度论证所列计划项目的必要性。经过参谋长联席会议、三星小组、高级领导评审小组综合评审后，进入国防部"计划与预算审查"，形成《资源管理决定》，进行资源配置，最终确定本军种的项目和预算方案。

军种"计划与预算一体化"决策流程，主要是将战略规划转变为具体的人力、物力、财力需求。按照军种资源分配政策与优先顺序，分配预期的人力、资金与装备，确保各种需求的资源配备能够达到合理且可执行的水平，将资源分配决策转变成国会授权拨款申请。

军种预算主要包括人员经费、作战与维持经费、装备采购经费、研究开发与试验鉴定经费、军事建设费等。其中，作战与维持经费预算主要支持军种部队的征兵、组织、保障、装备和训练工作，以执行快速持续的联合全域大规模作战行动，通过为战备、现代化、改革、人员等重要事项提供资源，实现军种的重要目标。研究开发与试验鉴定经费主要支持军种现代化目标，主要包括基础研究、应用研究、先进技术开发、演示验证、工程制造、测试与管理、作战系统开发、软件和数字技术等，主要用于现代化优先事项。

军种部成本评估与计划鉴定处处长，负责军种"计划与预算一体化"程序，并制定《计划目标备忘录》与《预算估计提案》。该处长要与国防部长办公厅一起审查预算，并共同为总统预算的编制提供支持，还负责组织相关军种机构制定符合国防计划要求的军种子计划。

（二）执行阶段

军种在执行阶段，落实规划、计划、预算的内容，监督实施过程，评估实施结果，保证资源得到合理配置。主要分为项目执行与预算执行两个部分。

1. 项目执行

通过项目执行，军种能够运用资源以便达到经批准的计划目标，并基于及时反馈信息来调整资源需求。军种司令部、项目执行办公室以及其他执行机构将利用所提供的人力与资金执行经批准的计划。他们将审查预算的执行情况，统计通过拨款与管理决策包所拨配的资金的使用情况，并作出报告。由负责采办、后勤与技术的军种助理部长通过军种采办委员会对指定的采办计划进行里程碑审查。近年来，美国国防部有序地将重大项目的里程碑决策权下放给各军种。国防部提供总体指导，而项目的日常运行由各军种负责。各军种遵照国防部长办公厅制定的战略和政策，并接受其监管。

2. 预算执行

通过预算执行，军种管理资金并将资金录入账目，以便执行经批准的计划。军种将对资金与人力进行管理与核算，以便执行已获得批准的计划。军种将检查军种部总部、军种司令部、项目执行办公室以及其他执行机构利用分配的资源达成计划目标的效果。通过军种联合对账计划，军种将强化财务会计与管理工作，以便确保财务报告能够准确地反映预算的执行结果。国防部部长办公厅、军种部、行政管理与预算办公室以及国会将利用预算执行反馈信息，以便在军种预算的审议期间调整资源需求。在预算执行中，可以根据实际终止或调整部分采办计划。

六、战略控制和协调

战略控制是为落实军种战略决策和计划而采取组织、协调、反馈、监督、纠偏和激励等活动的过程。在战略管理过程中，需求的分析、能力的规划等并不是一项项精确的活动，需要在执行过程中持续地评估，把战略规划的风险控制在一定范围之内，对出现的问题及时反馈和调整，以确保战略目标的实现。

（一）持续监控评估

军种在规划计划的执行过程中，对各项任务的进展持续监控和评估，以便衡量各任务的遂行是否达成预期，或环境发生变化时需要对规划计划本身做出较大调整。如果有明显的偏差，就要采取有效的措施进行纠正，以保证战略目标的最终实现。军种依靠健全的监督反馈系统，使战略设计、战略实施和战略评估形成了一个完整的闭环式的管理体系。例如，美国海军中央司令部为了打造世界上首支无人水面舰艇舰队，于2022年11月23日至12月15日在巴林举行了"数字地平线"海军演习，旨在演练和运用海上自主系统、无人机，并使用人工智能算法将其集成为统一的战斗指挥系统。演习中使用了15种不同的无人系统，其中10种为美国海军第5舰队首次运用。

（二）反馈协调落实

军种非常注重资源管理的末端落实与反馈，以促使资源能够非常灵活地满足现实需求。在预算执行阶段军种根据总统要求，做出预算调整的内容进行补充，对非正常拨入经费的管理提出监管要求；在项目执行阶段增加执行评估与联合协调项目两个方面的内容，以加强执行效率；通过调整投资组合、增加优先项目投入，取消无效项目、开展新项目等举措，全力推进现代化优先事项，为军种现代化提供有效支撑；将资源优先用于战备，建设一支杀伤力更强、战备程度更高的部队，以适应联合作战行动的需要。

第三节　主要特点

美军各军种战略管理，注重总体战略筹划，注重管理体系的顶层设计，不断创新体制机制，通过科学的管理流程和先进的管理方法，力求让有限的资源发挥最大的效能。

一、注重发挥作战理论先导作用

长期以来，军种高度重视发挥作战理论先导作用，通过作战概念开发，指导美军兵力结构设计，完善组织结构，规范管理流程，牵引装备技术创新发展，提升军种作战能力。

（一）重视作战概念牵引

概念驱动是美军作战理论创新与军事力量建设的重要方法。各军种着眼预测、设计并打赢未来战争，注重提出作战概念。例如，以联合愿景为依据，陆军提出了"多域战"、海军提出了"分布式杀伤"、海军陆战队提出了"联合机动战"、空军提出了"敏捷性作战"等前沿作战概念，据此研究规划军事能力，把"打什么仗"与"建什么部队"较好地衔接统一起来，确保力量运用有相应能力、力量建设有相应依据。

（二）构建学术争鸣平台

军种通过举办听证会、讲座、研讨会等，构建学术争鸣的平台，允许就任何学术问题甚至现行作战条令、军种战略制定等进行开放式讨论，不强求达成共识，以达到倡导和鼓励理论创新的目的；充分吸收专家学者的观点，善于总结经验教训、注重理论创新，并能大胆地将新理论用于实践。

（三）通过实验检验理论

根据战争中的经验教训以及战略环境的变化调整力量，提出关于未来本军种的基本力量结构设计。军种将试验鉴定作为改革的重要领域之一，持续推进改革进程，推动试验鉴定先进技术发展，为提升军种战斗力提供有力支撑。①推动实验向作战的转变。快速、灵活、自主地组合各战斗要素，形成满足特定任务需求的体系作战能力。②在作战实验中演示验证先进技术。2019年2月28日，陆军采办执行官发布了与陆军试验执行官共同编写的《中层采办项目试验鉴定的政策指令》备忘录，该指令为试验鉴定提供指导，以支持快速交付作战有效性高、作战适用性好、生存和安全性强的解决方案。

二、依托国防部系统实施工程化管理

军种战略管理是国防战略管理的重要组成部分，通过将自身的战略评估、指导、规划、实施与控制等环节与国防战略管理流程保持有效对接，促进本军种力量建设从战略、概念到能力的有序转化。

（一）利用国防部战略管理五大系统

美军"联合战略规划系统（JSPS）""联合能力集成与开发系统（JCIDS）""规划、计划、预算与执行系统（PPBES）""国防采办系统（DAS）""适应性计划与执行系统（APEXS）"五大系统，围绕国家安全战略和国防战略，将战略需求、军事能力生成、作战计划制定与实施、武器装备研发以及军事资源保障等有机地连接起来，构成了美军战略管理的主要框架和运作流程。美军的建设、战备和作战主要围绕和通过这五大系统进行。军种借助国防部力量，大力促进军事运筹研究的发展，以跨学科的方式组织大批专家，运用数学理论和计算机技术对重大军事问题进行定量分析，选择最佳决策方案。通过线性规划、博弈互动、统计分析、网络图、概率计算等一系列科学方法，为规划军种战略、制定作战计划、发展武器装备、改进部队训练服务。

（二）采用系统工程方法实施程序化管理

军种依托国防部专家辅助系统、决策支持系统、信息支持系统、技术支持系统、法规支持系统等，用系统工程的理论与方法，从战略设计、战略实施到战略评估，从作战概念提出到作战能力生成，从战略规划到资源分配实施对军种建设发展进行全系统控制。通过规划、计划、预算程序，制订武器装备长期规划、中期计划和年度预算。通过颁布相应的指令和条例，对规划计划预算、项目需求论证、试验与鉴定等予以明确，包括有关部门人员的职责，需要进行的论证、评价和分析工作以及有关的工作程序，对于进行评估所需的各种信息，也努力做到格式化和程序化。

三、重视评估论证确保科学决策

通过多年建设，军种形成了灵敏高效的战略评估机制和健全完善的战略评估体系，特别是拥有相对稳定的专业队伍、比较先进的支持系统、翔实可靠的信息数据、清晰明确的框架流程、丰富多彩的评估理论和切实管用的法规制度。

（一）形成灵敏高效的评估机制

军种在战略管理运行全过程都设有评估和审查环节，在确定具体方案之前都经过不同场景的实战评估，进行综合分析，并广泛征求意见，经过定性分析和军事价值分析，才最终确定具体方案。在决策机制上，军种强调前瞻开拓性思维，充分听取各部门的意见，吸纳各部门的智慧；鼓励部队使用者提出修改意见，每份构想文件后都注有邮寄地址或电子邮箱，吸纳反馈意见。演习是军种开展作战试验与评估的重要手段。演习评估的常用方法包括作战仿真、检验性演习和对抗演习等，对作战概念、能力、编队等进行评估，以确定军种在未来作战环境中所需的能力。

（二）建立健全完善的评估体系

军种设有与国防部相适应的各种评估机构，如采办委员会、作战试验鉴定局和费用分析小组等专职评估部门，同时吸纳军内外科研机构和智库机构，构成了多维一体的评估组织体系，对项目的需求产生、规划计划预算和项目采办进行评估。军种的评估，从工作内容总体上可分为战略评估、规划评估、项目评估、能力评估四大类。根据评估时机，可以分为事前评估、事中评估和事后评估。根据评估对象，可分为重大项目评估、专项评估和综合评估。军种评估既有系统内部的评估，如对战略规划、战略实施执行情况的战略评估，也有与对手比较的净评估。

（三）拥有相对稳定的评估队伍

美国有近百家直接为军方服务的智库机构，如兰德公司、战略与国际研究中心、国防分析研究所、布鲁金斯学会、斯坦福研究所等。这些"外脑"为美军提供了雄厚的人才和智力支持。各军种充分利用民间和军方智库，为军种建设发展转型提供决策支持。2019 年 12 月 3 日，美国兰德公司（RAND）发布了《2025年以后美军陆军火力能力》研究报告，分析了2025年后可能的作战环境、美国陆军目前的火力能力现状、火力部队可能会面临的常规威胁、陆军为满足这些威胁需要具备的能力、从现在到2030年陆军应该考虑采取哪些行动来加强野战炮兵部队的力量等。

四、依靠技术推动保持竞争优势

（一）强化科技优势，实施前瞻布局

美军军种高度重视科技发展的基础作用和引领作用，瞄准制胜未来战场，强化以智能和信息优势为重点的前瞻布局，通过技术研发，为美军提供竞争优势。例如，美国陆军重点布局基础研究、计算机科学、材料研究、机动科学、信息科学、杀伤科学和防护、人体科学、评估和分析8大前沿领域，以信息化、网络化、智能化、无人化为发展方向，加速发展激光武器、电磁炮、作战机器人、太空及网络战武器系统，以保持美军在全球的技术优势。

（二）加强实验室建设，促进创新应用

各军种研究实验室和应用试验室是军种科技研发体系重要组成部分。美国陆军应用实验室（AAL）是"陆军颠覆性创新能力的支持者"，负责研发"颠覆性技术"，即那些陆军尚未通过识别威胁、编写需求、创建采办计划等方式将其列入官方优先级的技术。目前已启动"催化剂""陆军能力加速器""合作开发基金"和"光环制造加速器"4个重大试点项目。2019年5月，陆军应用实验室发布"颠覆性应用"项目公告，明确未来5年重点关注自主平台、人工智能与机器学习、数据可视化和合成环境、可靠定位导航授时、电源及其管理技术、传感、通信和网络、计算、太空、物联网、量子技术、隐身、防护、人效技术和基础方法15个研究领域。

五、主动创新不断完善体制机制

美军军种聚焦未来作战环境变化，主动进行自我设计和重新定位，注重体制机制上的创新。

（一）灵活设计和重组管理机构

美军军种在转型中灵活组建管理机构，协调现代化项目的攻关，调集并合理分配资源，提高现代化水平。2018年7月，美国陆军成立未来司令部，牵头陆军的未来部队现代化工作。通过引进地方企业"跨部门、跨领域、跨职能"的先进管理模式，依托跨职能小组提升工作效率和人力成本效益。通过组建跨职能团队，军种将采购层级从12级减少到4级，将"能力需求确认—原型测试—作战试验"的时间跨度由以前的60个月降到12个月。美国空军在总

部设立首席技术官，加强顶层筹划。

（二）转变管理模式，加强跨机构协作

美军军种采取商业合作模式，通过部分技术与产品共享，由供应商承担许多项目的认证与试验成本，而不再独自担负整个系统研发、试验与评估费用。积极吸收借鉴商业企业、军外智库成果，与政府、企业、研究院所合作，依靠企业从事装备技术开发，依靠大学做基础研究，军种研究实验室侧重基础科研与试验验证，借力开展科技研发，合力解决军种面临的技术难题。

（三）转变采办方式，重组采办结构和流程

为提高效率，美军军种转变采办方式，灵活重组结构和流程。①快速装备部队（REF），主要是利用政府和商业现货供应，将需求确认、装备研制和采办三大核心功能融于一体，为前线部署部队快速提供装备，通常在 6 个月至 1 年内完成装备交付。②快速能力办公室（RCO），聚焦于快速开发原型样机和初始列装能力，对精选出来的、计划 1~5 年内进行作战部署的优先能力解决方案进行综合分析、样机制作、研发采购和有限列装。③传统的项目执行办公室，着眼于未来作战，旨在向军种部署长期的列编项目。这样形成近期、中期及远期能力发展互为补充的格局。

第九章
美军战略管理评估

美军战略管理评估是其战略管理体系的重要组成部分，在长期探索实践中逐步建立了一套较为完善的战略评估制度，保障了美军战略管理的稳步推进。本章从评估主体视角对美军战略管理评估进行整体概述，重点介绍几种重要的战略管理评估。

第一节　美军战略管理评估概述

美军战略管理评估从评估主体看，可以分为国会评估监督、政府部门评估、国防部评估和第三方智库评估；从评估对象看，包括净评估、综合性联合战备评估、业务绩效评估、采办项目评估等。

一、国会评估监督

美国国会评估的目的是监督。因此，国会评估相对独立，且评估对象广泛，从国防部的总体战略规划到具体的项目执行都是国会评估监督的范围。国会对国防部战略评估的主要机构是政府问责办公室。

政府问责办公室（GAO）前身是 1921 年创建的美国审计总署，成立初期，主要是检查政府财政支出的合法性与合理性。2004 年，国会通过《审计总署人力资源改革法案》，审计总署更名为政府问责办公室。政府问责办公室的任务是为国会履行宪法赋予的责任提供支撑，及时为国会提供客观、无党派偏见、非意识形态和公正公平的信息。其基本职责是调查、监督联邦政府如何花费纳税人的钱。在监督方面，它对联邦政府机构的支出进行审计，以保证资金被运用到适当的地方；当有人指控联邦政府出现不合法的行为或不适当的行为时，展开调查；为国会分析、设计新的政策选项；签发关于政府机构行为及法规的合法性意见书。该办公室主任由美国总审计长担任，总审计长任期长达 15 年，先由国会提名候选人，再由总统任命，并经参议院认可。总审计长以下设有首席运营官、首席行政官 / 首席财务官和总顾问办公室。首席运营官主要负责协助总审计长领导和管理政府问责办公室各项业务，确保政府问责办公室各项任务目标的实现。首席运营官以下根据不同专业领域设有 14 个专业工作组，分别负责对联邦政府有关部门进行审查监督以及提供审查技术和信息服务。政府问责办公室现有各领域雇员近 3300 名，主要涉及经济学、社会学、国防与安全领域、工程、计算机、医疗卫生等领域。

二、政府部门评估

政府评估机构，主要包括总统科技顾问委员会、白宫科技政策办公室等，主要负责为总统开展独立的咨询研究和决策支撑，协助总统开展国防采办项目政策、规划计划、综合绩效、成本经费等方面的评估。总统科技顾问委员会是咨询性质的委员会，在国防采办项目的政策、规划计划和重大决策中，发挥咨询和评估作用；白宫科技政策办公室，负责分析和评估国防采办项目的政策、规划和计划项目，协助总统领导和协调各部门的国防采办项目发展。政府评估机构职能独立于项目的运行管理，为政府负责，评估重点是项目政策和规划计划、项目运行中的经费使用和综合绩效是否符合政府的各项规章制度和要求，以应对国会的质询，目的是为政府部门提供决策支持，维护政府的执政利益。

三、国防部评估

国防部的评估主要是主管某一业务领域的机构对该领域评估，例如净评估办公室牵头开展的净评估、参谋长联席会议牵头的战备评估、国防部首席管理官对各部门的业务绩效评估、采办与保障副部长对采办项目的综合绩效评估以及国防合同审计局对合同的评估等。

净评估是美国国家安全战略分析的重要手段，旨在运用创新性思维，就战略问题或机遇提供早期预警，以帮助美国赢得优于竞争对手的比较优势，对美国现代国防战略的形成起到了举足轻重的作用，对世界安全环境、防务格局亦产生了深远影响。

综合性联合战备评估是按照上级指示和各类规划计划要求，对部队战备状况展开的调查、审核与评价。美军战略管理中的战备评估工作主要由参谋长联席会议组织实施，它是美军整个战备评估体系的重要组成部分。根据《美国法典》第 10 篇第 153 章（A）（4）和第 3100.01E 号参谋长联席会议主席指示（CJCSI），参谋长联席会议主席组织的战备评估被称为综合性联合战备评估，是指评估联合部队在为未来挑战做好准备的同时，能够应对紧急情况和作战挑战的能力。综合性联合战备评估将考虑现有能力的范围、联合部队使用有关能力的速度和方式、联合部队的保障能力以及联合部队的弹性；在预测未来挑战时，战备评估将考量针对敌对双方的综合性评价、军事演习和联合作战概念等。

业务绩效评估是对战略在各部门具体业务工作中执行情况的综合评估，是保证美军战略目标实现和促进各部门业务绩效提升的有效手段。业务绩效评估由国防部首席管理官（CMO）领导。首席管理官负责美国国防部所有业务活动的改革工作，包括规划和流程、业务转型、绩效管理和业务信息技术管理。美军将其国防战略目标分解为若干子目标，并明确责任机构。各责任机构再对子目标进行分解，并根据这些目标明确优先事项和绩效目标。业务绩效评估的重点内容是各部门的优先事项和绩效目标。

采办项目评估是对战略目标在具体采办项目中落实情况的综合评估，是保证美军将战略目标转化为作战能力、促进采办管理效率效益提升的有效手段。采办项目评估由国防部采办与保障副部长领导，具体由采办助理部长下的采办数据和分析办公室实施，目的是掌握采办总体情况，跟踪重大国防采办项目执行情况，从采办政策有效性、采办程序、采办队伍和采办系统综合运行情况等角度，全面分析评估采办系统绩效水平。

合同评估是美军对所有国防合同进行评估，目标是评估承包商的商业惯例和程序是否符合《联邦采购条例》《联邦采办条例国防部补充条例》、成本会计标准以及其它适用政府法律和法规的要求。国防合同审计局根据其调查结果，向负责采办和政府合同管理的政府官员提供建议和意见，评估结果将直接影响到合同管理工作。即使合同已经生效，国防合同审计局的审计结果也可以说明政府在哪些地方对承包商进行超额支付，揭示潜在的欺诈或资金滥用，可在早期解决某些缺陷，从而对未来的合同价格产生影响。在合同期满之前，国防合同审计局要评估承包商已发生成本是否在可容许且合理的范围内、是否符合适用的采办法规和合同规定，这可以防止承包商向政府提出超额费用。

四、第三方智库评估

除了政府和国防部以外，具有国家和政府背景的第三方智库，也在美军战略管理中发挥着重要的作用。这些第三方智库机构承担了大量的分析论证工作，将决策问题细化成为方案，从客观角度提出战略决策建议。其中最为典型的要数兰德公司。

兰德公司自 1948 年成立以来，在防务、外交以及科学技术、社会、政治、经济等领域为美国政府的决策做出了突出贡献。20 世纪 50、60 年代，兰德公司对朝鲜战争、苏联发射卫星事件、越南战争进行了准确评估。此后，兰德公司又对中美建交、古巴导弹危机、美国经济大萧条和德国统一等重大事件进行了成功预测，这些预测使兰德公司的名声大噪，成为了美国政界、军界的首席智囊机构。在军事领域，从海湾战争、科索沃战争、阿富汗战争到伊拉克战争，兰德公司都与美军在战争实验室进行了预先作战模拟推演，美军近20年来发起的战争背后几乎都有兰德公司的影子。在国防采办科研领域，兰德公司在侦察卫星研制、弹道导弹研制、防空预警系统建设等方面对美军做出了重大贡献，还最先提出了"博弈论""系统分析"等一系列理论和方法。

兰德公司主要通过以下一些手段来影响决策：①密切保持业务来往。兰德公司认为，智库研究根本上是为决策服务的，重视与决策部门保持密切关系，能够及时了解政策制定和实施中遇到的实际问题，使研究工作能"紧紧跟上国家的决策进程"。这样制定的政策就更成熟，研究的成果就更有价值和可操作性。为此，兰德公司坚持同政府保持长期业务关系，并视其为成功的秘诀之一。如2008年国防部面临采办队伍规模难以胜任繁重采办任务的问题，兰德公司经过大量细致的研究，出版了《国防采办队伍：根据政策调整的人员变化趋势，1993~2006》，为国防部分析了1993~2006年，国防采办队伍的变化情况。此后，国防部做出部署，要求大力加强采办队伍建设，扩充人员规模。②密切保持人员交流。兰德公司经常派员工到政府部门接受锻炼，高级研究人员也经常出席政府活动，甚至担任政府部门要职。为了工作需要，美国空军经常有5名以上军官在兰德公司工作。人员的交流与渗透，大大提高了兰德公司在政府的影响力和知名度，也使研究工作更具针对性。③大力推销成果和思想。兰德公司利用研究成果向政府部门传播政策主张，提供最新的想法和建议，帮助解决问题和挑战。兰德公司同国会也保持密切联系，并通过协助制订议案等活动影响国会决策。

除兰德公司外，列克星敦研究所、布鲁金斯学会、胡佛研究所等一大批美国防务智库也在美军采办决策中发挥着支撑作用。例如，列克星敦研究所副所长丹尼尔·古尔博士，于2013年底发表题为《美国国防部降低未来成本的3个关键步骤》的文章，针对国防部长哈格尔提出的重组国防部机构以节省国防开支问题，提出整治国防部混乱的财务状况、对政府仓库进行全面而精准的成本核算、扩大商业项目采购等建议。这些机构每年开展大量研究，出版与采办相关的报告、评论多达数百份，为采办决策部门和公众提供了广阔而有深度的视角，辅助提高了采办决策的全面性、科学性。

第二节　净评估

净评估是一种系统化的评估分析方法，已经广泛运用于美军战略管理各方面，也是美国国家安全战略分析的重要手段，旨在运用创新性思维，就战略问题或机遇提供早期预警，以帮助美国赢得优于竞争对手的比较优势，对美国现代国防战略的形成起到了举足轻重的作用，对世界安全环境、防务格局亦产生了深远影响。

净评估是什么?

· 是一种综合利用多学科知识，对影响国家安全形势的诸多要素进行详细比较、诊断分析及前瞻预测的分析框架

净评估从哪里来?

· 从创始人安德鲁·马歇尔兰德辉煌成就及美苏竞争长期均势分析发展演变而来

净评估的目的及作用如何?

· 高度预判敌我双方的长期竞争不对称性，尽早辨识国家安全存在的问题和机遇
· 辅助五角大楼的高层决策者解决安全问题、利用有限机会，创新国家安全战略

图 9-1　认识净评估

一、概念内涵

净评估的雏形可追溯到冷战初期，其创始人安德鲁·马歇尔在兰德公司美苏洲际核力量分析相关研究的基础上，对时任国防部长施莱辛格主导的分析研究美苏军力平衡的方法进行了改进，经过 40 余年持续的战略评估实践，形成了当今系统化的净评估分析方法。它是一种强调在长期竞争视角下，综合利用军事学、历史学、统计学、数学、政治学、经济学、人类学等多学科知识对影响国家安全形势的诸多要素进行详细比较、诊断分析及前瞻预测的分析框架，目的是通过高度预判敌我双方的长期竞争不对称性，尽早辨识国家安全存在的问题和机遇，一方面为五角大楼的高层决策制定者解决问题和利用机会赢得充裕时间，另一方面为制定符合新安全形势的国防战略提供全面客观的分析。净评估方法的确立和发展，使美国对竞争对手的研究更加科学精准，为美国国防战略创新及持续引领世界防务领域打下了坚实的基础。

二、分析框架

净评估分析框架源自国防部净评估办公室，从战略的高度分析一个问题或机遇内部条件优势和不足以及外部环境存在的机会或威胁，在科学预测基础上为美国未来的安全发展指出方向。

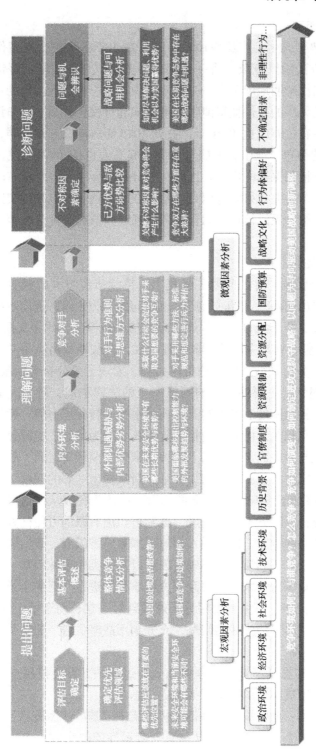

图 9-2　净评估分析框架

（一）框架来源

净评估自孕育诞生到广泛应用，经历了数十年的历史，其工作流程、分析要素、分析方法纷繁复杂，将一系列信息筛选、评估原则、评估要素、分析流程等内容层次鲜明地展现在一张框架图中，是一种深入浅出的良好表达方式，可以让混乱无序的事件变得清晰、可感知和可视化。国防部净评估办公室首任主任马歇尔在位时间达 40 余年，直到 2015 年才离开五角大楼，他见证并经历了净评估的孕育、诞生、发展与壮大，其本人也是净评估方法的创建者，对净评估有着直接而深远的影响。因此，本分析框架主要以马歇尔时期的思维方式、评估模式、研究成果等为研究对象，在净评估长期以来的实践运用和理论发展基础上，结合系统梳理的大量相关资料，将既往研究进行聚合或拆解而总结得出。

（二）框架提炼

马歇尔十分强调"好的问题"的提出、持续研究与本质探明，借鉴此思路，此处以"提出问题""理解问题""诊断问题"为主线，进而围绕这些"问题"的研究要素、内容与目的，构建出净评估分析框架，并将其框架分解为 3 个部分、6 个步骤。框架中的分析要素建立在大国长期战略竞争基础之上，主要包括宏观因素分析和微观因素分析两大类。宏观因素分析包括政治、经济、社会、技术等因素，主要涉及影响国家安全的法律法规、政治改革、经济状况、经济结构、社会制度、价值观念、技术水平、转化能力等；微观因素则包括所有与国家安全相关的因素，包括国防预算、行为偏好、资源分配等。在对比敌我双方宏观与微观因素的基础上，评估未来安全环境走向、战略目标变化的轨迹及对手国家潜在威胁的防御。整个分析从提出"好的问题"到正确"理解问题"，再到诊断出影响国家安全的因素，一步步完成从评估目标确立、竞争概况评述到分析出双方不对称因素，再到辨识出有限的可使己方受益的机会和应当避免的威胁的过程，逐渐融入对对手国家经济因素、政治因素、历史因素、国家行为因素、不断演进的不确定因素以及人类非理性因素、准确前瞻性因素的分析，对竞争对手未来的国家安全影响因素进行广泛的全景式透视与画像。借助此分析框架，可由浅入深地有效预判对手在长期竞争中的战略互动，并助力己方下好"尽早治疗战略问题，充分利用战略机遇"的先手棋。

（三）框架步骤

按照马歇尔的思维逻辑，在净评估分析过程中，需要按照及时地提出问题、理解问题、解决问题的基本框架来进行思考。

提出问题阶段：此阶段是净评估分析框架中"基本评估概述"的起点，也是战略净评估的航标和引擎。它以一系列启示性问题为切入点，厘清"干什么""能不能干"的问题，不仅要确定评估目标的优先等级，还要评述双方竞争环境，判定国家在竞争中所处的位置，进而得出"可开展竞争"的初步结论。

理解问题阶段：在"基本评估"结论的基础之上，着眼国际大环境，结合本国自身优劣势，探寻竞争"潜在价值链"，同时从对手行为准则、思维方式等入手，想定敌方防御措施，最大化获取己方想要的竞争互动。

诊断问题阶段：在理解分析竞争对手的基础上，查找己方优势和对方弱势，"去伪存真"筛选"净不对称"因素，对美国未来的安全行动作出科学预测，并就"妨碍有效竞争的安全问题"和"赢得竞争优势的可用机会"向国家高层提出预警。

三、组织实施

在长期的实践中，净评估逐步形成以净评估办公室为核心"主体"，以国防部内部机构、军外科研机构和美国著名智库为"两翼"的模式。在军内评估层面，国防部净评估办公室可要求各军种部、参谋长联席会议、各联合作战司令部、国防部各业务局等国防部内部机构提供评估报告；在军外评估层面，国防部净评估办公室可委托联邦勤务总署公开招标或自主选择有资质的相关机构，通过外包的方式完成评估工作。在组织实施中，国防部净评估办公室一方面不断强化"主体"核心地位，负责遵循国防部长的书面指示及国防部5111.11号指令，并指导形成整体评估研究方案；另一方面积极筹划与外围机构之间的委托合作，督促发挥"两翼"的支撑作用，共建"以净评估办公室为中心、以外围研究机构为节点"的"决策—执行—监督"一体化净评估联动网络。

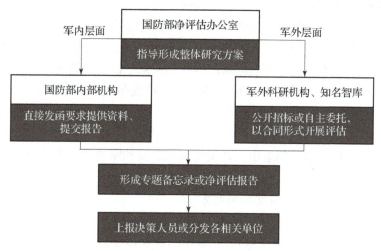

图9-3　国防部净评估办公室"一体带两翼"的运行模式

国防部净评估办公室聚焦瓦解对手竞争实力、消耗对手竞争潜力的关键领域，重点选择"以己之强攻敌之弱"的竞争战略，找准对手的"罩门"，以点代面、以点破面，制定适合己方"长期优势"攻击对方"长期劣势"的战术，使自己在竞争中始终处于进攻态势，步步紧逼，打乱敌人的防御阵脚，达到战胜对手的战略目的。典型如针对苏联的"强加成本"战略，美方选择其强大的经济实力和太空优势，与经济早已透支严重的苏联开展了新一轮"非对称"军备竞赛，并通过"星球大战计划"迫使苏联继续投入大量国防资源，使其原本就捉襟见肘的经济雪上加霜，引发苏联经济崩溃，并最终解体。在"强加成本"战略中，美国精准锁定"苏联经济正走向灾难"这一关键点，利用美苏之间的经济规模差距，把苏联推入无法承受的国防军费消耗泥潭，并制定了推进先进战略轰炸机、部署陆基洲际弹道导弹、实施星球大战计划等措施，迫使苏联产业失衡，继而引发经济弊端暴露、民族矛盾激化，致使国家同盟瓦解，苏联帝国倒塌。

四、主要特点

长期以来，国防部净评估办公室一直扮演着美国国防战略创新调整的幕后推手，先后催生了"强加成本""新军事变革""亚太再平衡""空海一体战"等引领世界防务领域的前沿战略，其主要做法总体呈现 6 大特点。

（一）以问题为导向揭示竞争本质

国防部净评估办公室将"好的问题"贯穿整个分析研究过程。美国在竞争中处境如何？竞争双方在哪些方面存在重大差异？影响评估结论的主要不确定因素有哪些？美国在竞争中会遇到哪些关键问题和机遇？这些看似简单却不乏启发性的问题串起了净评估的分析框架，即基本概况评述、不对称因素确定、重要影响因素分析、关键威胁与机遇警示，一步步递进式驱散竞争迷雾，全景式展现竞争本质。净评估以提出问题为起点、以理解问题为途径、以解决问题为目标的研究模式，驱使净评估从多个维度为美国国家安全做"体检"，"诊断"出国家安全的优势与弱点、威胁与机遇，帮助战略决策者利用答案信息为美国军事能力"找病灶""开处方""除病根"，引领美国国家安全战略的创新思路与实施战术，催生出契合美国国家利益和军事转型需求的现代国防战略体系。

（二）以诊断为桥梁启发征候处方

国防部净评估办公室将"诊断"视为获得战略"处方"的最好方式。净评估将尽力"诊断"出现在未来的 20 年内，美国在关键的军事竞争中相对于对手所处的位置和拥有的比较优势，但不会就军力水平或力量编成等计划竞争的输出值提供建议，"治疗"一个安全问题或利用一个机会的"处方"留给国防部长和国防部的其他高级官员来开。就像马歇尔在《净评估的性质与范畴》中说的："净评估更倾向于去描述要做什么，而不是建议如何去做，真正地解构和分析问题比给出答案更重要。"净评估止步于提出问题和分析问题的"诊断"，而将形成解决方案和政策规划的"处方"权交给高层领导的研究方式，犹如在美国的全面、客观、准确的竞争态势和美国战略的调整与创新之间架起一座桥梁，启发净评估研究人员和美国战略政策制定者更好地把握即将出现的问题与机遇，开出符合美国利益的战略"处方"。

（三）以远期为目标生成形势判断

国防部净评估办公室强调从长期竞争框架视角下看待敌我对抗。净评估对安全形势分析的时间跨度一般为10~25年，甚至更长，它基于对竞争对手广泛而全面的分析评估，为高层领导提供长期客观的形势判断。净评估所采用的长期竞争框架，拓展了美国战略学家的关注范围，使其从局限于武器交火效果的量化分析近期利益，转化为更宏大的和平时期与敌对抗系列行动的远期目标，从而改善美国相对于对手的战略态势。通过这种视角将关注点聚焦于美国具有长期比较优势的领域，并利用对手的持久劣势，使对手的有效竞争变得更加艰难复杂。正是对安全形势的前瞻式"远望"，净评估才能准确地预见"未来的客观存在"，才能催生出针对苏联的"强加成本"战略，并在苏联解体后，立即将关注点转移到了新军事变革和亚太地区，助力美国继续稳坐全球军事强国的头把交椅。

（四）以跨域为视野审视国家差异

国防部净评估办公室强调多学科领域的广泛比较，是国家间竞争实力跨领域的综合评估。2020年版美国国防部指令《净评估办公室主任》定义净评估为"对影响各国相对军事能力的军事、技术、政治、经济和其他因素的比较分析"，可见要实现繁冗复杂且相互联系的众多因素的综合分析，净评估必须建立在坚实的交叉学科基础之上，在广阔的视野内实现对国家间武器系统、军事力量、政治制度、经济体制等多方面的分析比较，精心筛选出敌我双方各自的优劣势，得到国家间竞争实力的"净"结果。以跨域为视野的分析研究思路，从国防部净评估办公室主任人选中亦可窥见。首任净评估办公室主任马歇尔及现任掌门人贝克，都是多学科交叉型人才，这无疑为净评估研究团队在分析美国及对手的竞争态势中注入了广域基因，为准确审视国家间军事领域的不对称性打下了坚实的基础。

（五）以优势为利器攻击敌方命脉

"知己知彼""以己之长攻彼之短"是净评估的精髓。"如何借助美国持久优势，同时利用对手持久弱点来制定竞争策略"是担任国防部净评估办公室主任 40 余年的马歇尔一直在思考的问题，也充分体现了净评估对竞争中不对称因素的重视程度。正是准确评估了 20 世纪 80 年代苏联的经济状况濒临"灾难"边缘以及华约集团内部民族主义暗流涌动的态势，摸准了苏联战略思想和军事文化的偏好，准确把握了美国自身在特定领域的相对竞争优势，国防部净评估办公室才催生出了针对苏联的闻名遐迩的"强加成本"战略，利用美苏之间巨大的经济鸿沟，帮助美国在冷战中胜出。这种对竞争双方优劣势评估的有效性，使得国防部净评估办公室可以辅助美国高层准确选取自身擅长的领域，并制定一系列引诱或迫使对手改变原有竞争赛道的战略决策，使对手陷入非对称竞争泥潭，加速其失败进度。

（六）以灵活为战术实现战略目标

远期战略目标的确定体现了国防部净评估办公室对于重大问题的科学把握和前瞻预判。净评估的竞争形势分析往往以数年甚至是数十年为时间跨度，这就要求净评估要善于从战略高度谋篇布局，从政治、经济、军事、外交等各个维度就美国和其潜在对手进行详细比较，以寻求美国在军事竞争中的位置，从而精确预判并确立远期竞争战略目标。分析方法的灵活性体现了解决问题手段与方式的多样化。在较长的时间跨度内，未来的不确定性因素颇多，且无法消除，这又要求净评估在实施的过程中，方法手段要与时俱进，灵活机动，善于把眼前需要放在长远谋划中去把握。就像净评估创始人马歇尔所说的："开展净评估的方法实际上并不存在，这些方法要根据当时的情势被开发出来。"净评估之所以至今依然熠熠生辉，与其做到了目标坚定与方法灵活的有机结合不无关系。

第三节 综合性联合战备评估

综合性联合战备评估是美军评估工作的核心内容之一，是保证战备建设与管理工作按照既定要求顺利、有序开展，促进战备水平提升的有效手段，也是美军战略管理的重要组成部分。从战略层次看，实施综合性联合战备评估，对掌握军队现实作战能力、查找作战差距，进而采取措施提升作战能力具有重要意义。

一、概念内涵

美国国防部《国防部军事及相关术语词典》和《美国武装力量条令》对"战备（readiness）"的定义是"军事力量的作战与满足赋予任务需求的能力"。

《国防采办辞典》中的"战备"是指"部队或武器系统对执行任务或作战的准备状态"。从战略管理角度看,美军战备是指军事力量完成战略目标所需的各种能力。

因地处美洲、远离其他大陆,自独立以来,除领土扩张过程中的一些争端及战事外,美国面临的外部威胁相对较少。第一次世界大战后,欧洲国家国力大幅削弱,美国逐步发展成为世界头号强国,军事实力大幅提升,但其间美国并未开展成系统的战备工作。第二次世界大战时期,随着轴心国势力的快速扩张,美军着手启动大规模战备工作,以便随时介入战争。珍珠港事件爆发后,美军迅速介入战争,其强大的动员能力和战备工作,为第二次世界大战的胜利奠定重要基础。战争胜利后,美军战备工作有所松懈,由此带来严重隐患。在朝鲜战争、越南战争及入侵格林纳达等军事行动中,美军经历了一系列挫折,促使其将战备工作提升到军事建设的重要位置,而检验战备状态的战备评估成为美军战备工作的重要环节。

综合性联合战备评估是按照上级指示和各类规划计划要求,对部队战备状况展开的调查、审核与评价。美军战略管理中的战备评估工作主要由参谋长联席会议组织实施,是美军整个战略评估体系的重要组成部分。根据《美国法典》第10篇第153章(A)(4)和第3100.01E号参谋长联席会议主席指示(CJCSI),参谋长联席会议主席组织的综合性联合战备评估,是指评估联合部队在为未来挑战做好准备的同时,能够应对紧急情况和作战挑战的能力。综合性联合战备评估将考虑现有能力的范围、联合部队使用有关能力的速度和方式、联合部队的保障能力以及联合部队的弹性;在预测未来挑战时,战备评估将考量针对敌对双方的综合性评价、军事演习和联合作战概念等。

具体而言,综合性联合战备评估主要涉及以下内容:①评估联合部队履行职责和应对重大紧急事件的总体战备情况;②评估由于战备不足造成的军事力量及任务风险,制定风险缓解措施;③在拟制和评估国防战略及应急规划时,就关键优势与不足向国防部长提出建议;④就可能需要承包商或其他外部支持的任务和职能向国防部长提供建议;⑤维持统一的制度,以评估各联合作战司令部和指挥官群体执行指定任务的准备情况。

综合性联合战备评估工作由一系列的评估工作组成,涉及面广、体系复杂,主要包括年度联合评估(AJA)调查(J-5)、参谋长联席会议主席战备系统评估、参谋长联席会议主席净评估、联合参谋部评估和联合军事净评估(JMNA)(J-8)等。这些评估工作为参谋长联席会议实施战略指导、制定战略与应急规划、开发联合能力、推动联合部队发展和提出全球军事一体化建议提供重要参考。

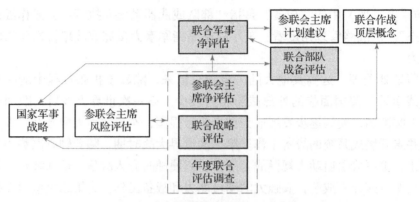

图 9-4   美军参谋长联席会议开展的主要战备评估工作

上图中，联合战略评估主要是指联合参谋部评估，涉及人事、战略情报、后勤等多个方面，它与参谋长联席会议主席净评估、年度联合评估调查等工作紧密结合，共同为推进参谋长联席会议主席风险评估①、制定国家军事战略、拟定联合作战顶层概念提供重要支撑。联合部队战备评估是参谋长联席会议主席战备系统评估的主要组成部分，评估结果为开展联合军事净评估、制定国家军事战略提供了重要输入。联合军事净评估是战备评估中的关键环节，它在各项评估基础上，对各类战略事项等作出综合性评估，为参谋长联席会议主席向资源分配系统提交计划建议提供参考。

二、年度联合评估调查

年度联合评估（AJA）调查是联合参谋部组织的年度例行性评估，以调查问卷的形式，向各联合作战司令部、各军种、国民警卫局等部门高级将领（四星级）征求意见建议。联合参谋部设有由战略规划与政策局（J-5）局长牵头的战略整合小组（JSSIG）——联合参谋部内跨局办的一个协调机构，为"联合战略规划系统"运行和参谋长联席会议主席相关工作提供支持。联合参谋部战略整合小组下设年度联合评估（AJA）调查工作组，负责制定并评审年度联合评估调查问卷的结构和问题，主要问题涉及战略环境、威胁、挑战、机遇和风险等方面。调查表分发给各联合作战司令部、各军种、国民警卫局。年度联合评估调查结果直接影响联合参谋部开展的各项评价与评估工作。战略规划

---

① 参谋长联席会议主席风险评估是由参谋长联席会议主席面向中长期兵力设计与发展，组织开展的战略层面的评估工作，其主要任务是评估与国家利益相关的军事战略风险，以及与国家军事战略执行相关的军事风险。评估结果对军事战略的制修订和各项战备评估工作的深入推进提供参考和支撑。

与政策局（J-5）局长负责年度联合评估调查的拟定、人员配置、审查和准备工作。

三、参谋长联席会议主席战备系统评估

参谋长联席会议主席战备系统始建于 1994 年，目的是向参谋长联席会议主席提供部队能力以及不足之处的信息，完成国会、总统、国防部长赋予的战略任务。在组成上，参谋长联席会议主席战备系统主要由全球资源与训练状态系统、国防战略战备报告系统组成，通过提供一个评估战略战备以及部队战备状态的通用框架，综合集成基于资源、基于能力两种评估方式，为参谋长联席会议主席提供信息。

参谋长联席会议主席战备系统评估主要包括半年一次的联合部队战备评估和规划评估两项工作。半年一次的联合部队战备评估（JFRR）依据国防战备报告系统（DRRS）中提取的态势和战备数据，评估武装部队、作战保障及相关业务机构、作战合同保障，以及联合作战司令部执行战时任务的能力。国防战备报告系统是主要的军事单位战备评估工具，用于评估各部门完成核心任务、执行指定作战行动和最高优先级计划的战备状态。作战局（J-3）负责组织开展联合部队战备评估，建立通用评估框架，掌握联合部队执行国家军事战略的战备状态。

规划评估对联合作战司令部成功执行应急规划（依据高度可见或潜在的可能产生最严重后果的情况选定）的能力进行度量。规划评估包含的数据分析来自一体化分阶段兵力部署数据（TPFDDs）的应急资源配置。应急资源配置由指派的联合作战司令部、美国运输司令部的运输可行性研究、后勤保障能力分析，以及联合作战司令部和联合部队供应商风险分析等拟制。

四、联合参谋部评估

联合参谋部组织所属部门分头开展联合战略评估工作，主要目的是评估联合能力领域（JCA）内的风险，以及所有跨联合能力领域的风险。联合参谋部运用评价和评估结果支撑风险降低策略，向联合军事净评估、参谋长风险评估等提供输入，同时协助参谋长联席会议主席提出军事建议。联合参谋部还可以发布以下独立评价与评估报告，为参谋长联席会议主席和联合部队提供支持。

一是联合人事评估（JPE）。该评估是从联合人事战备的角度对联合部队在全球、全域和多种任务环境中支持国家军事战略能力开展的独立评估。联合人事评估从年度联合评估调查、国防战备报告系统和其他来源，提取可直接影

响联合部队军人文职就职、战备、作战和保留的数据与分析结果，协助参谋长联席会议主席制定军事建议。人力与人事局（J–1）负责拟制年度联合人事评估。

二是联合战略情报评估（JSIE）。该评估寻求确认并说明某些关键主题对未来（2~10年）战略环境和联合部队的影响。通过评估具体说明对手如何利用各种治国方略（外交、信息、军事、经济、治理等）确保其利益及其对美国带来的威胁，以及美国能够利用每个对手弱点的方式。情报局（J–2）负责拟制并发布年度联合战略情报评估。

三是联合后勤评估（JLE）。该评估为联合部队如何通过《未来年份防务计划》及其后续规划，为部队投送、支援与保障提供全球综合独立评估，以实现《国家军事战略》和《联合战略战役规划》所要求的全部任务。它阐述了后勤联合能力领域内的风险和跨所有联合能力领域的风险。联合后勤评估从年度联合评估调查、国防战备报告系统、一体化优先需求清单、联合作战司令部后勤支援能力分析等来源提取数据与分析结果。后勤局（J–4）负责拟制年度联合后勤评估。

四是联合指挥、控制、通信与计算机（C4）/网络评估（JCE）。该评估对联合部队如何能够在全谱联合信息环境中进行指挥控制通信、为《国家军事战略》和《联合战略战役规划》提供支持，提供了独立评估。它利用国防战备报告系统、年度联合评估调查和一体化优先需求清单，识别所有联合能力领域与C4/网络相关的风险，并向参谋长联席会议主席和联合C4需求确认与能力开发程序提供准确的信息，以确保联合互操作性。C4/网络局（J–6）拟制该项年度评估，提供与网络防御、联合/联盟C4能力和互操作性相关的军事建议。

五是联合非常规作战评估（JIWA）。该评估每年评估联合部队遂行及支援非常规作战行动，以及执行联合作战司令部战役及应急规划所需行动的能力（能力、规模、态势、战备、授权等）。它对联合作战司令部报告的由《战役规划指南》及《联合战略战役规划》指导的对敌斗争及非常规作战任务、与非常规作战相关的研发和创新活动（覆盖国防部所有创新、研发中心），以及其他参谋长联席会议主席指导的非常规作战相关事务，进行战备评估。评估将提供建议、弥补不足、探索机遇。联合部队发展局（J–7）负责拟制年度联合非常规作战评估。

六是联合医疗评估（JME）。联合参谋部军医主任负责对联合部队保障《国家军事战略》的作战医疗能力开展年度独立评估，指出所有军事行动期间向军人提供医疗保健服务所存在的潜在缺陷与障碍，协助参谋长联席会议主席拟制军事建议。该评估从年度联合评估调查、国防战备报告系统、一体化优先需求清单和其他来源获取数据及分析结果。

五、联合军事净评估

联合军事净评估（JMNA）是对联合部队在今天或未来财年执行国家军事战略能力的年度综合评估。它对综合性联合战备状态提供全面评估观点，针对应对各优先挑战的战略竞争领域纳入能力和战备考量。

联合军事净评估综合了"联合战略规划系统（JSPS）"已有的评估和分析，纳入定性和定量数据，提供综合性联合部队战备和执行所有国家军事战略能力的总体评估。作为一种评估方法，联合军事净评估设法确定联合部队关于兵力使用、兵力发展与兵力设计路径的竞争优势程度。

联合军事净评估直接影响年度《参谋长联席会议主席计划建议》（CPR）。《参谋长联席会议主席计划建议》是参谋长联席会议主席对《国防规划指南》（DPG）的直接意见，因此代表了他就计划编制优先顺序向国防部长提出的建议。根据参谋长联席会议主席的指示，部队结构、资源与评估局（J-8）局长负责联合军事净评估（JMNA）的拟定、人员配置、审查和准备工作。联合军事净评估是联合参谋部顶层评估产品。

第四节　业务绩效评估

业务绩效评估是美军战略执行评估的主要内容之一，是对战略在各部门具体业务工作中执行情况的综合评估，是保证美军战略目标实现和促进各部门业务绩效提升的有效手段。从战略层次看，实施业务绩效评估，对战略目标落地、查找管理效率差距、提升国防部运行效率具有重要意义。

一、评估主体

业务绩效评估由国防部首席管理官（CMO）领导。首席管理官负责美国国防部所有业务活动的改革工作，包括规划和流程、业务转型、绩效管理和业务信息技术管理。

二、评估内容

绩效评估的重点内容是各部门的优先事项和绩效目标。美军将其国防战略目标分解为若干子目标，并明确责任机构。各责任机构再对子目标进行分解，并根据这些目标明确优先事项和绩效目标。

2018 年版《国防战略》的子目标分解情况如表 9-1 所示。首席管理官办公室负责其中国防战略子目标 3.1 "改善和加强业务运行,减轻行政和监管负担"。首席管理官将其负责的子目标根据《国防规划指南》再进行细分,形成本部门的绩效目标,从中明确优先事项,并更新《未来年份防务计划》。《国防规划指南》主要内容包括:①确定战略目标与能力发展优先安排;②确定资源规划方面的资金限制条件;③确定优先安排与风险可承受程度;④建立联合作战能力目标;⑤确定未来业务发展规划的战略目标;⑥确定未来联合作战与组织体系发展的概念。

表 9-1 《国防战略》的目标及子目标分解

目标	子目标
1. 再造军事战备,建设更具杀伤力的联合部队	1.1 恢复军事战备以建立更具杀伤力的部队 1.2 提高武器系统执行任务能力的同时降低作战成本 1.3 增强信息技术(IT)和网络安全防御能力 1.4 及时向作战人员和决策者提供相关情报,以获取超越对手的决定性优势 1.5 确保美国的技术优势 1.6 实施各类举措招募和保留最佳总兵力以加强能力和战备 1.7 确保国防部设施的安全性和可恢复性 1.8 招募、发展和保留一支多样化的采办和维护工作人员队伍 1.9 响应联合作战司令部和跨机构的紧急作战需求
2. 巩固联盟和吸引新伙伴	2.1 安全合作企业化改革 2.2 与主要国际合作伙伴一起推动采办和维护举措创新
3. 改革国防部的业务实践以取得更好的绩效和可负担能力	3.1 改善和加强业务运行,减轻行政和监管负担 3.2 通过扩展数据分析能力和支持数据驱动解决方案,将数据作为战略资产加以利用 3.3 提高对国防部管理最有价值的信息——预算和财务信息的质量 3.4 将创新的采办方式以最快速度转化为作战能力 3.5 建设安全、有保障、可恢复的国防工业基地(商业的和编制内的)

首席管理官主要依据《国防规划指南》编制《计划目标备忘录》,明确年度计划安排和优先事项。《计划目标备忘录》经国会审批后,年度计划进入执行阶段。各部门依据确立的计划安排和优先事项,定期进行评估。例如 2020~2021 财年首席管理官的优先目标如表 9-2 所示。

表 9–2　国防部 3.1 战略目标 2020~2021 财年的优先目标

战略目标	领导机构	2020~2021 财年优先目标
战略目标 3.1	首席管理官	优先目标 3.1.1：到 2021 年 9 月 30 日，建立一种通过创新、授权和改进的方式来降低国防部业务成本的长期文化，以节省 164 亿美元成本。（2020 财年 77 亿美元，2021 财年 87 亿美元）
		优先目标 3.1.7：2019 年 10 月 1 日至 2021 年 9 月 30 日期间，执行国防部法规改革工作组的建议，国防部将每年颁布 50 项法规，并将现有法规减少 35%

三、评估流程和方法

国防部首席管理官对其负责的部门优先事项和绩效目标实施评估的流程如表 9-3 所示。

表 9–3　国防部绩效指标和评估流程——规划、绩效和风险管理框架

1. 理解环境和确定战略	1.1 用于业务运行的战略总目标 / 子目标与《国家安全战略》《总统管理议程》和《国防战略》保持一致 1.2 基于国防需求、威胁、结果（绩效和成本）、决策和参与的利益相关者 1.3 支持《国防授权法案》和《2010 年政府绩效、效果、现代化法案》的需求
2. 确认和评估风险	2.1 能够通过内部和外部资源（总检察长办公室、政府问责办公室的高风险清单、各部门的意见）主动识别企业化风险 2.2 评估风险以了解其可能性和影响，并考虑已确认风险的优先级
3. 制定计划（年度绩效计划）	3.1 确认与关键风险相一致的以结果为导向的绩效和优先目标 3.2 与《国防战略》的评估和实施《国防战略》的核心指标保持一致 3.3 赋予衡量目标进展的有效性和 / 或效率的指标 3.4 使用绩效指标推动风险消除作业的问责制 3.5 使执行、人员和资源需求、预算、实际值和内部控制保持一致 3.6 明确如何以合理的成本实现合理的能力（最佳价值）
4. 评估绩效	4.1 评估总目标和子目标绩效的进展结果 4.2 分析数据并审查绩效（成果和成本）进度（近实时） 4.3 评估趋势，评估价值和风险 4.4 确定业绩和困难

5. 报告进展	5.1 向利益相关者通报战略目标的子目标和结果 5.2 将绩效数据、对象和执行成本与进展结果 / 价值联系起来 5.3 授权领导层执行行动计划，并重新调整资源以解决挑战 / 风险、不足或新的优先事项 5.4 强化组织的和个人的绩效问责制 5.5 将经验教训归档并进行反馈 5.6 确保法定合规性和纳税人价值
6. 通告决策	6.1 授权各级领导人基于有效性、效率、总价值和不足等方面做出正确的绩效 / 数据驱动模式的决策 6.2 允许快速决策、规划和转移资源来解决新出现的风险 6.3 改善与政府伙伴在跨领域工作方面的合作 6.4 通告战略、规划、项目 / 预算和资源的调整

国防部对各部门实施绩效评估的方法工具主要有三个：①《年度绩效计划》，通过该计划，明确各部门的年度绩效改进目标和指标，首席管理官进行绩效评估时，各部门负责人需要提供书面证明，确保其绩效信息完整、准确、可靠，且对数据进行验证和确认，确保各部门对其绩效目标负责；②其他绩效指标，包括采办、战备、审计等领域的数据信息；③"平衡计分卡"，从财务、用户、内部业务流程和组织能力等角度衡量部门绩效，以确保评估的客观和准确。

第五节　采办项目评估

采办项目评估是美军战略执行评估的主要内容之一，是对战略目标在具体采办项目中落实情况的综合评估，是保证美军将战略目标转化为作战能力、促进采办管理效率效益提升的有效手段。从战略层次看，实施采办项目评估，对作战能力实现、查找管理差距、提升采办管理效率具有重要意义。

一、评估主体

采办项目评估由国防部采办与保障副部长领导，具体由采办助理部长下的采办数据和分析办公室实施（组织机构如图9-5所示）。该机构前身是采办绩效与原因分析办公室（PARCA），根据《2009年武器系统采办改革法》于2009年12月设立。2018年国防部采办、技术与后勤副部长办公室拆分为研究与工程副部长办公室和采办与保障副部长办公室以后，采办与保障副部长办公室对原有机构进行了优化调整，新设采办赋能助理部长帮办，在原采办绩效与原因分析办公室（PARCA）的基础上组建采办数据和分析办公室，拓展了原办公室职能。

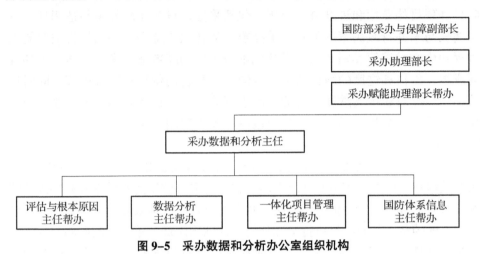

图9-5　采办数据和分析办公室组织机构

目前该办公室设4个主任帮办，分别是评估与根本原因主任帮办、数据分析主任帮办、一体化项目管理主任帮办和国防体系信息主任帮办。

二、评估内容

采办数据和分析办公室评估工作的目的是掌握采办总体情况，跟踪重大国防采办项目执行情况，为采办与保障副部长调整采办政策提供评估支撑。为此，办公室开展全方位、多角度评估，对重大国防采办项目与全军装备采办绩效评估并重，不但关注重大国防采办项目"拖、降、涨"等问题，还从采办政策有效性、采办程序、采办队伍和采办系统综合运行情况等角度，全面分析评估采办系统绩效水平。

一是评估采办系统运行的总体情况。美军认为，有效利用预算，防止浪费或滥用纳税人的税款是采办管理部门的核心责任。因此，采办预算的投入产出情况是衡量采办系统总体绩效的重要内容。评估报告一方面对当年国防预算支出的详细情况进行数理统计分析，包括：审计部门提供的各类支出数据，总统预算中的国防预算分配情况，研究、开发、试验与鉴定预算，活动与维持费预算，用于服务采办的预算开支等；另一方面，对合同情况进行分析，以此来反映采办预算的产出情况，全面分析与评估国防部总合同的分配情况，合同利润、价格、费用、进度和性能等总体情况等。

二是评估重大国防采办项目采办各阶段绩效情况。对重大国防采办项目的评估是办公室的工作重点，主要从成本、进度与性能三大方面进行评估。评估工作要以《麦克科迪法案》等法规文件为依据和标准，对选取的重大国防采办项目的费用和进度进行分析，包括采办任务的实际效果与适用性、费用增长与采办行政决策的关系、采办投入的各项措施等。评估报告按照研发过程和生产过程等类别对采办系统成本与进度的绩效情况进行评估，包括合同成本、价格和进度的增长情况、合同成本与合同价格对比分析等，同时还从不同角度对成本与进度增长的原因进行分析，包括近期项目成本增长与先期研究的关系分析、军事部门与承包商相关管理制度对合同成本与进度的影响分析等。

三是评估采办政策的有效性，提出采办政策调整和采办改革的措施建议。采办数据和分析办公室主要从以下四个方面对采办政策的有效性和采办改革情况进行评估分析：①评估激励机制和政策对装备采办绩效的影响，通过对不同类型合同的装备采办项目执行情况分析，评估国防部、军种和政府部门的激励措施，如绩效考评指标、奖金、股权和股票等对装备采办项目执行情况的影响，分析利润和费用对合同履行情况的影响。②评估不同类型合同对装备采办绩效的影响，通过对不同类型合同的装备采办项目执行情况分析，对成本合同与固定价格合同的执行情况进行对比分析，分析不同合同类型对装备采办绩效的影响。③评估竞争机制的执行情况及影响，竞争一直被认为是提高采办绩效的最有效手段，评估分析至少2家承包商竞标的重大国防采办项目合同的费用和进度情况，分析竞争如何影响最终利润。④评估国防采办执行官和项目主任期对装备采办绩效的影响，主要分析采办与保障副部长、重大国防采办项目主任任期与项目绩效的关系，分析项目主任任期长短与项目绩效之间的关系。此外，评估工作还关注采办程序、采办队伍及管理能力、采办改革成效等综合情况。

三、评估指标和思路

根据评估内容分类，评估指标分为项目指标、合同指标、机构指标、采办政策指标和采办工作人员指标。

项目指标主要侧重于对项目成本上涨进行评估，包括综合绩效指标、重大国防采办项目（MDAP）绩效指标和重大自动化信息系统（MAIS）绩效指标，二级指标如表9-4所示。

合同指标可以分为研发合同绩效指标和生产合同绩效指标，两类指标二级指标如表9-5所示。

表9-4　项目评估指标及思路

评估指标	二级评估指标	评估思路
综合绩效指标	突破《麦克科迪法案》	按年份对发生突破的项目数量进行统计
MDAP 绩效指标	研发成本上涨	按年份对研发成本上涨进行统计，评估不同时间段的项目开发成本上涨情况；对项目相对里程碑B时成本减少比重进行统计，评估不同时间段成本控制情况
	生产成本上涨	以单位采购资金为项目生产评估数据。按年份对生产成本上涨进行统计，评估不同时间段的项目生产成本上涨情况；对项目相对里程碑B时成本减少比重进行统计，评估不同时间段成本控制情况
	技术性能	按照年份和项目类别，对MDAP作战有效性和适应性进行统计
MAIS 绩效指标	成本上涨	按年份、决策机构对MAIS成本上涨进行统计
	进度拖延	按年份对MAIS进度拖延进行统计

表9-5　合同评估指标及思路

评估指标	二级评估指标	评估思路
研发合同绩效指标	研发合同成本上涨	按照年份对研发合同成本上涨进行统计
	研发合同进度拖延	按照产品类别对研发合同进度拖延进行统计
	研发合同价格上涨	按照商品种类和年份对研发合同价格上涨进行统计
	研发合同目标成本	按时间对研发合同目标成本变化进行统计
	研发合同周期时间	按时间对研发合同周期时间进行统计，是合同复杂性评估的基础
	研发合同成本上涨异常值	导致研发合同成本上涨异常的原因进行统计
	研发合同复杂性	按时间对研发合同复杂性得分进行统计
	研发合同风险	按时间对研发合同风险得分进行统计
生产合同绩效指标	生产合同成本上涨	按照年份对生产合同成本上涨进行统计
	生产合同进度拖延	按照商品种类对生产合同进度拖延进行统计
	生产合同价格上涨	按照商品种类和年份对生产合同价格上涨进行统计
	生产合同目标成本	按时间对生产合同目标成本变化进行统计

评估指标	二级评估指标	评估思路
生产合同绩效指标	生产合同周期时间	按时间对生产合同周期时间进行统计,是合同复杂性评估的基础
	生产合同复杂性	按时间对生产合同复杂性得分进行统计
	生产合同风险	按时间对生产合同风险得分进行统计

机构指标包括军种部、主承包商和分包商三个指标。军种部指标评估的核心是项目和合同绩效的评估,主承包商指标的评估侧重于合同数据的评估,分包商的利润评估采用与主承包商利润比较的方式,由此得出国防部和主承包商对于分包商利润控制程度方面的绩效水平,如表9-6所示。

表9-6 采办机构评估指标及思路

评估指标	二级评估指标	评估思路
军种部指标	项目进度拖延	按军种部对项目进度拖延进行统计
	项目技术有效性	按军种部对项目技术有效性进行统计
	项目技术适应性	按军种部对项目技术适应性进行统计
	突破《麦克科迪法案》	按军种部对《麦克科迪法案》成本突破进行统计
	合同趋势分析	按军种部对合同工作内容、成本、价格、利润及进度等趋势进行评估
主承包商指标	研发合同分析	按照主要承包商对研发合同目标成本上涨和进度拖延进行统计
	生产合同分析	按照主要承包商对生产合同目标成本上涨和进度拖延进行统计
	承包商等级	按照军种部及国防后勤局对优质供应商激励项目中的数据进行统计
	商品类别	按照商品种类对项目成本上涨和进度拖延数据进行统计
分包商指标	分包商利润	以所属主承包商利润为横坐标、分包商利润为纵坐标进行统计 按照军种部对分包商开发和生产利润进行统计

采办政策绩效评估主要包括激励机制指标、采办改革指标和财政情况指标等,如表9-7所示。

表 9–7　采办政策评估指标及思路

评估指标	二级评估指标	评估思路
激励机制指标	竞争性评估	分别对竞争性合同和单一来源合同的价格上涨、进度拖延和最终利润进行统计
	利润激励	利润激励是指高的未来合同利润对现阶段合同进度的激励。采用相同承包商的生产合同利润和开发合同进度数据进行统计分析
采办改革指标	采办改革绩效评估	对不同政策体制下 MDAP 项目单位成本上涨数据进行统计
财政情况指标	不同财政情况下采办绩效评估	按财政宽松和紧缩时期对项目采办单位成本上涨进行统计

采办工作人员评估可以分为官员评估和人员队伍的评估，但是目前美国国防部缺乏足够数据来支持这一方面的评估，如表9-8所示。

表 9–8　采办人员评估指标及思路

评估指标	二级评估指标	评估思路
采办官员指标	国防部采办执行官	按照不同历史时期，对国防部采办执行官任期内的项目开发和采购成本上涨情况进行统计
	军种部采办执行官	按军种部，对采办执行官任期内的项目开发和采购成本上涨情况进行统计
采办人员指标	采办人员队伍	尚未进行评估

四、主要特点

采办项目评估是美军装备采办管理工作的重要组成部分，在一定程度上影响采办管理改革和政策调整。为此，采办数据和分析办公室采用规范化、成熟的评估分析程序和方法，有时依托外部专业咨询研究机构和专家，广泛收集一手数据、应用基于数据的定量与定性相结合的评估方法，努力提高评估结论的客观性和科学性。

（一）采用规范化、成熟的评估分析程序，借助外力作用

采办数据和分析办公室本身的研究分析力量较为有限，在采办系统绩效系列评估中注重采用规范化、成熟的评估分析程序，充分发挥外界专家的作用。主要工作有：①广泛收集客观一手数据支撑研究与分析。采办系统绩效系

列评估完全是基于数据的，这些数据来源较为广泛，如来自预算账目审计部门的预算数据、项目管理部门的费用和进度数据、承包商上报的相关数据和情况、其他咨询研究机构的调查分析结果和相关数据；还有采办数据和分析办公室自身积累的数据，如以往原因分析报告中的数据、收益值管理相关数据等。②组织专业化的研究机构和队伍开展评估。采办数据和分析办公室主要发挥组织作用，依托外部机构和人员，通过对数据进行统计分析、对比分析、趋势预判等开展评估工作。依托机构如国防分析研究所、兰德公司等；同时，该办公室还根据评估任务与内容的不同要求，吸收经费、会计、审计、技术等方面的专业化评估人员和团队，协助其开展采办系统和重大国防采办项目的评估工作。③汇总提出评估结果与建议。调查分析工作结束后，采办数据和分析办公室负责对评估结果进行整体把握，给出评估结论，并提出相关建议供采办主管部门参考。

（二）采用多样化、成熟的评估方法与工具，确保评估结论的客观性

美军一贯重视并强调采用各类研究分析方法来提高评估工作的客观性和科学性，美军装备采办系统绩效评估工作的各个阶段应用了不同的研究分析方法和工具手段。在数据和情况收集过程中主要应用了大量的调查研究方法，如文献查阅、实地走访调研、专家研讨等。评估人员深入装备采办管理部门、装备科研生产单位和相关单位，根据权限依法查阅与评估装备采办项目相关的所有文档资料，并要求相关部门按照法规提供相关服务。完成一次评估所需查阅的文档资料数量相当庞大，仅文件名列表就达数十页。评估机构还举行专家研讨会，召集相关领域专家座谈等，了解实际情况，吸取专家意见和经验，对相关数据和信息进行甄别。在评估过程中应用了大量的定量定性相结合的分析方法，包括数理统计、线性回归、单变量分析检验等，以及成本核算、层次分析等各类工具模型。评估人员应用这些方法对各类数据进行处理和深入研究、分析影响因素、预测发展趋势，并将所得结果与实际工作情况进行印证，从而得出相关结论。如在分析费用和进度增长与不同因素相互关系时，评估人员应用了单变量分析，理清了采办阶段、合同类型等因素对费用、价格与进度增长及最终利润产生的影响，并通过非参数检验来验证数据总体的统计显著性。

（三）建立了各类互操作性强的数据库，加强数据共享与应用

通过网络信息系统平台，评估人员可便捷地获取以往研究成果、政策法规和技术资料，专家与用户、专家与专家之间可以直接在线沟通，跨越时间、地域限制，大大提高工作效率并节省开支。国防部和承包商等采办相关部门的数据库则为装备采办系统绩效评估提供了强有力支撑。如数据分析主任帮办管理的收益值管理核心库（EVM Central Repository），可提供关键采办收益值管

理数据的集中报告、收集和分发等服务，是国防部长办公厅、军种部和国防部业务局在收益值管理领域的权威、可靠资源。该库还收藏了大量重大采办项目的合同绩效报告、合同投资状况报告、承包商提交的一体化管理进度报告，以及近80个国防部I类项目和210个合同与任务的相关数据。该数据库还提供了多项管理工具，为评估机构提供专业化的数据分析服务。

此外，评估过程还采用头脑风暴法、德尔菲法等方法，根据不同领域专家经验和掌握的信息进行讨论，形成评估结论和相关意见。

第十章
美军战略管理方法工具

美军运用多种方法工具有效保障了"联合战略规划系统（JSPS）""联合能力集成与开发系统（JCIDS）""规划、计划、预算与执行系统（PPBES）""国防采办系统（DAS）"等系统的运行，为其战略管理现代化发展提供了有力支撑。这些方法工具主要包括体系结构框架设计方法、知识管理/决策支持数据库系统（KM/DS）、系统分析方法等。

第一节　体系框架

近年来，以大数据、人工智能为代表的前沿技术在商业领域快速发展，展现出非凡的军事应用前景。20 世纪 80 年代起，美国引入体系结构设计方法，最初应用于信息系统的体系设计。21 世纪尤其是发布《国防部体系结构框架》（DoDAF 2.0）以来，体系结构框架逐步成为支撑美军各领域建设的核心模型工具。

一、体系框架结构与视角

美军采用体系结构设计方法开展需求的分析与论证。体系结构设计方法指采用体系结构框架，为开发、描述和沟通体系结构提供指南、模型和规则。从 20 世纪 80 年代开始，美国开始引入体系结构设计方法，应用于信息系统的体系设计。21 世纪以来尤其是发布《国防部体系结构框架》2.0 版以来，体系结构框架逐步成为支撑美军各领域建设的核心模型工具。DoDAF 2.0 详细阐述了以数据为中心的方法，将高效决策所需数据的采集、存储和维护放在第一位，特别强调利用标准术语的方式收集数据，如图 10-1 所示。

美军将国防部体系结构框架分为多个层面，从作战视角、系统视角、数据和信息视角、计划视角、服务视角和标准视角等多个层面收集美军数据，构建相关模型，并勾画映射关系，如图 10-2 所示。

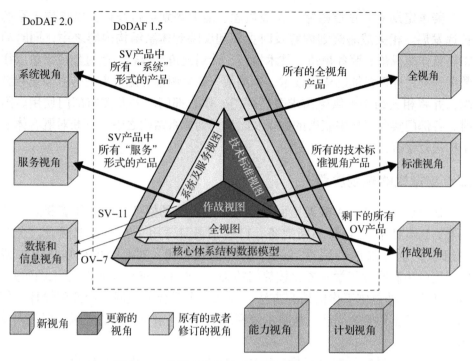

图 10-1 美国国防部体系结构框架视角示意图

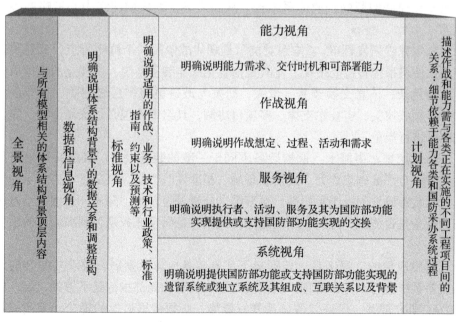

图 10-2 美国国防部体系结构框架 2.0 版确定的 8 个视角及其相互关系

美军定期对其顶层战略、作战概念、能力规划进行修订，以指导美军的长远发展。相关战略规划内容及时更新和反映到体系结构内容之中，同时动态更新作战视角、服务视角、技术视角、计划视角等内容。通过集成大量以往数据并利用计算机辅助建模技术，预测某一视角调整可能带来的各方面连带影响，并将相关结果提供给需求分析部门、作战部门、采办实施部门使用。同时，各部门实际工作中获得的数据及时反馈到体系结构之中，不断对既有体系结构进行动态完善。

二、支撑战略规划决策

DoDAF 是众多 EA 框架里面最具有研究价值的框架之一。随着新版本的发布，DoDAF 框架自身不断完备，已经不再只适用于军方系统建设，企业等组织完全可以灵活运用 DoDAF 实施企业架构。对 C4ISR 和 DoDAF 的研究，更催生和推动了学术界比较热门的关于"System of Systems"理论的研究。DoDAF 是一种总体工作的研究方法，即从一个系统的规划、论证到设计、使用、维护的整体寿命周期，从技术角度帮助人们弄清系统间的关系，促进人员的交流沟通。

实现体系结构联盟为目标。DoDAF2.0 版深化了网络中心环境下，面向服务的体系结构的思想，并提供了支持体系结构联盟概念中的各层次基本结构，提出要创建联盟版的企业体系结构，从而最终全面贯彻网络中心策略的各种理念。

制定完善研发标准。"体系对抗"是现代战争的一个鲜明特点，武器装备集成化使得系统日益复杂化。尤其是信息化武器装备系统，所涉及的使用单位广、角色杂，信息交换频繁、量大，研发与改进更需多层级把关、多专业协作、多领域攻关、多技术支撑、多项目协调，其组织管理必须依靠专业、完善的制度进行规范。

深入挖掘军事需求。武器装备不同于一般的装备设备，其最终用途是与使用者结合形成作战能力。武器装备的"军事性"本质，决定了军事需求分析对武器装备研发的极端重要性。军事需求分析是否系统、深入，直接关系着研发的装备是否能用、好用，这也是评价武器装备研发任务是否圆满完成的重要依据。

研发成熟的支撑工具。新形势下武器装备成体系发展，要求对复杂的武器装备系统进行全寿命管理，仅仅提出原则要求和局部指标是不够的。要开展DoDAF 研究部署，保证装备体系开发效能，必须依据科学的理论，采用成熟的方法，依托实用可靠的手段，尤其是计算机软件产品工具。

第二节　数据库及信息系统

美国战略管理工具已经形成了完备的技术体系，涵盖作战、建设两大领域，覆盖"联合战略规划系统""联合能力集成与开发系统""规划、计划、预算与执行系统""国防采办系统""适应性计划与执行系统"等主要系统流程，形成了一个由多层次、多维度、多要素构成的复杂巨系统网络，支撑美军战略体系。主要信息工具包括知识管理/决策支持数据库系统（KM/DS）、采办信息检索系统（DAMIR）、国防计划数据库（DPD–DW）等。

一、知识管理/决策支持数据库系统（KM/DS）

美军需求生成是一个螺旋式上升的复杂过程，分为需求分析过程（JCIDS分析过程）与需求评审过程。其中，需求分析过程需要经过功能领域分析（FAA）、功能需求分析（FNA）以及功能方案分析（FSA），分别确定美军需要完成的能力任务、现存的能力差距以及弥补相关差距所需的能力方案。

根据参谋长联席会议第3170号指令的要求，在需求生成过程中，应当采用"联合能力集成与开发系统"和信息化管理手段，对需求生成过程实施管理。为此，美军建立了知识管理/决策支持数据库系统（KM/DS）对各阶段需求文件及其过程文件的分发、传递过程等实施电子化管理，提高了需求管理的有效性。目前，该系统在美军需求生成管理工作中发挥着重要作用。

知识管理/决策支持数据库系统存储了美军指导需求论证的一系列顶层文件，主要包括《国家安全战略》《国防战略》《国家军事战略》《联合构想》、联合行动概念、联合作战概念、联合功能概念以及军种作战概念等内容，为国防部和各军种开展需求论证工作提供依据。美军各军种需求论证的过程稿也定期存入知识管理/决策支持数据库系统，并向需求文件初审官以及更高层的需求评审部门汇报；联合需求监督委员会（JROC）及其下属的功能能力委员会、联合能力委员会及其初审官对需求文件的评审意见也通过该系统向需求文件起草部门反馈，上述多个部门可以借助该系统就相关问题进行沟通。另外，该信息系统还可对相关需求文件的生成过程进行详细的记录，跟踪记录文件的进展情况，并提供对需求文件的检索。

美军在需求文件的起草、传递、评审、意见反馈以及开展采办里程碑决策评审过程中，通过知识管理/决策支持数据库系统（KM/DS）对各类需求信息实施信息化管理，提高了需求管理的工作效率。

二、国防计划数据库（DPD-DW）

传统采办程序周期长、效率低，极大影响了新技术的引入。美国国会报告指出，重大采办项目平均周期要 8 年，合同签订平均周期要 18 个月，往往"采办完成的同时技术已经落后"。"规划、计划、预算与执行系统"吸收了信息技术发展的最新成果，加强全军统一的信息系统管理，不断提高信息化管理水平。

2003 年，国防部发布《管理倡议 913 号》文件，规定在"规划、计划、预算与执行系统"中，建立规划、计划与预算的国防计划数据库（DPD-DW），主要用于规划、计划、预算与执行相关数据的收集与管理，以改变美军规划计划与预算成果都是以文本形式进行传递与评审的状态。该数据库由成本评估与计划鉴定局建设和维护管理，实现了美军从分散数据库向一体化的管理信息系统转变，实现计划与预算数据的一体化管理。

该系统包括 4 大类数据：①计划阶段的相关数据，包括《未来年份防务计划》《计划目标备忘录》（POM）；②预算阶段的相关数据；③采办管理的相关数据，包括《选择性采办报告》（SAR）、《国防采办执行概要》（DAES）；④人力资源方面的相关数据，指国防人力数据中心的数据，如国防采办队伍的规模、结构等数据。

国防计划数据库详细记录了部队、设施与环境、投资、作战与保障、人力资源以及周转资金 6 个方面的数据内容，详细记录了美军相关的历史文件以及数据文件，也详细记录了美军研究、开发、试验与鉴定情况和美军重大国防采办项目的经费规模、进度安排、实施情况，同时收录了美军《选择性采办报告》以及《国防采办执行概要》等相关报告与信息，对国防计划与预算的制定提供了参考和支撑。

国防计划数据库实现了全军联网，可以为国防部、军种、联合作战司令部等相关部门提供方便的查询和使用服务，为国防部高层审批决策部门、各军种和国防部业务局计划预算编制部门建立了良好的信息交流平台。基于该数据库，各部局所编制的《计划目标备忘录》（POM）与《预算估计提案》（BES）均上传到该信息平台实施审批，并最终汇总到《总统预算》，这些信息均存入数据库并长久保存记录。该一体化管理信息系统的建立，改变了以往计划与预算的数据分开管理，各系统之间信息不互通、难以有效进行决策支持的状况，有助于实现各部门间的信息沟通与共享，简化规划、计划与预算程序，优化国防采办规划计划与预算结果，提高美军规划计划与预算数据收集的效率和信息共享程度，提升了美军战略管理信息化水平。

三、国防采办可视化环境（DAVE）

国防部长办公厅和军种部共同承担武器项目的采办监督责任，具体职责分工取决于采办路径和项目规模的不同。目前，除了《选择性采办报告》（SAR）之外，美国国防部还通过国防采办可视化环境（DAVE）系统向国会报告采办项目性能、进度和成本数据。

2021 年 6 月，美国国防部开始使用国防采办可视化环境来收集和分析《选择性采办报告》相关数据，并计划将其作为适应性采办框架下的采办项目数据收集和分析的核心系统。其中，Advana（源自术语 Advanced Analytics）由国防部副部长（主计长）/ 首席财务官负责开发和维护，是国防部通用数据存储库，是一个集中的数据和分析平台，为国防部用户提供通用业务数据、决策支持分析和数据工具；空军和陆军部使用项目资源管理工具（PRMT）来管理采办数据，海军部使用研究、开发与采办信息系统（RDAIS）来维护、报告和传输采办数据；美国国防部目前正计划开发国防部长办公厅和各军种部系统的接口。

国防采办可视化环境为国会和其他机构提供实时的国防部采办项目成本、进度和性能数据，进一步提高数据透明度，提供更及时的信息，减少审查和发布信息所需资源，主要包括：①国会通过 Advana 系统可以实时提取所有采办项目成本、进度和性能数据，替代每个项目生成单独报告的方法；②国防部将针对不同采办路径，制定不同的数据报告要求；③国防部将开放 DAVE 系统接口，从各军种现有的采办数据收集系统中自动提取数据。

四、面向装备保障的全球作战保障系统（GCSS）

针对美军在海湾战争中，战场装备保障信息难以有效获取，装备保障工作开展困难的状况，美国国防部于 20 世纪 90 年代中期开始开发全球作战保障系统（GCSS），以提高装备保障工作的信息化水平。

全球作战保障系统的主要目标，是把美军后勤、财务、采购、人事、医疗等领域的信息集成到同一网络系统中，为作战部队及时提供部队方位、作战行动以及设备、物资等方面的信息，保障部队作战与训练任务的顺利完成。美军全球作战保障系统是一个功能强大的管理系统，由很多系统组成，是一个典型的系统族。美国国防信息系统局（DISA）负责全球作战保障系统的系统结构和工程设计以及开发、集成、使用与维护工作。在 2003 年伊拉克战争期间，全球作战保障系统及时为美军提供了大量的作战与装备保障信息，大大提高了作战决策与装备保障的工作效率，推动了装备保障工作的有效、快速实施，取得了良好的实施效果。目前，全球作战保障系统还在不断完善之中。

除了全球作战保障系统外，美军各军种也拥有独立的装备保障管理信息系统。虽然目前各军种都有自身的保障管理信息系统的进一步开发计划，但总的趋势是进行综合集成。一方面，国防部以全球作战保障系统为核心，将各军种的信息系统集成在一起，加强保障管理信息系统的综合集成，促进保障信息的共享；另一方面，各军种也在积极加强本系统装备保障管理信息系统的综合集成。空军在其保障战略计划"21世纪远征的保障"中提出，要建立实时的全球远程保障网络，通过可视化技术，实时或近实时地准确掌握设备、零部件、人员和费用等资源的状态和位置，做到与飞机远程作战同步匹配，并随时收集和反馈数据，调整和控制作战与保障行动，保证远程作战的需要。陆军目前正在实施"一体化保障业务"，目标是集成陆军所有的保障信息系统，解决以往各种信息系统数据来源不同、格式不同带来的互不兼容等问题，满足陆军装备作战保障的需要。

五、联合信息环境（JIF）

"联合信息环境（JIF）"是美军新一代联合指挥系统的技术支撑平台，能够对海量战场数据进行态势感知和智能化辅助决策，对美军未来联合作战理念和方案产生重要影响。2012年，美军面向未来多军种协同和智能化作战需求，启动"联合信息环境"建设，旨在改善上一代联合指挥系统——"全球信息栅格"的弊端，强化军兵种系统之间交互能力，加快作战人员信息获取速度，降低作战装备使用复杂性，增强信息系统安全性，推进新技术在作战中的应用。

"全球信息栅格"基于栅格计算，主要特点是将分散的网络联起来，解决网络互联互通问题，充分体现了以网络为中心的思想。"联合信息环境"则基于云计算，主要是为了把信息统起来、用起来，实现信息共享。

作战数据传输效率显著提升。"联合信息环境"需要实现各军种、联合作战司令部等机构数据的安全存储、分析和智能决策，对传输带宽和存储能力要求极高。考虑到未来多域战、智能无人作战需求，"联合信息环境"的接入和处理数据量将进一步提升。2018年4月，在国防部国防信息系统局主导下，美军已投入80亿美元将"联合信息环境"主干光网络传输带宽由10吉比特/秒提升至100吉比特/秒，传输平均延迟降低至10毫秒以内。

网络信息安全体系更新换代。在"全球信息栅格"系统中，美国国防部、军种司令部、各联合作战司令部都有独立身份认证系统，而跨军种的信息交互需要解决复杂的访问控制权限问题，否则将增加被干扰和遭网络攻击风险。为应对日益严峻的网络安全与电磁对抗态势，美军2018年完成"联合信息环境"

安全体系升级，主要涉及统一身份认证、访问控制和目录服务三大模块，以实现统一权限管理、信息环境目录访问等功能，支持各层级军方人员动态无缝高速访问"联合信息环境"，显著提升作战效能。美军还考虑使用区块链等更多技术手段，保证新的身份认证系统的绝对安全稳定。

战场人工智能辅助决策能力大幅增强。由于各军种、联合作战司令部等海量数据信息在云端汇集，因此依托数据的智能辅助决策将更加精准、时效性更强，传统的以网络为中心将向以数据为中心转型。2017年，谷歌公司将第二代人工智能处理器部署于国防部"军事云2.0"系统中，该处理器是支撑"联合信息环境"人工智能计算的重要硬件。基于谷歌人工智能先进算法，美军将具备高速战场视频处理、语音识别、复杂电磁环境感知、解密等能力，且比传统方法处理时间缩短数千倍。

2018年4月，美、英、法联军对叙利亚实施了联合军事打击，美军"联合信息环境"为打击行动提供了快速精准情报支撑和智能化辅助作战决策服务，标志着美军以"联合信息环境"为基础的新一代联合指挥系统已经初步具备作战能力。2018年5月，谷歌开发者大会宣布完成第三代人工智能处理器研发及配套研发环境升级，同等功耗条件下运算速度提升8倍。根据美国国防部与谷歌等公司的合作框架协议，第三代人工智能处理器及开发环境很快部署至"联合信息环境"中，进一步增强美军战场海量信息处理能力和人工智能辅助决策准确度，对作战模式、作战能力、响应时间等带来重大影响。至今，美军"联合信息环境"已实现各作战力量数据接入和高速处理，实现战场全域态势感知及作战智能辅助决策。

六、实施基于模型的数字工程

为有效适应装备及其技术创新加速、复杂度不断提升、采办管理难度日益加大的形势与要求，美军于2018年6月开始实施数字工程战略。数字工程是一种集成多学科手段和先进技术的数字化方法，其核心是构建并运用数字模型和数据，有效支撑装备采办从方案设计到退役处置的全寿命周期各项活动。从近年来的试点应用项目看，美军推行数字工程已产生一些较为明显的成效。

在提升装备方案权衡优化效果方面，美国空军在下一代运输机C-X的探索性方案论证中，对3种构型、7500个概念设计方案进行了权衡分析和探索，最终筛选出9个候选方案。美国海军利用数字模型，在其下一代大型水面舰、"福特"级航母等装备的方案论证中，形成超过1900万种设计方案，用于多方案权衡分析。"福特"级航母首次使用3D产品模型进行方案设计与优选，经评估将使其在未来50年服役中的总成本节约40亿美元。

在加快新装备研制进度方面，美军利用数字模型开展虚拟样机研制与演示验证，基于大量经过验证的装备数据与装备模型，将大大加快实物样机与装备的研制进度，推动新装备快速研制、采办及能力生成。比如，美军"下一代空中优势"战斗机，是空军首个全面实施数字工程的项目，并基于该项目提出"数字化百系列"的战斗机研制创新模式，即通过实施数字工程，每隔 2 年左右就推出一种新的飞机设计，然后快速研制与批量生产，有效吸收最新的技术进展，与传统战斗机动辄 10 年以上的研制与更新周期相比，效率提升了数倍。

在提升装备维护与管理能力方面，美军利用数字孪生技术，在国防部与国防工业体系之间建立共享装备历史数据、性能规范的数字平台，每个装备都有一个特定的数字孪生模型，在整个生命周期中进行跟踪与管理。比如，美国太空军为现役 GPS-2F 卫星构建了数字孪生模型，在不损坏昂贵的实体卫星前提下，跟踪监测卫星的运行状态，提升了在役卫星维护与管理的能力与精确性。据预测，到 2035 年，数字孪生技术的应用将实现航天器维护成本减半，服役寿命延长数倍。

第三节　典型方法

美军战略管理工具运用系统分析、系统工程、能力评估等理论，融入了多种科学的创新模型和方法，使战略管理工具底层上具有完整的方法论支撑和科学的部署实施。典型的方法如"规划、计划、预算与执行系统"中系统分析方法、"国防采办系统"中的工程管理方法、"联合能力集成与开发系统"中采用基于能力的评估方法等。

一、系统分析方法

美军"规划、计划、预算与执行系统（PPBES）"中，把系统工程和系统分析方法作为战略规划的重要方法，这套制度初创时就引入兰德公司的经济分析和系统分析方法，并进行了多次优化和流程再造，形成了一整套系统分析的组织架构、方法标准和分析模型。早在 20 世纪 60 年代初，国防部就设立了系统分析办公室（即现在的成本评估与计划鉴定局），开发形成了一整套"规划、计划、预算与执行系统"的系统分析方法，注重把军种机构、项目类别、资源配置作为一个有机整体进行综合分析评估。在规划计划阶段，主要运用系统分析方法对建设项目进行综合排序，确定项目优先级；在预算阶段，广泛利用成本效益分析方法，追求效益最大化；在执行阶段，重点利用绩效度量分析方法进行项目执行情况评价。

　　《未来年份防务计划》三维结构方法，是从 PPBS 到 PPBES 均采用的系统分析方法，在统筹管理各军种资源，提高国防资源配置效益上，发挥了重要作用（如图 10-3 所示）。《未来年份防务计划》由三维数据结构构成，第一维是 12 类计划；第二维是国防拨款类别，主要包括军事人员，研究、开发、试验与鉴定，军事建筑，采购，使用与维护，其他 6 大类；第三维是部门构成，包括陆军、海军、空军、国防部业务局和其他部门。

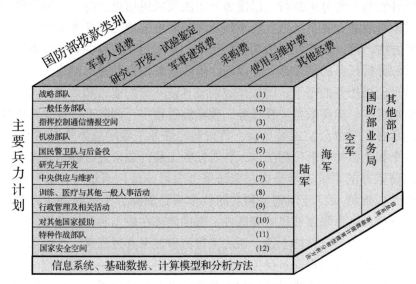

图 10-3　《未来年份防务计划》三维结构图

　　美军通过《未来年份防务计划》，把全军国防和军队建设规划、计划与预算工作看作一个大系统，用系统工程的方法来编制国防部和军种的规划、计划和预算。以国家安全目标和国防战略目标作为国防建设宏观控制的依据；把资源分配管理作为宏观控制的主要手段，通过规划、计划加强对各军种建设的集中指导和总体协调，使各军种建设的战略导向性明确，寻求全局的、而非局部的优化。在制定规划、计划过程中，采用三维结构的系统分析方法，较好地克服了各军种各自为政、重复建设、盲目上马而跨军种项目薄弱等多种弊端。

二、工程管理方法

　　"国防采办系统"中的工程管理是指在国防采办活动中，运用任务工程、系统工程和其他工程的原理和手段，对采办活动进行规划、设计、开发、集成、测试、评估、生产和保障的过程。工程管理方法旨在确保国防采办活动的科学性、规范性和高效性，以便在满足国防需求的同时，实现最大的经济效益和社会效益。2022年2月，美国国防部首次发布了《国防系统的工程指南》，详细介绍了采办项目全寿命周期内的工程活动、流程和实践，明确了采办项目开展时任务工程、系统工程和其他工程的相关要求，该指南针对任何采办类别和采办路径都可以提供技术指导。

国防采办的任务工程是指对当前和新出现的作战和系统能力进行周密的计划、分析、组织和整合，以达到预期的作战任务效果。任务工程将作为概念和系统开发的一部分来执行，以便为开发决策提供信息支持，并确保部门以综合和成本有效的方式系统地投资于满足任务需求的能力。任务工程是一种自顶向下的方法，可以识别增强的功能、技术、系统相互依赖关系和体系结构，用于分解和分析任务的组成部分，以确定可度量的指标并得出结论。任务工程是为了满足作战任务的需求，确保作战系统具备所需的能力和效果，同时最大限度地节约成本、提高效益。在任务工程实施过程中，国防部会成立跨机构、跨部门的任务工程办公室或委员会，负责制定任务工程的总体规划和实施计划，协调各个相关机构和部门的工作，并对任务工程的成果进行评估和验证。

国防采办的系统工程是指在国防采办项目中运用系统工程的原则、流程和实践，以支持项目经理制定和实施技术项目战略，平衡最终用户需求、设计注意事项、资源限制和风险等条件，提供能够在成本和计划范围内满足作战人员需求的能力。从总体上说，系统工程流程在采办过程某一个阶段中是反复迭代的，系统工程流程通过受控的基线从一个层次向下一个更详细的层次逐步推进。其价值不仅在于将设计转化为系统，也在于构成了一个综合框架，在这个框架的指导下，可以从整体上对通用要求进行规定、分析、分解、权衡、管理、分配、指定、综合、测试、部署和维持。适用于所有采办途径的8个技术管理流程，为管理技术活动和识别对采办项目成功至关重要的技术信息和事件提供了一致的框架，8个技术流程则确保系统设计和交付能力反映利益相关者表达的要求。

除任务工程和系统工程外，"国防采办系统"还使用软件工程、专业工程、数字工程等方法管理采办活动。软件工程是指在采办过程中涉及的软件设计、开发、测试、部署、运维和管理等活动，包括软件需求分析、软件架构设计、软件编码、软件测试、软件集成、软件部署、软件维护和软件升级等。在软件工程实施过程中，美军采用了一系列先进的开发方法和工具，注重将软件工程与作战系统的能力建设相结合，以实现软件开发与作战系统建设的协同推进。专业工程是指在采办过程中涉及的一些重点学科，包括可靠性和维修性工程、制造和质量、人与系统集成、系统安全工程、零部件管理等，其目的是影响系统设计，以提高系统的性能、可用性、安全性和质量，并在系统寿命周期内降低成本和风险。数字工程是指通过数字化技术，对国防采办活动进行集成、优化和提升的过程，将国防采办流程从线性、以文档为中心的采办流程转变为动态、以数字模型为中心的数字工程生态系统，实现以模型和数据为核心谋事做事的范式转移。

"国防采办系统"中的工程管理方法保障了采办项目由方案论证到技术攻关、由工程制造到生产部署、再由使用保障到退役处理的平稳过渡，并在此过程中同步完成对技术成熟度和制造成熟度的有效把控，实现对阶段转进和项目执行的有效监督，从而显著降低采办风险，最终将"联合能力集成与开发系统"中描述的能力需求转化为实际装备。

三、能力评估方法

"联合能力集成与开发系统（JCIDS）"采用的分析过程是基于能力的评估（CBA）。基于能力的评估方法是美军对某个具体的任务领域或者相关活动进行的评估，以便评估联合部队成功执行任务或完成活动的能力与实力，多用于JCIDS 的需求生成过程。

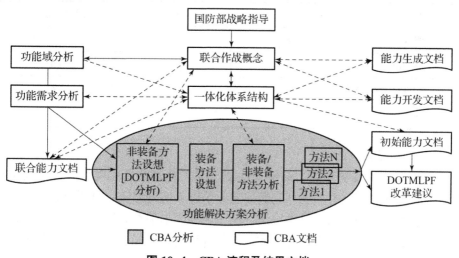

图 10-4　CBA 流程及结果文档

基于能力的评估以战略指导为基础，以联合作战概念为中心，是 JCIDS 文档开发的基础，是定义能力需求、能力差距、能力冗余以及在指定的功能域或作战域的能力评估方法。基于能力的评估分析过程以国家防御政策和通用的联合作战框架为基础，通过分析现有联合部队作战行动、DOTMLPF-P 的能力与不足，确定联合作战能力现有或未来的差距，寻求能够解决这些差距的可能方案，并针对每一种可能的方案，粗略评估联合部队的成本和行动效果，为进一步分析提供基础。

主要评估过程包括：①研究启动通知。②确定评估重点。包括战略环境、任务和场景、吸收联合作战经验教训、使用国防部体系结构框架。③考虑作战环境。包括时间框架、威胁、作战概念、确定作战任务、实施细节等。④识别能力需求和能力缺口。⑤风险评估。如果基于能力的评估用于需求生成过程，还需经过提出可能的非装备解决方法、提出可能的装备解决方法、编制需求文件3个步骤。

四、成本估算方法

目前，美军根据装备研制的不同阶段、工作分解结构的详细程度以及"成本分析需求描述"中的数据资料，采用"类推法""参数法""工程法"等对装备项目进行成本估算。表 10-1 说明了美军装备不同研制阶段可使用的成本估算方法及适用范围。

表 10-1　美军装备不同研制阶段的成本估算方法

阶　　段	方案分析	技术发展	工程与制造发展
类推法	★	★	☆
参数法	★	★	☆
工程法	☆	★	★

注：★表示适用；☆表示有时适用。

（一）类推法

当要研制的装备功能、结构及性能与某个现有装备相类似时，可利用现有装备的成本数据，并考虑到它们的差异予以相应的修正，对要研制装备的成本进行估算，这种方法就是类推法。使用这种成本估算方法时，成本估算人员要将要研制装备各系统和部件（或工作分解结构各单元）与现有装备各系统和部件（或工作分解结构各单元）进行详细比较。例如，人们可使用 1995 年某种装备的成本来类推 2002 年相似装备的成本。假如经工程人员鉴定，由于新增加了一些电子设备，新装备比旧装备技术复杂 30%。如果成本分析人员认为，成本与技术复杂程度完全成正比，那么，30% 的复杂程度就意味着新装备成本增加了 30%。另一方面，分析人员发现，新增电子设备的成本与 1995年相比，每年降低 5%，7 年间共降低 35%，也就是说，2002 年电子设备的成本为 1995 年的 65%。假设 1995 年装备的单位成本为 2.5 亿美元，考虑到技术复杂程度所增加的成本和电子设备降价所减少的成本，可以计算得出 2002 年新装备的成本为 30%×65%×2.5+2.5=2.9875 亿美元。该成本是按 1995 年美元值计算的。如果将该成本换算为 2002 年美元值，还应加上通货膨胀因素。假设 7 年间通货膨胀率平均每年为 7%，那么最后可推算得新装备在 2002 年的成本为 $2.9875 \times (1+7\%)^7 = 4.797$ 亿美元。

类推法适用于装备研制的早期阶段，如"方案分析"和"技术发展"阶段，因为在早期阶段要研制的装备的实际成本数据较少，也可能缺乏大量类似装备的资料。这种方法的缺点在于工程技术人员和成本分析人员的评定带有很大的主观色彩，尤其是成本分析人员很难客观、准确地将技术上的差异转换为成本上的差额，因而成本估算的准确度不高。另外，这种估算方法难以在技术参数与经济参数间建立起直接关系，因而不能进行直接的定量分析。

（二）参数法

参数法是利用类似装备项目的历史记录和统计数据，根据某些选定的装备项目性能或设计特征（如速度、重量和推力等），通过统计回归法与武器系统成本之间建立起成本估算关系式（CER），计算出新装备项目所需经费。

使用参数法估算新上武器项目所需成本的最重要的条件是必须具备理想的数据库，且必须符合某些标准。其一，它应在设计、制造和材料等方面尽可能反映当前的技术水平，不能照搬旧项目的数据来估算新上项目的经费。例如，在估算新式（电子存储器）计算机的成本时，若采用旧式（磁芯存储器）计算机的数据，估算结果就会大大偏高。其二，数据库必须具有同一性。数据库中的同一种数据，应包含相同的组成部分，采用相同的衡量标准和处理方法。如果估算中使用不相同的数据，估算出的成本准确度将受到影响。

一般说来，推导成本估算关系式时要遵循以下六个步骤：

第一步，确定因变量（例如成本、时间等）。首先要确定该成本估算关系式将估算什么，是用于估算武器项目全寿命费用、人工费用、工时、材料费用，还是其他某种费用。该成本估算关系式将是用于估算产品总成本还是估算某个部分或某些部分的成本。因变量确定得越准确，就越容易获得推导成本估算关系式的可比性数据。

第二步，选择待检验的自变量。在选择推导成本估算关系式使用的自变量时，要注意以下两点：①自变量在数量上应是可计量的。例如，可维修性参数在数量上很难计量，因此一般不能作为自变量；②自变量可以是性能特性和物理特性，其中性能特性一般是较好的一种选择，因为性能特性通常在设计特性之前就已经明确。

第三步，收集因变量和自变量间关系的数据。收集数据通常是在推导成

185

本估算关系式中最困难和最费时的事。在这一步中，最重要的工作是核对所有数据，以确保所有观察值都是相关的、可比的。

第四步，研究因变量和自变量间的关系。在这一阶段，一般应确定自变量和因变量间的关系强度。在推导成本估算关系式时，可能还牵涉到从简单的图解分析到复杂的数学分析等各种分析技术。简单比率分析、几何平均数和线性回归是一些在分析中较常用的定量技术。

第五步，选择最能预测因变量的关系。在研究了各种关系后，应选择一种最能用于预测因变量的关系。正常情况下，它将是最能预测因变量值的一种关系。一个可能的自变量和因变量间的高度相关（关系），常常表明该自变量将是一个可靠的预测工具。

第六步，记录调查结果。成本估算关系文件，是使参与估算过程的其他人员能追踪在推导该关系式时使用的一些步骤所必不可少的。成本估算关系文件应包含有对自变量的检验、收集到的数据、数据来源、数据时间期限以及对数据进行的任何调整。

参数法通常适用于装备研制的早期阶段，如"方案分析"和"技术发展"阶段。这种方法的主要缺点有：①不能用于一个全新的系统或新技术含量很高的系统。由于参数成本模型是建立在所收集样本数据的基础上的，因而，只有在成本驱动因子取值范围内进行预测时，才有可能得到可信的成本预测结果。全新系统与旧系统全寿命成本影响因素、取值范围、成本发生规模有较大差异，因此，该方法无法可靠地应用于一个新技术含量很高的或设计全新的系统。②参数法一般用于系统级的成本估算，也可用于组成系统的分系统级，但一般不宜用于分系统以下各级的成本估算。

（三）工程估算法

工程估算法又称为技术分析法，其主要做法是根据武器项目的工作分解结构，在对各个独立部分和系统零部件的料、工、费进行详细估算的基础上，再将各单项估算值综合为总成本。因而，这种方法亦称为组合法或"自下而上"法。采用工程估算法，首先要层层分解产品，编制武器项目的工作分解结构。成本估算／分析人员根据分解结果，从工程图纸和技术规格的最底层的工作着手，分析和确定完成工作所需的每项任务、模具制造、材料等等成本。然后，再根据所估算的直接人工与直接材料成本，加上应分摊的间接费用和其他一些应有的但尚未估算的费用，如质量保证、系统工程和仓库保管等费用，估算出武器项目的总成本。

工程估算法通常适用于"技术发展""工程与制造发展"等阶段。在项目的概念阶段，特别是武器项目型号研制立项综合论证和研制总要求的论证中，系统本身并不确定，若采用这种方法，凭工程技术人员的经验往往不能对项目各子系统成本做出较正确的估算。但随着项目的进行，此法估算的质量将会越来越高。

工程估算法本身也存在着一些缺点：①该方法对各种数据要求较高，而在装备研制阶段这些数据往往比较缺乏，因而在一定程度上会影响到它的广泛应用和推广。②在使用这种方法时，不但需要各种充足的数据资料，而且还需要工程技术人员和成本分析人员对装备项目进行结构分解，比较费时费力，且得出的估算结果有时也很难进行评价与鉴定。

第十一章
美军战略管理经验分析

美军战略管理在建设发展过程中，以落实国家安全战略、支撑全球范围的军事行动为牵引，历经数十年发展，逐步形成了与其文化传统、政治经济、体制机制相适应的战略管理体系。

一、美军战略管理注重文化培塑

美军战略管理是国家社会管理的重要组成部分，美军战略管理文化根植于其国家民族文化，第二次世界大战以来，伴随着国家战略和社会进步发展，美军逐步形成具有鲜明特点的战略管理文化。战略优势文化从顶层牵引了战略管理的目标和方向，科技创新和军民融合文化的形成是第二次世界大战以来美军形成的战略管理共识，追求效益是美军战略管理能够不断自我改革自我完善的内动力。

（一）战略优势文化

美国自独立以来，拥有"南北无强国、东西是鱼群"的地缘战略优势，自认为是"山巅之城""上帝之子"，从根本上不接受大国实力的均势，一直在寻求所谓"无可匹敌的压倒性军事优势"。前国防部长科恩指出要"用美国的规矩重新界定战争"，布什、切尼、拉姆斯菲尔德等均在加强这种优势文化，并通过加强战略管理，实施军事转型，不断塑造未来战场和未来军事力量，以迫使对手遵守美国主导下的国际政治经济规则和美军的交战规则。还将"劝阻其他国家与美国进行军事实力竞争"作为美国防务政策的战略目标之一。这表明美国不仅要在战时迫使对手接受美国的规矩，而且在和平时期也要对手接受军队建设的规矩。

美军倡导的行动自由，就是其战略优势文化的具体体现。而战略行动自由的物质基础是军事实力优势，美国建国初期行动自由的地理领域从本土核心区域逐步向西部、南部和拉丁美洲扩展，在美洲建立了对土地的控制权，最终越过大洋，走向全球。20世纪，制海权即对海洋的控制，是美国大战略的根本。21世纪，制天权，即对外层空间的控制正在成为美国大战略的新焦点。

美国战略学家提出，"在21世纪，没有制天权，就没有制海权，美国就会失去大战略的根基"。2006年，美国公布了新的国家空间政策，把行动自由作为美国在空间领域的首要目标，提出"保持空间控制能力，必要时阻止对手使用空间"。进入大国竞争时代，围绕高端战争美军开展了一系列改革重塑，意在巩固和维持这一优势。

美军战略优势文化对其战略管理建设发展产生了重要影响。"联合战略规划系统"的战略筹划、战备评估、作战概念，"联合能力集成与开发系统"的任务分析、能力文件，"规划、计划、预算与执行系统"中的项目设计、经费安排，"国防采办系统"的流程优化、项目管理，全方位全过程体现了美军战略优势文化的影响，通过战略管理过程，美军汇聚资源和共识着力培塑绝对领先的优势，这些做法具体体现了战略优势文化。

（二）科技创新文化

美军战略管理既注重科技运用，更注重围绕科技发展和运用进行战略筹划设计，优化配置资源，这是第二次世界大战以来美军能够保持持续领先的重要原因。

冷战初期，苏联卫星率先上天，美国启动了"阿波罗计划"，美苏争霸开始。美军与科学技术的关系最终越过了一个不可逆转的历史拐点：从被动地运用美国社会的现有技术和带有偶然性的科学技术新成果，到主动地有意识、有计划地造就科学技术新成果，运用最新科技成果改造军队。大规模常备军及其科学技术、军事工业研究开发制造基础，要求大规模的资源保障，要求中央集权的计划和指导，这对战略管理提出新的要求，也促进了战略管理注重科技文化的形成。

经过数十年的发展，美军与科学技术的关系又进了一步，美军通过科技创新，建成所需要军事能力的同时，发挥其他溢出效应，不仅在科技创新有突破，还形成新的产业，带动国民经济发展和创新。美军战略管理在科学技术上具有显著的特性，一方面注重科技创新，将资源配置的重点放到科技创新；另一方面注重把科技创新应用到战略管理中，形成了独特的战略管理方法工具。

（三）军民融合文化

美军战略管理注重军民融合，固化形成军地一体的理念。第二次世界大战期间，美军凭借租借法案，为盟友提供武器装备和物资，国防科技工业迅速崛起，"家家开工厂、人人是老板"，《拼实业：美国是怎样赢得第二次世界大战的》一书中记载"任何一个拥有一台机床和一张去华盛顿的火车票的人都能够在那里得到一份军需生产合同。"一大批军工企业相继成立。第二次世界大战结束后，冷战前期开始国有为主，民营配套，通过军转民消化战后产能。冷战过程中，也是先军后民、以军带民，造成军民分离，资源浪费。但是，在中后期美国战略进行了巨大调整，强力推行军民融合之路，出台了《国防工业基础转型路线图》，规定了两条措施：一是32家军工企业合并成9家，形成了统一的国家科技工业基础；二是工业体系必须能够同时满足军用和民用两个方面的需求。这些举措，使美国成功跨越"修昔底德陷阱"，保持了强势的发展劲头，也形成美军注重战略管理的文化基因。

为了形成军地一体的市场，为战略管理打通军地壁垒创造条件，美军持续推进采办制度改革。据统计，从1960年到2009年，美国总统、国会、国防部长、政府机构、研究与分析机构和大学委托对国防采办进行了不少于27项的大型研究。1984年，政府将原《武装部队采购条例》和《联邦采购条例》合并为《联邦采办条例》。1994年，《联邦采办改革法》（FASA），对民用产品进行了新的定义，提高了可简化处理的采办合同的价格上限，限制了政府对技术资料所有权的要求，取消了民用产品或竞争性合同中对成本和定价数据的某些要求，并扩大了政府对于民用产品的采购范围。2003年，布什政府上台后，将制定国防战略的出发点由"以威胁为基础"转变为"以能力为基础"，对军事战略和军队建设方针作出了重大调整，采办政策也随之改革，提出"基于能力的采办"策略，大量删除了与新形势和任务不相适应的内容。随着商业技术创新周期不断缩短，快速引入成熟的商业技术成为满足军事需求的重要选择。2015年，美国政府发布了《国家安全战略》，参谋长联席会议发布了《国家军事战略》，提出了一体化军事战略和三大战略目标，明确了12项优先任务。据此，颁布了新版5000.02指示《"国防采办系统"的运行》，对国防采办程序进行重大调整改革，将单一采办程序改为硬件密集项目的采办程序、国防专用软件密集项目采办程序、渐近式部署软件密集项目采办程序、偏硬件混合型项目A采办程序、偏软件混合型项目B采办程序、快速采办程序等6种采办程序，提高不同类型装备采办管理的针对性。签发了《更优购买力3.0倡议执行指南》，提出了改进国防采办管理、推动技术创新的8个方面33条举措。大国竞争战略确立以来，美军成立创新小组，采取其他授权交易形式，加速军地市场之间的互动，使更多的技术以更快的速度进入军队建设。

受军民融合文化的影响，战略管理的各个方面都能够统筹考虑军地需求以及建设过程的协同，在战略决策方面，综合考虑安全需求和国防资源实力；在规划计划中，能够贯通军地统筹安排；在人才交流方面，有"旋转门"制度。正是军民融合文化的力量，一方面，使美军构建军地一体的军队建设格局和机制，能够汇总全社会的力量进行军队建设；另一方面，投入美军建设的资源，不仅建成所需的军事能力，而且带动了美国科技、经济和产业的发展，形成了相互促进的良好循环机制。

（四）注重效益文化

美军战略管理注重规划计划手段运用的同时，更注重发挥市场理论的作用，形成了注重管理效率、注重管理效益的文化。美国国防部一直认为自己是一个超大的企业，采取企业化管理模式，按照责权属性将国防部长、常务副部长等高级文官分别称为首席执行官和首席运营官，并依照职能分类将三大军种部以外部门，特别是规模庞大的国防部各业务局统称为"第四极"，由常务副部长兼任首席管理官统一监管，不断优化管理模式方法，提高管理效益。

2018年，美军进一步推进管理改革，设立首席管理官职位。主要原因是兼任首席管理官的模式，由于精力有限，"第四极"长期各自为政、缺乏统一监管、管理模式落后，最终造成机构臃肿、重复建设、经费浪费，成为国防改革和军队建设的重大阻碍。通过设立首席管理官职位（副部长级），统管国防部业务模式转型，重点扭转"第四极"群龙无首、重复建设、效率低下的混乱局面。一是转变管理模式，引进地方企业跨部门、跨领域、跨职能的先进管理模式，加强跨机构协作，重点依托6名负责人推进人力资源、后勤与供应链、IT业务系统、不动产、社会服务、医疗保障六大领域管理模式转型，以提升部门工作效率和人力成本效益。二是构建绩效文化。以构建问责机制、加强成本控制、裁减冗余人员为目标，由绩效管理改革负责人牵头，建立严格的部门绩效标准，同时依托数据化管理手段，对国防部所有财务活动进行全面审计，以提升财务管理流程的透明度和精准度，裁减冗余重叠机构和系统设施，最终把节余资源投入部队战备和技术创新等关键领域。

美军注重效益、注重绩效的文化，不仅持续提升了战略管理的效益和能力，而且促进了美军战略管理的历次改革，这些改革的重要议题都是进一步提高战略管理运行的效率、效能，进一步降低国防部运行成本、军队建设成本，以最小的投入获得最大的军事经济效益。

二、美军战略管理注重聚焦对手

应对主要对手威胁是美军战略管理的出发点和落脚点。从历史上看，美军推进战略管理领域调整和变革，均针对首要对手，谋划战略管理领域架构设计，明确调整改革方向，持续加强各领域宏观管理。美军面临的对手威胁程度越大，管理或调整的力度则愈强。

（一）聚焦对手是战略方向调整的重要前提

美国军事战略的制定是以战略形势分析作为基础的，其中，针对主要对手的国防政策分析、能力评估和发展趋向研判是战略形势分析的核心内容。美国通过自身与对手的全方位比较,寻找对手薄弱环节,为制定有针对性的战略举措提供论据支撑。以第二次世界大战后美军三次抵消战略为例。

20世纪50年代,苏联常规军事力量对美形成压倒性数量优势,为应对苏联威慑,在深入分析美苏冷战形势基础上,美国政府出台了正式的国家安全政策文件,明确提出了国家安全战略目标:一方面要发展和保持以进攻性打击力量实施大规模报复性破坏的能力和能够防御破坏性袭击的动员能力;另一方面要通过确保自由的制度实现国民经济健康、强盛和增长。在军事上,美国国防部实施了"第一次抵消战略",通过发展携带低当量核弹头的导弹、火箭弹及炮弹等战术核武器,削减常规部队规模,调整兵力结构,降低国防经费需求。

20世纪70年代初,苏联核武库日益强大,且对其具有数量优势的常规突击部队进行了现代化改造,形成对美的核常优势。在全面分析苏联威胁基础上,美国国防部制定并实施了"第二次抵消战略",首次设立研究与工程副部长,除统管全军科研外,还负责国防系统的生产和发展,以推进科技成果向作战系统的能力转化,筹谋对苏技术突袭;国防部业务局和军种也逐步加强科研管理,如DARPA强化职能,突出前沿技术引领地位,发展先进的信息系统和精确制导武器;陆军于1977年设立陆军科学委员会,逐步强化科研体系统管;海军1980年创建海军技术办公室,主管海军所有应用研究项目。从改革实际看,美军面对严峻对手威胁,通过健全组织管理、提升统管能力,充分调动各方面资源力量,为实现改革目标提供保证。

进入21世纪,在分析中俄快速崛起的发展态势基础上,美国国防部2014年制定实施"第三次抵消战略",谋求发展具有不对称优势的新技术能力抵消中俄先进能力对美构成的威胁。这一战略的推进,使美国国防部不断调整优化管理架构,确保新体制全面覆盖各职能领域,有效满足加速创新、推进新质作战能力形成、全面巩固领先优势的要求。

近年来,美国针对主要假想敌修订军事指导文件,提出全球军事一体化,迭代联合战略战役规划、全球战役计划等重要文件。美国参谋长联席会议在2021财年概算中首次安排经费,专门开发针对主要对手的联合作战概念,牵引未来15年的作战能力发展。针对威胁发展态势,设计形成兵力运用(0~3年)、兵力开发(2~7年)、兵力设计(5~15年)梯次接续指导策略,压缩战争设计到联合作战的循环周期,并要求军事部门推动整个战略管理体系从概念、能力到采办的敏捷反应。2021年初,美国国防部成立工作组,专门评估与主要假想敌国家相关的战略、作战概念、技术、兵力结构和态势、情报、联盟等议题，为国防部制定新的顶层战略提供建议。3月，美国发布《国家安全战略临时指南》，首次对竞争对手进行明确定性，暗示对手的威胁已经从地区层面延伸至全球层面，为美军顶层战略制定提供指导。2021年6月，美国国防部发布"内部指令"，要求采取统一行动，更好地应对主要对手构成的安全威胁；同月，美国发布联合作战概念，进一步明确瞄准主要对手的联合能力需求。联合需求监督委员会据此编制4份战略指令，制定全域作战能力路线图，指导并强制军种执行。随后，美军提出"一体化威慑"概念，作为2022年版《国防战略》主导思想，强调作战概念与技术创新、重视部际合作与盟友关系，并突出对主要对手的全面威慑。

（二）聚焦对手是战略管理体制调整的基本依据

战略管理体制是履行战略管理主要职能的根本保障。当针对主要对手做出重大战略管理决策时，需要依托战略管理体制予以落实。如果旧的体制难以满足战略任务需求，美国国防部往往会启动新一轮战略管理体制变革。1957年，苏联发射世界首颗地球人造卫星，对美国形成战略技术突袭，严重威胁美国家和军事安全。为对抗苏联，强化国防科研管理能力，1958年，美国国防部设立国防研究与工程署，将国防基础研究、应用研究以及先期技术开发方面的工作交由研究与工程署统管。国防部以此为基础，逐步加强对装备采办的统管力度。1961年麦克纳马拉担任国防部长之后，强硬推行"规划、计划与预算系统"，着力解决军种装备重复建设和资源浪费问题，加快装备领域建设以应对苏联威胁。

1986年，为提高国防采办效益、提升对苏联的竞争优势，以国会颁布《1986年国防部改组法》为主要标志，形成了今天美军装备采办管理的基本构架和体系。根据这一法案，任命采办副部长兼任国防采办执行官，在各军种设立军种采办执行官和项目执行官，加上原来的项目主任，建立了专业化采办指挥线，减少了采办管理的层次，提高了采办效率。另外，设立了由参谋长联席会议副主席担任主席的联合需求管理委员会，成员包括各军种副参谋长或作战副部长以及海军陆战队副司令，主要负责审批重大"国防采办系统"的需求文件，审查所需发展的装备是否与其他军种存在重复、是否充分考虑国防部/参谋长联席会议层次联合作战的需要。

2018年，为应对中国威胁，美国大幅调整战略管理体制。国防部将原采办事务副部长职能拆分，分别由研究与工程副部长和采办与保障副部长承担，寻求加速创新、获得针对中国的科技领先优势。美军还对作战力量体系进行调整，组建印太司令部，加大对我国沿海、周边地区进行情报侦察。并针对朝鲜半岛、台海、南海、印度洋等地区冲突定制战区联合作战计划，密集、常态化开展大规模联合演习。美军中央司令部和非洲司令部，针对我国在中东地区的军事存在和"一带一路"的军事影响，开展了大量的联合作战计划的拟制与推演。2019 年，美军设立太空司令部，强化联合作战中的天基力量发展运用，增强针对中国的太空反导能力。

（三）聚焦对手是战略管理机制变革的重要牵引

战略管理体制与管理机制紧密关联、联动发展。两者和战略管理能力之间犹如生产力和生产关系之间的关联关系。生产关系的调整会带动生产力的发展和社会的进步，与此相似，战略管理体制的变革将引发管理机制的调整，由此带动战略管理能力的进一步提升。2001 年 "9·11" 事件后，基于对 "威胁不确定性" 的形势判断，美国国家安全战略、国防战略从 "基于威胁" 转变为 "基于能力"。2001 年美国发布《四年防务评估报告》，提出了 "基于能力" 的国防战略，积极推行 "部队转型"。美军在需求生成机制中，积极贯彻 "基于能力" 的战略思想，在变革需求管理体制基础上，发动了一场 "需求革命"。2003 年 7 月，国防部对 "需求生成系统" 实施重大改革，以 "联合能力集成与开发系统" 取代了原有的 "需求生成系统"。此次 "需求革命" 改变了以往由各军种 "自下而上" 主导需求管理工作的局面，采取联合需求监督委员会从联合作战能力建设的角度，"自上而下" 地制定装备发展需求，确保各军种装备 "生而联合"，提高了各军种装备的互联互通能力。

同期美军对规划计划与资源分配工作进行了相应的调整改革。国防部自 2005 财年开始以新的 "规划、计划、预算与执行系统" 取代原有的 "规划计划与预算系统"。"规划、计划、预算与执行系统" 把预算执行作为程序的一个正式阶段，实行两年一次的预算编制程序，分预算年和非预算年分别制定运行程序，并把《四年防务评估报告》作为规划阶段的重点内容，持续开展计划、预算的执行情况评审，进一步强化需求生成、资源分配与采办管理的结合。

近年来，美军战略管理制度适应打压遏制中俄特别是中国的战略需要，进行了较大幅度调整。其中，"联合战略规划系统" 多次调整，突出强调联合部队面临的对手与挑战涵盖所有作战域，具有常规特殊等多功能打击能力，跨越多个联合作战司令部，统一美军威胁风险认知框架，统筹指导美军综合性战备评估。2020 年初，美军对 "国防采办系统" 进行重大调整，大幅强化 "国防采办系统" 对竞争对手和技术变化的适应性。首次设立采办情报业务领域，强调收集中国等竞争对手的军事情报，并作为采办决策评审的关键性能参数，要求采办各阶段里程碑决策评审时，必须满足情报要求才能进入下一阶段；推行多样化采办程序，下放采办决策权限，缩短采办周期，使采办前期签约时间缩短了 50%，从 32 个月降到了 16 个月；加快针对中国的核心装备和技术能力的快速交付；把国际采办和出口计划纳入采办策略，加强采办全寿命过程的国际合作，协同应对中国威胁。

2021 年 10 月，美军发布新版"联合能力集成与开发系统"文件，首次增加以下内容：将能力组合管理审查作为需求审查的必要程序；重视软件能力开发，要求制定软件初始文件；重视国际联合能力开发，将盟国及伙伴国发展指南列为报告要求。美军还着力提高需求生成速度。将明确军事需求的《初始能力文件》编制时间从 97 天压缩至 67 天，同时明确软件《初始能力文件》编制时间为 40 天。在联合全域指挥控制（JADC2）战略的需求制定过程中，为加快进度，首次设置联合跨职能小组，协调重大事项，为联合需求监督委员会提供重要建议。在资源分配方面，美军增设太空预算大类。加大太空能力投资，强化同中俄的太空军事竞争。在科研预算大类中增设软件与数字化技术试点项目。加速软件开发，强化数据中心战能力建设。

三、美军战略管理注重顶层统筹

联合求统是美军战略管理创新发展的主线，因此注重顶层设计实现需求、资源、业务的统筹，也是美军战略管理的一贯做法核心。

（一）统资源

美军"规划、计划、预算与执行系统"是统筹资源的核心机制，特别是其中规划阶段，从输入、流程和输出都综合考虑需求、采办等各方因素，同时匹配其合适的资源。

一是通过战略统筹各方需求。规划阶段的输入主要是《国家安全战略》《国防战略》和《国家军事战略》。其中《国家安全战略》是最高要求。《国防战略》由国防部长编制，在平衡国防部战略、能力（采办）和实力（经费）的基础上，代表建设部门评估国家面临的威胁和挑战。《国家军事战略》由参谋长联席会议主席编制，代表作战部门阐述如何开展军事行动来实现指定的军事目标。

二是通过流程机制统筹各个部门。参谋长联席会议牵头组织有关部门，依据《国家安全战略》《国防战略》《国家军事战略》制定《参谋长联席会议主席项目建议》，明确各领域军事需求和优先顺序，提出所需要发展的能力。负责政策的国防部副部长组织有关部门（主要是预算和采办部门），依据《国防战略》《国家军事战略》以及《参谋长联席会议主席项目建议》制定《国防规划指南》，报高级领导评审小组审查、国防部长审批后，作为编制计划和预算的依据。

三是通过输出文件统筹具体计划项目。《国防规划指南》是规划阶段主要输出文件，是综合作战需求、能力分析和资源优先安排的一份体现战建备统筹的文件。主要内容包括：①确定战略目标与能力发展优先安排；②确定资源规划方面的资金限制条件；③确定优先安排与风险可承受程度；④建立联合作战能力目标；⑤确定未来业务发展规划的战略目标；⑥确定未来联合作战与组织体系发展概念。

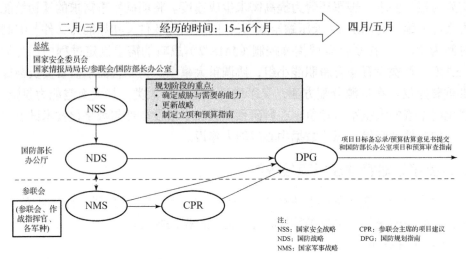

图 11-1 "规划、计划、预算与执行系统"中规划阶段的战建备统筹

（二）统需求

需求是美军战略管理的源生动力，从战略需求到军事需求再到能力需求，美军通过不断分解和细化需求的层次，全面指导和牵引各项工作。

一是战略需求全面指导战建备各项工作。《国家安全战略》是美军最顶层的战略输入，国防部长和参谋长联席会议主席分别据此制定《国防战略》和《国家军事战略》，分别从建设和作战维度响应战略需求。

二是军事需求支撑资源分配计划制定。《国家军事战略》是美军制定《国防规划指南》的重要依据。参谋长联席会议主席主要依据《国家军事战略》和《国防战略》制定计划建议，代表作战部门反映作战需求和优先级，以指导国防规划的制定。

三是能力需求牵引采办建设全程。参谋长联席会议副主席依托"联合能力集成与开发系统"针对具体能力差距进一步将军事需求转化为能力需求，主要通过三份需求文件，分别对"国防采办系统"中里程碑决策点 A、B 和 C 采办决策活动进行支撑，实现了战与建二者的密切联系。

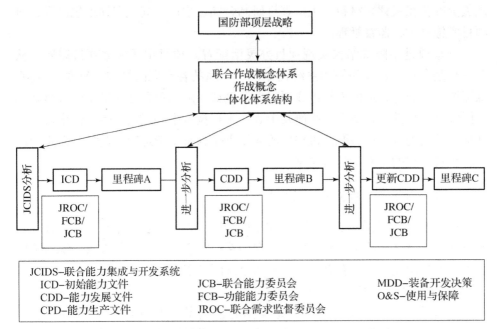

图11-2 "联合能力集成与开发系统"与"国防采办系统"的关系

（三）统管理

"国防采办系统"是落实作战需求、实现能力目标的主要执行机制。"国防采办系统"的核心制度——项目管理制度，以项目办公室为主体，以项目主任为主要责任人，以采办流程为管理主线，是美军实现建与备统筹的关键枢纽。

一是以业务管理为主导实现专业化管理。美军项目管理体系以业务管理为主、行政管理为辅，形成"国防采办执行官—军种采办执行官—项目执行官—项目主任"四级业务管理体系，其中前三级同时也处于行政管理链中，按照项目类别分别负责各层级项目的重大决策，其中国防采办执行官由国防部采办与保障副部长担任，负责制定项目管理顶层政策并监督实施；军种采办执行官由军种负责采办的助理部长担任，主要负责根据国防部顶层政策制定本军种项目管理实施细则并监督实施，同时负责本军种Ⅰ类项目的重大节点和重大事项决策；项目执行官负责Ⅱ类和Ⅲ类项目决策。

二是以项目主任为责任主体围绕采办流程实施管理。项目主任领导的项目办公室是项目的实施主体。一般在里程碑 A 任命项目主任，之后一直到项目结束，项目主任都是该项目的第一责任人，负责抽调合同签订、系统工程、成本价格、试验鉴定等职能部门的人员组建项目办，制定采办策略，到重大节点负责准备相关评审材料，主持签订研制合同、生产合同，选择承包商等，对项目实施全过程监督管理。

三是通过矩阵式结构实现项目办灵活配置。项目主任根据项目需要，从各军种装备司令部（海军为系统司令部）下属的各类职能机构（研究、试验、保障等）中选择合适的人员组成项目办。例如，陆军项目办人员主要来自陆军合同签订司令部、航空和导弹研发中心、工程技术中心以及其他提供全寿命周期保障的机构等。这些职能机构中的人员不是为某个特定项目配备，而是为该军种负责管理的所有项目所共享。

四、美军战略管理注重政治设计

战争是政治的继续，从没有不带政治性的战争，这也决定了军事对政治的服从性、战略对政略的服从性。纵观美军战略管理的历史与现状，统治阶层通过一系列制度安排，有效保证了军队服从服务于政治。

（一）武装力量服从文官掌控

文官治军，军人不得干政，是美国的建国者留下的基本政治制度之一。受卢梭、孟德斯鸠等政治理论家的影响，特别是早期驻北美英军对殖民政府的干预，让美国的国父们确信，庞大的军队等同于专制和暴政。为了防止军队利用武力干涉文官政府，在建军之初，大陆会议就力主掌握对军队的控制权，规定了大陆军首任总司令华盛顿和政府之间关系的准则：军队承认文官政府的领导，不得对民选政府进行公开批评，所有军事行动应经政府授权。约翰·亚当斯[1]更是强调，政府必须密切掌控军队的动向。这便是美国文官治军的来源。通过加强文官对军队的控制，一方面避免军方坐大冲击现有政体，影响国家政策，卷入全面战争；另一方面保证了统治阶级对军队的政治领导，实现军事服从政治。

历次战略管理体制改革的主线之一就是加强文职官员的权威。《1947年国家安全法》组建统一的国家军事部，由文职国防部长领导，这是美国首次在法律上确立了文官控制军队的原则。《1949年国家安全法修正案》，将提升国防部长权力作为一个重要目标，把军种部由行政部门降为国防部下的军事部门，置于国防部长的领导管理之下；设置1个国防部副部长、3个助理部长，均为文职官员，协助部长管理国防部。《1958年国防部改组法》，围绕提升国防部长领导控制权，赋予国防部控制武器装备研发的权力，提升在军需供应事务方

---

① 约翰·亚当斯（1735~1826）：美国开国元勋，美国首任副总统，第二任总统，是《独立宣言》起草委员会成员之一。

面的影响，明确各军种部长要向国防部长负责。1961 年，麦克纳马拉通过引进"规划、计划与预算系统"，推动高级文职官员深度介入国防资源分配，强化了文官对军队的控制。《1986 年国防部改组法》，设置文职政策副部长、审计长、国防研究与工程主任等职位，加强了文官对相关领域的影响和控制。2005 年，美军开始进行联合作战计划的适应性改革，使文官可以深度介入具体作战计划制定，直接影响美军具体军事行动。

（二）运行周期服从总统任期

"联合战略规划系统"和"规划、计划、预算与执行系统"的运行与美国总统任期密切相关，带动整个战略管理体系呈明显周期性特征，以支持新一届政府的战略和政策，实现总统执政目标。

虽然"联合战略规划系统"各职责功能周期不尽相同，有的按季度，有的 1 年、2 年或者 4 年，但系统整体以新一届美国总统就职开始的 4 年为周期。新一届总统就职后，150 天内应发布《国家安全战略》，参谋长联席会议配合国防部长办公厅进行四年防务评估。第 1、3 年，通过联合战略审查，为有关战略指导文件、主席建议、战略方向等工作提供依据。第 2、4 年，制定颁布《国家军事战略》、联合战略能力规划等主要战略指导文件，以落实国家安全战略，确保军事力量对国家安全目标的实现。

与此对应，新一届总统任职后，开启新一轮"规划、计划、预算与执行系统"周期。第 1 年，总统发布《国家安全战略》后，国防部根据确定的执政方略和战略目标，开始规划阶段工作，但执行的是上一届政府预算并作预算调整。第 2 年，开始新一轮计划和预算编制，根据最新颁布的《国家军事战略》，论证制定《战略规划指南》《国防规划指南》，在此基础上编制计划和预算，提交总统预算，确保总统的战略优先事项得到充分的资源支持。第 3 年与第 1 年工作相似，第 4 年与第 2 年工作相似。

（三）下级目标服从上级目标

军事战略服从国家战略。美国战略体系中，国家安全战略涉及经济、社会、外交、国防等国家发展领域，界定国家利益和国家安全目标，是国防战略和军事战略的根本指导；国防战略指明国家防务能力建设目标，支撑国家安全战略，指导国家军事战略；国家军事战略依据国家安全战略和国防战略目标，制定军事力量运用和建设的方针，是国防资源配置、联合作战计划的依据。"联合战略规划系统"辅助参谋长联席会议主席制定《国家军事战略》的过程，实际就是对国家安全战略、国防战略的规划过程。在连续年度联合评估流程支持下，参谋长联席会议主席向国家安全委员会、总统和国防部长提供独立军事建议，为国家安全战略、四年防务评估等大项工作提供专业军事观点，保证了上层战略指导制定时，能够充分考虑国家面临的军事威胁和战略态势。联合参谋部在拟制《国家军事战略》过程中，与国家安全战略和国防战略专家组开展广泛的协调协作，形成共识，对上层战略目标加以分解落实，确保了军事战略对国家战略目标的有效支持。

绩效目标符合国防战略。国防部通过发布《国防业务运行规划》，从业务运行和任务建设的角度，对国防战略所确定的战略目标进行分解，细化为《年度绩效计划》的绩效目标。每一个绩效目标都指定 1 名国防部高级领导为负责人，对绩效质量负责，确保国防战略目标的实现。表 11-1 列举了美国国防部 2020 财年部分绩效目标，各绩效目标经过再次分解，细化为若干绩效指标，用于首席管理官办公室每季度开展量化评估，为下一步工作推进提供依据。

表 11-1　美国国防部 2020 财年年度绩效目标（以战略目标 2 为例）

战略目标	分目标	绩效目标
2. 巩固联盟，发展新盟友	2.1 安全合作企业化改革	2.1.1 帮助伙伴国家发展全领域能力 2.1.2 统筹协调安全合作企业化体系以支持全球战略优先事项
	2.2 与主要盟友推动采办和保障方法创新	2.2.1 发展与伙伴国军队之间的互操作性 2.2.2 加强对外军售援助 2.2.3 与利益攸关者共享权益 2.2.4 与伙伴国加强全球国防工业基地建设

五、美军战略管理注重体系协同

美军战略管理注重体系协同，包括系统之间、要素之间的体系建构与协同。

（一）围绕联合能力强调跨域协同

美军战略管理的 5 个系统可以分为三个层次：第一是战略指导层，即"联合战略规划系统"，主要是制定顶层军事战略规划和评估文件，如《国家军事战略》《战役和应急规划指南》《联合军事净评估》、系列联合作战概念等文件，为其他 4 个系统，特别是"联合能力集成与开发系统""规划、计划、预算与执行系统"提供宏观战略层面的"输入"。第二是规划核心层，即"联合能力集成与开发系统""规划、计划、预算与执行系统"，根据军事战略和联合战略规划相关文件要求，明确军事需求，进行资源分配，生成系列能力需求文件、规划计划及经费预算，为"适应性计划与执行系统""国防采办系统"提供能力需求指导和资源保障。第三是规划实施层，即"国防采办系统"和"适应性计划与执行系统"，分别从建设与作战两条线，负责国防系统采办与作战行动筹划实施。2个系统执行结果按程序反馈至其他3个系统，促进整个战略规划体系不断优化。

（二）聚焦联合能力突出要素协同

"联合能力集成与开发系统"通过能力包（包括条令、组织、训练、装备、领导与教育、人员与设施）因素的改革，实现一体化的、协作的过程，指导新能力的开发，并根据这些改革对未来联合概念的贡献大小，提出实施这些改革的优先顺序。

一是非装备方案生成。功能方案分析的第一步是分析判断非装备方案（包括条令、组织、训练、装备、领导与教育、人员与设施方面）能否弥补功能需求分析中确定的能力差距。如果需求主办部门确定其可以弥补部分能力差距，则结合各种潜在的装备方案对其进行评估，并在确定其可行性后制定一份有关条令、组织、训练、装备、领导与教育、人员与设施方面的《联合变更建议文件》。

二是装备方案生成。装备方案的生成，需要美国国防部、政府机构和工业部门专家的积极参与。以开发出各种潜在的一体化方案（包括系统族或各种系统体系），从而反映联合作战司令部司令的未来需求。这些一体化方案能用不同的方法来填补能力差距，以不同的方式考虑并权衡各种作战要素。

（三）瞄准联合能力实施采办协同

联合能力的输出靠采办系统实现，采办要素非常多，为了达到最好的采办能力输出，需要在采办系统内部实现高效的协同。美军的装备能力协同贯穿到采办全流程的各阶段，在采办早期尽早考虑，制定计划，随着工程推进不断完善细化，与工程研制各项工作协调，确保最终能力形成。

一是人与系统集成贯穿采办全程。美军人与系统集成作为系统工程和项目管理的一项重要工作，深度贯穿和嵌入国防采办全过程。在需求生成与资源分析环节，人与系统集成是需求文件中的关键性能参数，是预算编制考虑的重要内容；在采办早期，运用全系统方法制定人与系统集成计划，对相关工作进行统筹安排；在采办项目各阶段里程碑评审时，对人与系统集成指标要求进行专业性审查；交付部队后，通过人与系统集成改善人力使用、减少维护时间、提高用户接受度、改进权衡决策，降低使用与保障成本。

二是试验鉴定贯穿采办全程。美军将试验鉴定活动有机融合到装备采办全寿命过程中。在研制阶段就制定试验鉴定主计划，对各试验阶段和事件进行协同规划和协同实施，随着工程推进不断细化完善，将研制试验鉴定、作战试验鉴定、实弹射击试验鉴定、体系互操作性试验、网络安全试验和建模仿真活动等协调成为高效的连续统一体，并与需求制定、系统设计和研制紧密结合，为采办决策提供全面、及时和准确的信息。

三是全寿命保障管理与采办全方位深度融合。装备全寿命保障计划从需求阶段就开始考虑，贯穿方案论证、技术开发、工程研制、生产部署等采办全寿命各阶段。将装备保障策略作为采办策略的重要组成部分，全寿命保障计划与系统工程计划、试验鉴定主计划相互协调补充，装备保障人员还会加入试验鉴定一体化产品小组，负责制定保障性试验鉴定目标并对试验进行监督。

六、美军战略管理注重绩效管理

美军战略管理规模庞大、运行成本高昂，绩效问题得到较高的关注，为了确保持续提高管理效能，美军采取一系列的制度措施，强力推行绩效管理。美军国防部作为美国政府的一个部门，既遵从美国政府绩效管理的一般规则与方法，也围绕军事的特殊性推出了一系列特殊的具体做法。

（一）强化绩效管理的组织机构。

为推进绩效管理的实施，美国高度重视组织基础的建设。从政府层面看，在白宫专门设置有行政管理和预算局，该局的重要职能之一就是负责联邦政府的绩效管理的推进、组织和协调工作。在国防部内部专门的绩效管理组织机构——成本评估与计划鉴定局，根据美国白宫行政管理和预算局制定的绩效管理战略，开展绩效评估等工作。该局的前身是 1961 年国防部长麦克纳马拉组建的系统分析工作组，1965 年改名系统分析部，1973 年 4 月系统分析部更名为计划分析与鉴定局，2009 年 5 月组建成本评估与计划鉴定局，是国防部长和其他国防部高级官员在独立成本评估、计划鉴定和分析方面的首席顾问，直接向国防部长汇报工作。该局在"规划、计划、预算与执行系统"中主要分析规划与计划的成本效益、评估国防费支出对美国经济的影响；在"联合能力集成与开发系统"中，对备选方案资源匹配、经济性进行分析；在"国防采办系统"中，对重大采办项目成本估算和成本分析；还负责审查各军种和国防部业务局的成本估算、成本分析及有关档案全面、系统、专业的成本效益分析。它也是《战略管理规划》的主要起草和监督执行单位。独立的绩效管理机构为推进绩效管理提供了有力支撑。

（二）健全绩效管理的法规条令

美军在推行绩效管理的实践中，高度重视绩效管理法律制度和各项条令条例的建设，为绩效管理提供法律法规依据。1993 年，美国政府制定出台了《政府绩效与结果法》，将政府绩效改革的意图和计划以法律形式确立下来，在联邦政府层面上拉开了推进绩效管理法治化建设进程的大幕。在小布什政府期间，美国又制定了《项目评级工具 PART》，强调政府应该是结果导向型的，不是被过程而是被绩效所引导。2010 年，奥巴马政府又制定了《政府绩效和结果现代化法》，这些法案将推进政府绩效管理现代化以法律的形式肯定下来，也成为美军战略管理绩效管理的基本法律依据。2008 年以来，美军正式发布了 8 份《战略管理规划》或替代性文件，包括 2008 财年、2009 财年、2011 财年一年度规划，2012~2013 财年、2014~2015 财年两年度规划，2015~2018 财年四年度规划，2018~2022 财年《国防业务运行规划》，2022 年发布《2022~2026 财年战略管理规划》，这是首次覆盖五年度规划周期的《战略管理规划》。《战略管理规划》是美国政府绩效管理法规条例的细化和具体化。在采办等领域法规条例也不断丰富和完善。1982 年颁布的《麦克柯迪法案》，建立重大国防采办项目（MDAP）执行成本超支报警机制，"麦克柯迪"阈值成为每年国防采办绩效评估报告中衡量武器成本绩效的一个重要指标；《1986 年国防部改组法》重构国防部，建立"国防采办执行官—军种采办执行官—项目执行官—项目主任"的项目管理指挥链；1987 年"帕卡德委员会"对不同类型武器项目的采办管理体制进行分类化管理；1990 年《国防采办工作人员促进法案》成为规定国防采办人力资源发展的起点和标准；1994 年的《联邦采办精简法案》简化采办流程；2010 年出台了《装备采办改进法案》，制定了美国国防部财务管理条令；等等。在这些法案和条令中，对装备采办和预算绩效管理做出了明确规定，为绩效管理的实施提供了有效的法律支撑。

（三）强化绩效管理的体系设计

绩效管理渗透在战略管理的各个层级、各个方面，涉及点多、面宽、线长，是一项庞大而复杂的系统工程。美军注重从顶层出发、从细节入手对绩效管理进行体系设计。

一是通过绩效管理规划计划强化筹划设计。《战略管理规划》及其附录文件对美军绩效管理进行了全方位筹划设计，将美军战略筹划分解为年度计划、将总体目标细化到部门目标、将建设任务分解为绩效标准，并突出美军当年的战略目标、战略重点以及核心优先事项，两个附件分别是下一财年的年度绩效计划和上一财年的年度绩效报告，这样从总体上规定了绩效管理的目标、任务和措施。

二是科学确立绩效评估指标体系。美军高度重视绩效评估指标体系的构建，通过指标体系明确绩效评估的对象、内容和标准。例如，美国国防部《2014装备采办系统绩效年度报告》就明确指出，绩效考评的主要内容包括从国防部、商业、合同以及项目水平等多角度考评装备采办的产出，重点考评装备成本增长、技术绩效、进度绩效等问题；美国政府出版物《绩效与管理》中，仅经济和社会评价指标一项就达到了10大类62项。

三是合理设计安排绩效管理的业务流程。绩效管理是通过一系列不同阶段的不同活动来实现预期目标的，因此，美军高度重视绩效管理的流程设计，通过科学合理的流程，提高绩效管理的水平。比如，美国国防部在2009年《战略管理规划》"绩效管理系统"一章中，详细规定了美军绩效管理必须遵循的流程和步骤以及每一流程中的主要活动。根据规定，美军绩效管理大体分为制定计划、确定目标、制定措施、调整过程、评估报告以及改进提高6个主要阶段，构成一个完整的闭合系统。

（四）引入和运用先进技术手段

注重引入和运用先进的技术手段提高管理效能，是美军的一贯做法，在绩效管理中亦是如此。2009年，美国总统行政办公室出台了《运用信息和信息技术改善机构绩效》的文件，强调美国联邦政府要坚持透明和公开的原则，致力于提供解决问题的方案，追求最终的结果，而这一过程离不开信息和先进信息技术的采用。在《2022~2026财年战略管理规划》编制和执行过程中，美国国防部摆脱了传统的大量数据调用和手动流程的方法，使用国防部权威高级数据分析平台（Advana）分析系统对战略目标和相关绩效指标的实施进行监控，发挥Advana平台的权威企业数据存储库和执行分析功能，帮助国防部的高级领导人监测实现绩效目标的进展情况，帮助国防业务委员会对战略管理规划的季度审查，形成的数据分析结果能够有效支持国防部长和国防部副部长级别的方案和预算决策。高级数据分析平台能够实时有效跟踪和报告资金使用情况，确保资金被正确地用于完成军队的使命任务，平台已成为跨领域、跨部门、跨层级数据汇聚手段，也成为跨部门流程的监督、管理手段，对于提高战略管理效能发挥了巨大作用。

七、美军战略管理注重流程管理

战略管理是人类社会生产发展到一定历史阶段的产物，是资本工业化大生产的高效管理方式。大规模工业化生产的一大特点就是流程驱动下的流水化作业，福特公司的汽车生产流水线就是典型代表，给美军战略管理带来历史性变革的国防部长麦克纳马拉也同样来自福特公司。正是在一整套标准、规范的流程驱动下，美军战略管理体系才得以高效运转。

（一）核心流程串联战略管理体系

国防部的主要任务是建设、维持和运用一支全联合部队。聚焦联合能力提高这一核心目标，美军的一切战略管理活动都是围绕科学制定战略指导、论证生成军事需求、统筹拟制战略规划、优化配置国防资源、严格计划执行落实、连续评估能力绩效，这一主导性的行为逻辑来展开的。这套行为逻辑集中反映了美军战斗力聚合提升的内在逻辑，解决"跟谁打""怎么打""用什么打"的三位一体的问题，本质上就是其战略管理的核心流程，而战略规划的制定与实施就是联通这一流程各环节的关键主线。通过这套核心流程的驱动，有效打破了战略管理各大支持系统之间的壁垒，实现了深度耦合和相互串联，确保每个流程都一致面向生成和提高联合作战能力，实现战斗力提高的最大化和最优化。

（二）作战评估流程实现战建备统筹

美军战略管理是一个发现能力不足到能力实现的过程，联合作战能力评估流程对整个过程提供了基础支撑，为各大战略管理支持系统提供有效信息输入，实现了战、建、备一体统筹，体现了作战需求的源头牵引作用。联合作战能力评估流程包括情报、信息、后勤、战略威慑、通信和计算机环境等8个领域，由联合参谋部下属8个局分别主责实施，国防部长办公厅、军种部、联合作战司令部、国防业务局等各部门参与。该流程与年度联合评估、主席战备评估、参谋机构评估密切联系，共同支持"联合战略规划系统"的战略评估功能；为《参谋长联席会议主席计划建议》和《参谋长联席会议主席计划评估》提供重要输入，评估各需求单位的《计划目标备忘录》，为《国防规划指南》提供建议，进而影响"规划、计划、预算与执行系统"流程；支持"联合能力集成与开发系统"各需求文件的生产，进而影响"国防采办系统"实施，在采办全流程中进行评估验证，确保联合作战司令部的作战需求得到满足。

（三）全流程设计提高战略管理效率

随着社会工业化发展，国防领域分工同样呈现精细化、专业化趋势，客观上造成了管理环节增多、协调成本升高，导致效率低下。为有效提高国防战略管理效率，美军注重将复杂问题简单化、简单问题流程化。通过国防业务流程化设计，把机构、岗位、人员、资源、标准等各项管理要素整合起来，把既定输入，按照规范程序，转化为标准输出，有效打破了部门壁垒、打通了管理过程、节约了管理成本，实现了从军事需求生成到军事需求实现的端到端的管理。战略管理各大支持系统都有其自身运转的标准流程，甚至各环节都有流程支持。如"规划、计划、预算与执行系统"的各阶段有各阶段的流程；"国

图 11–3　联合作战能力评估流程的支持作用 [1]

防采办系统"针对不同项目，设计了6种采办流程。在流程化运行过程中，注重通过上下级文件的指导关系，规范各流程的输入输出，通过逻辑流带动文件流，通过文件流带动信息流、资源流，最终将战略目标落实为作战能力。

从美军战略管理的整体看，战略指导从顶层贯穿战略管理全过程，各类战略管理文件衔接战略管理的各个过程，而流程则承载着各级各类组织的职责分工、工作标准和要求，支撑着战略管理的持续运行，实现对战略管理全过程的有效支撑。

八、美军战略管理注重风险控制

美军认为，风险管理工作事关官兵的生活、生命，更与部队战斗力的巩固提高密切相关。美军因而高度重视对官兵进行风险教育，把部队中可能发生的事故案例及处理办法也写入条令中，让官兵强化风险意识并熟练掌握处理办法。美军战略管理体系在建设发展过程中，也不断强化风险管理的重要性，综合运用各种风险管理手段，形成了一套行之有效的风险管理理念和方法。

---

① Raymond E.Sullivan. Resource Allocation：the Formal Process（8th Edition）[M]．Newport，RI：U.S. Naval War College，2002：6. 引用时有调整。

（一）强化风险意识，持续推进风险管理法治化

美军强调，处理事故的根本目的是查明原因、吸取教训、改进工作、防止事故再发生，从而建立了"风险识别—风险分析—风险决策—风险改进—风险总结"的流程进行规范，并写入法规条令，监督执行。20世纪50年代，各军种竞相发展，一味追求性能、速度，很少顾及费用，也不重视风险管理。20世纪60年代，阿波罗工程推行过程中，推行失效模式和关键项目列表等风险管理方法取得明显成效，有力推动了美军风险管理制度化进程。20世纪70年代之后，随着战争体系对抗不断增加，武器装备系统的复杂性不断提高，研发费用攀升、研发过程漫长，管理控制越来越难，失败、失误带来的损失越来越大，美军对风险管理重要性的认识进一步加深，逐步发展了风险评估准则、分段评审、决策管理、进度管理、全寿命管理、费用管理、采办项目基线性等有代表性的管理模式，试验鉴定、里程碑节点控制等策略方法，将谁来管、管什么、怎么管等基本问题的解决方案融入战略管理体系中一体设计，战略管理风险控制不断完善。1982年围绕重大国防采办项目（MDAP）的风险管理，颁布的《麦克柯迪法案》提出了成本超支报警机制，以后"麦克柯迪"阈值成为每年国防采办绩效评估报告中成本风险控制绩效的一个重要指标。

（二）注重力量建设，强调分层级风险管理

美军风险控制采取国防部集中统一领导与军种分级实施相结合的风险管理体制，不断加强风险管理的专业化。国防部和各军种均设立相应的采办执行官和项目主管，分层分级明确风险管理责任。国防部设立作战试验鉴定局，统一指导和监管全军试验鉴定工作；各军种设立较独立的试验鉴定部门，具体组织实施本系统试验活动。国防部设立成本评估与计划鉴定局，注重采取定量分析方法，主责成本分析与控制。在基层分队普遍设立专门的安全军官和安全士官，在各个不同的专业领域也设有安全官。例如弹药安全官，按照各级各类人员的职责分工，层层划分责任范围，把风险责任、风险目标、工作权限细化到每名人员。

（三）注重流程划分，强调分阶段风险管理

美军认为，国防采办风险是指在规定的费用、进度和技术的约束条件下不能实现整个项目目标的一种度量，并采取制定风险问题规划、评估风险区、拟定风险处理备选方案、监控风险变化情况和记录所有风险管理情况等措施进行风险管理。美国国防部把风险管理融入采办流程，实行分阶段分层级风险管理。在国防采办的里程碑节点上，每进入下一阶段之前，都必须满足对应的条件、完成一系列技术评审工作和相应的试验与评价工作，以降低采办过程中的技术风险和系统集成风险。

（四）注重方法创新，强调风险管理科学化

美军在加强风险的行政管理基础上，积极采用先进的风险管理方法手段创新风险管理。美军将试验鉴定贯穿于装备全寿命周期过程，建立了"国防部—军种—项目办公室"三个层级的试验与鉴定监督管理体制，形成了一套完整的有效手段来进行风险管理工作。20世纪60年代以来，阿波罗工程中的失效模式及影响分析（FMEA）和关键项目列表（CIL）、核工业领域对反应堆进行定量风险分析的故障树（FTA）、航天工程中的概率风险分析（PRA）、持续风险管理（CRM）、多目标决策（MODM）等办法得到广泛运用，有效降低了重大武器装备的风险。当前美军推出一体化定量化风险管理，形成综合性、系统性的风险管理手段。正是风险评估发挥了巨大作用，能够有效反馈到战略管理流程中，"十字军战士"自行火炮、"科曼奇"武装侦察直升机、陆军"未来战斗系统"、空军机载激光器、海军电磁炮等一批投入巨大、耗时数年、争议不断的项目，才能够及时被国防部叫停，保证了国防建设的质量效益。

九、美军战略管理注重人才培养

高水平的战略管理，离不开高水平的战略管理人才支撑，让专业的人干专业的事，是战略管理实施的基本保障。

美军战略管理人才主要可分为：①战略决策者，包括国防部长、副部长及其主要高级助手，在全部或部分国防领域拥有决策权，其任职与政府换届密切联系；②履行战略管理相关职能的现役军人，以参谋长联席会议主席为代表的，参谋长联席会议、联合参谋部、联合作战司令部、军种的资深将校军官（主要为上校以上军官），为国防部高层提供独立军事建议、开展联合评估、拟制规划计划、制定联合条令等；③专业业务人才，以国防业务局、直属机构领导为代表的，各业务主管、项目经理和财务、审计、评估等专业人才。

关于战略决策者。其特点一是追随现职总统。以国防部长为代表的国防部高级文职政治领导，作为总统在国防领域的重要助手，是内阁核心成员，甚至在总统竞选时就是竞选班子成员。其任职需经总统提名，参议院通过后，由总统任命。这必然要求其在政治上追随现职总统，以辅助其实现任期的战略目标。二是注重现代企业管理素养。新一届美国政府在挑选国防部高级文职政治领导人时，非常注重他们经营管理大型现代企业的阅历和能力。如肯尼迪和约翰逊政府的国防部长麦克纳马拉，在履职国防部前，是担任福特公司总裁的首位非福特家族成员；小布什政府的国防部长拉姆斯菲尔德、各军事部部长，均曾担任大型企业高管。

关于中高级军官。美军始终把领导力培养作为军官教育培养的核心。对应战术、战役和战略层面的领导者，把领导力划分为直接领导力、组织领导力和战略领导力三个层次。美军认为，高层领导者都是实践型战略家，其核心能力就是战略领导力。军官只有在战术、战役层面接受过相应的直接领导力和组织领导力培训，有了丰富的低、中层职业和培训经历，才有资格晋升为高层领导，成为战略管理人才队伍中的一员。美军把院校教育作为培育战略领导力主要渠道，依托军地高级院校、智库广泛开设各种将官和政府高官课程，通过演习、模拟等实践课程检验学习成果，锤炼岗位能力，打造了成体系的战略领导力培养模式。

关于专业业务人才。主要是文职人员。至 2020 财年，美国国防部聘有文职雇员约 77 万人，从事多达 1500 余种工作，其中多为技术工作。其一是任职相对稳定。这些文职人员在入职应聘时，都经过严格的考核筛选，具备与岗位匹配的阅历与资质，与随政府换届而调整的国防部高级文职政治领导，以及 2~3 年一轮岗的现役军官都不同，部分文职人员任职长达 10~20 年。长年累月的实践和技术专长，使这些文职人员成为某一领域的权威和带头人，是美军战略管理的中坚力量之一。比如安德鲁·马歇尔，自 1973 年执掌国防部净评估办公室到 2015 年离任，在任长达 42 年之久，将净评估概念引入国防部，对美军战略分析、战略平衡、战略评估等产生了深远影响。其二是注重资格培训。在国防部庞大的文职雇员队伍中，有大量从事需求、财务、审计、评估、采办等具体业务的工作人员，仅财务管理人员就有大约 55000 名。国防部为维持并发展一支素质过硬的财务管理队伍，专门制定了财务管理认证计划，对从业人员进行专业培训和强制性资格认证。据统计，2020 财年，财务管理工作人员完成 12500 小时的网络课程学习，超过 39000 人获得了财务资格认证。

十、美军战略管理注重迭代更新

美军战略管理发展，从国防部组建起算，至今已逾 70 年，即使从"规划、计划与预算系统"运用开始，也已建设了近 60 年，经历了从无到有、由分散到集中、由初级到高级的过程。在这一过程中，美军注重根据战略环境变化，国家战略调整转向，不断优化改进各大战略管理支持系统，以提高对环境的适应性。

（一）"联合战略规划系统"的改进

为能够系统地履行战略规划职责，1952 年参谋长联席会议发起建立联合规划项目，1968 年该项目更名为"联合战略规划系统（JSPS）"。[①] 通过制定中

---

① Raymond E.Sullivan.Resource Allocation：the Formal Process（8th Edition）[M]．Newport，RI：U.S. Naval War College，2002：11.

长期规划，指导美军部队发展、兵力使用、预算分配、武器研发，但由于军种之间的紧张关系，使得规划的制定和效果并不理想，对资源配置的影响有限。到《1986年国防部改组法》，极大地加强了参谋长联席会议主席的权力和职责，建立联合需求监督委员会，设置联合作战能力评估流程，协助参谋长联席会议主席在国家军事战略指导下，确定联合能力优先项目，强化了军事战略和战略规划的核心指导作用。自1997年发布首部"联合战略规划系统"的参谋长联席会议主席指示CJCSI 3100.01，随着美国法典对参谋长联席会议主席职责的调整，参谋长联席会议先后于1999年、2008年、2015年、2018年修订了"联合战略规划系统"政策文件，对系统进行了迭代升级；2021年5月发布了最新版CJCSI3100.01E，再次对JSPS进行了更新，明确了战略指导、战略规划与应急规划、综合性联合战备、联合能力开发等功能。

（二）"联合能力集成与开发系统"的改进

长期以来，美军需求工作由各军种分散管理。根据《1986年国防部改组法》，设立参谋长联席会议副主席一职，负责领导联合需求监督委员会，主持"需求生成系统（RGS）"的工作。但军事需求生成仍然是"自下而上"制定，由军种提出，联合需求监督委员仅作为"仲裁员"从中调和，难以实现对需求的真正统管。"9·11"事件后，为应对恐怖威胁，美军推行基于能力的部队转型，发起"需求革命"。2003年，参谋长联席会议发布3170号主席指示与手册，由"联合能力集成与开发系统（JCIDS）"取代"需求生成系统"，采取"自上而下"的需求生成模式，确立了联合作战需求的主导地位，实现了国防部对需求工作的集中统管。2021年10月，美军发布新版"联合能力集成与开发系统"文件，简化需求审查程序，明确将军事需求的《初始能力文件》编制时间从97天压缩至67天，软件《初始能力文件》编制时间为40天，提高需求生成工作效率。

（三）"规划、计划、预算与执行系统"的改进

早期美军实行基数预算制度，每年按照一定比例，将军费分摊给各军种。据统计，1954~1961年间，各军种预算占比一直比较固定：陆军约占24%，海军（含海军陆战队）约占29%，空军约占47%。[①]到1961年，国防部开始运用"规划、计划与预算系统（PPBS）"配置国防资源，将战略、规划、预算、装备联系在了一起。1969年，国防部长办公厅不再参与计划的拟制，弱化了"规划、计划与预算系统"的功能。1979年，组建了国防资源委员会，主

---

① 恩索文，史密斯.多少才算够：1961~1969年国防项目顶层决策［M］.尹常琪，殷云浩，译.北京：国防工业出版社，2016：8.

导"规划、计划与预算系统"运行,更加注重长期规划,加强了联合作战司令部对资源配置的影响。1986年国防改革,进一步强化了作战需求对规划和资源的牵引作用。2001年实行计划与预算同步编制,提高了效率。2003年根据《管理倡议913号》文件,由"规划、计划、预算与执行系统(PPBES)"取代"规划、计划与预算系统",增加执行审查环节,强化对预算的执行评审,提高国防建设质效。2017年更新规划、计划、预算与执行政策文件,2018年在预算结构中设太空预算大类,2020年在科研预算大类中增设软件与数字化技术试点项目,加速软件开发,加强数据中心战能力建设。经过多年运行,该系统日益刚性复杂,运行效率明显下降,计划及预算延期问题日益突出。2024年3月,美国国会规划计划预算与执行系统改革委员会经过2年改革论证,发布《面向未来的国防资源系统》改革报告,明确提出建立全新的国防资源系统,取代运行60余年的"规划、计划、预算与执行系统"。这次改革主要是将8个预算项整合为基础科学、技术开发、系统开发、能力保障4个,并加强战略对规划计划预算的指导,强化计划与预算一体化编制与审批,赋予执行过程中对项目组合内预算调整的更大自主权,提高相关经费使用的灵活性,加快执行效率,以适应"大国竞争"及国防现代化的需要。

(四)"国防采办系统"的改进

20世纪50年代,采办工作大部分由各军种部掌握实施;到60年代,随着"规划、计划与预算系统"的推行,系统分析方法开始进入国防采办领域。1969年,国防部成立了防务系统采办审查委员会,后演变为国防采办委员会,成为国防采办程序的关键决策机构。自1971年国防部首部采办指令5000.1号发布以来,进行了10余次调整,大体经历了全寿命管理阶段、灵活快捷运行阶段、强化过程管理阶段、多样化管理阶段的发展,对采办流程、里程碑决策等进行迭代优化。2020年,国防部发布了最新版国防采办指示,通过采用"适应性采办框架",规范了应急能力采办、重大能力采办等6种不同的采办程序,为国防采办提供了多样化解决方案,保持严谨性的同时,提高了适应性。

(五)"适应性计划与执行系统"的改进

20世纪90年代,美军建立起"联合作战计划与执行系统(JOPES)",用于各联合作战司令部拟制作战计划并组织实施,经历海湾战争等实战检验逐步发展成熟。随着信息技术发展和战争形态演变,"联合作战计划与执行系统"逐步暴露出制作周期过长、体系僵化等不足。2003年伊拉克战争后,美国国防部推动"联合作战计划与执行系统"的适应性改革,于2005年正式开启。2005年、2008年国防部先后发布2版适应性改革路线图。参谋长联席会议在

2006年、2011年更新《联合作战计划制定纲要》，对适应性机制下的作业方式进行逐步调整，并以2017年版《联合作战计划制定纲要》予以确认。2018年，支持"适应性计划与执行系统（APEXS）"的新的作业平台完成开发，适应性改革基本完成。相较于"联合作战计划与执行系统"，"适应性计划与执行系统"加强了国防部文职高官对作战计划的影响，强化了与相关部门和盟友的协作，增加了作战计划备选方案，提高了对战场态势的反应灵敏度。2021年，国防部出台新的"适应性计划与执行系统"政策文件。

参考文献

[1] 中共中央文献研究室. 毛泽东文集第七卷［M］. 北京：人民出版社，1999.

[2] 肖天亮. 战略学［M］. 北京：国防大学出版社，2020.

[3] 左希迎. 美国军事制度变迁的逻辑［M］. 北京：社会科学文献出版社，2015.

[4] 上海交通大学钱学森研究中心. 智慧的钥匙：钱学森论系统科学（第二版）［M］. 上海：上海交通大学出版社，2015.

[5] 王昶. 战略管理：理论与方法［M］，北京：清华大学出版社，2010.

[6] 郑开昭，王东，叶涛，等. 无形的杠杆［M］. 北京：解放军出版社，1988.

[7] 吕德宏. 从思想到行动：解读美军战略规划［M］. 北京：长征出版社，2008.

[8] 刘林山，等. 美国国防采办管理概览［M］. 北京：国防工业出版社，2017.

[9] 孙哲. 左右未来：美国国会的制度创新和决策行为［M］. 上海：上海人民出版社，2011.

[10] 熊志勇. 美国政治与外交决策［M］. 北京：北京大学出版社，2007.

[11] 白凤凯，汪雄，芦雪. 美军联合能力需求管理研究［M］. 北京：国防工业出版社，2014.

[12] 赵超阳，谢冰峰，王磊等. 变革之路——美军装备采办管理重大改革与决策［M］. 北京：国防工业出版社，2015.

[13] 田华. 美国国防部基础研究管理体制分析［M］. 北京：北京大学出版社，2012.

[14] 蔡华堂. 美国军事战略研究［M］. 北京：时事出版社，2018.

[15] 苑基荣. 军工复合体：美国的支柱与噩梦［M］. 北京：中国社会科学出版社，2020.

[16] 克劳塞维茨. 战争论：上册［M］. 时殷弘，译. 北京：商务印书馆，2019.

[17] 雷德戴维. 战略管理：概念与案例［M］. 第13版·全球版. 徐飞译. 北京：中国人民大学出版社，2012.

[18] 欧文斯，等. 揭开战争迷雾［M］. 王霄，译. 北京：解放军出版社，2009.

[19] 罗特科普夫. 美国国家安全委员会内幕［M］. 孙成昊，赵亦周，译. 北京：商务印书馆，2013.

[20] 梅孜. 美国国家安全战略报告汇编［M］. 北京：时事出版社，1996.

[21] 程勇，程石. 新编美国军事术语词典［M］. 北京：国防工业出版社，2008.

[22] 科布. 五角大楼的沉浮［M］. 陈如为，冯立冬，译. 北京：新华出版社，1982.

[23] 麦卡菲，琼斯. 国防预算与财政管理［M］. 陈波，邱一鸣，主译. 北京：经济科学出版社，2013.

[24] 阿尔奎拉. 顽敌——阻力重重的美军转型［M］. 董浩云，李建涛，王一川，译. 北京：解放军出版社 2013.

［25］恩索文，史密斯. 多少才算够：1961-1969 年国防项目顶层决策［M］. 尹常琦，殷云浩，译. 北京：国防工业出版社，2016.

［26］拉姆斯菲尔德. 已知与未知［M］. 魏马辛，译. 北京：华文出版社，2013.

［27］邓尼根，马塞多尼亚. 美军大改革［M］. 军事科学院外国军事研究部，译. 海口：海南出版社. 1999.

［28］葛腾飞. 麦克纳马拉：美国防务战略的理性设计者［M］. 北京：北京大学出版社，2014.

［29］瑞尔登. 谁掌控美国的战争？美国参谋长联席会议史（1942~1991）［M］. 许秀芬，王淑玲，林晓颖，译. 北京：世界知识出版社，2015.

［30］图尔约翰逊，翰逊利比基，雷戈特雷弗顿. 防务决策的新挑战和新工具［M］. 郑敏，谭永华，邓宁丰译. 北京：中国宇航出版社，2006.

［31］索伦森. 国防采办的过程与政治［M］. 陈波，王沙骋，主译. 北京：经济科学出版社，2013.

［32］Raymond E.Sullivan.Resource Allocation：the Formal Process（8th Edition）［M］. Newport，RI：U.S. Naval War College，2002.

［33］Tom Galvin.Defense Management：Primer for Senior Leaders 1st Edition［M］. Carlisle，Pa.：U.S. Army War College，2019.

［34］黄伟. 战略管理的发展及其军事上的应用［J］. 当代思潮，2014（3）：57.

［35］徐二明，肖建强. 战略管理研究的演进［J］. 管理科学，2021.Vol（4）：101-114.

［36］于鸿源. 美军联合作战计划制定适应性改革分析及启示［J］. 指挥控制与仿真，2020（1）：129-133.

［37］易本胜，邢蓬宇. 浅析美军战略评估机制［J］. 军事文摘，2016（5）：6-9.

［38］严晓芳，魏丽. 联合能力集成和开发系统概述［J］. 中国电子科学研究院学报，2020，15（10）：922-927.

［39］宗凯彬，张承龙，薛晨曦. 美国国防采办中的需求生成机制［J］. 现代防御技术，2021，49（01）：18-26+31.

［40］王莉. "联合能力集成与开发系统"分析及启示［J］. 科技信息，2011（13）：457-458.

［41］任惠民. "联合能力集成与开发系统"——美军的"需求生成"新手段［J］. 现代军事，2007（06）：65-67.

［42］冷华智，于海龙. 美军"联合能力集成与开发系统"浅析［J］. 国防技术基础，2006（09）：57-60.

［43］岑凯辉，谭跃进. "联合能力集成与开发系统"［J］. 国防科技，2006（08）：26-28.

［44］闫桂龙. 美国国防部净评估理论的定义、方法与实践［J］. 国际资料信息，2011（5）：30-35.

［45］李晓松，彭欣然，雷帅. 基于 RDJF 循环法的美国国防采办管理改革综合研究方法分析［J］. 智库理论与实践，2021，6（02）：77-83.

［46］史兵山，徐宏乾，贾延龙. 美军 GCSS 全球作战保障系统建设研究［J］. 数码世界，2018（07）：

269–270.

［47］傅蓉．美国 PPBE 系统运行的分析及启示［J］．现代商贸工业，2013，25（03）：132–133.

［48］王芳，赵兰香．重大科技项目模块化创新管理方法研究——对美国国防采办管理方法的探析［J］．科研管理，2009，30（01）：1–7.

［49］孙严，戴浩．基于能力的军事需求方法简介［J］．科学技术与工程，2007（09）：2170–2176.

［50］胡丹露．战场环境信息支持作战决策研究［J］．军事运筹与系统工程，2004（02）：43–47.

［51］U.S. DoD.DoD Strategic Management Plan Fiscal Years 2022–2026［R］．Washington D.C.：U.S. DoD，2022.

［52］Congressional Research Service. DOD Planning, Programming, Budgeting, and Execution（PPBE）：Overview and Selected Issues for Congress［R］．https：//crsreports.congress.gov/product/pdf/R/R47178.

［53］DoD. FACT SHEET：2022 National Defense Strategy［R］．http：//media.defense. gov/2022/Mar/28/2002964702/–1/–1/1/NDS–FACT–SHEET.PDF.

后 记

从 1947 年美国成立国家统一军事部门，到 2016 年美军组织 1986 年国防改革 30 周年回顾反思活动，再到近年来围绕大国竞争调整优化，美军完成了数轮国防改革。战略管理体系结构日益严谨、运行日益流畅、制度日益完善，逐步打通了从思想到行动、由需求到能力、从战略到战术的管理路径，形成了以系统工程理论技术为支撑的一套运行框架和管理流程，为美军形成和维持军事霸权提供了有力制度和机制保障。战略管理本身是典型的复杂巨系统，美军战略管理又历经几十年的发展演进，这也给研究和梳理美军战略管理带来巨大挑战。再加上中西方文化传统、体制机制、思维方法的不同，准确理解和总结美军战略管理的特点规律、模式方法，着实是件非常困难的事情。

2020 年开始，我们对美军战略管理进行系统深入研究。从美军有没有战略管理这一根本性问题开始，对美军战略管理进行全面系统研究，试图从规律层面揭示美军成为世界强军背后的密码。本书由夏文祥、赵超阳主持编著，负责框架设计、组织领导，并撰写统稿。各章负责人分别为：第一章夏文祥、宋鹏飞；第二章赵超阳、申淼；第三章赵超阳、魏俊峰；第四章蔡文蓉、程享明；第五章张代平；第六章李宇华；第七章丰丕虎；第八章刘志军；第九章李宇华、魏俊峰、张燕；第十章卢胜军、张玉华；第十一章夏文祥、宋鹏飞。顾超杰、陈洪钧、张杰参与编稿与校对等工作。

编写过程中，得到了各级领导、机关和专家的指导帮助和大力支持。编写时，参考借鉴了同行专家的有关学术研究成果，在此一并致谢。

战略管理是庞大而复杂的知识体系，美军也在持续的创新和变革过程中，再加上作者水平和时间原因，编写过程难免有不周不全之处，诚请广大读者批评指正！

编写组

2024 年 5 月